GUIDE MANUEL

DE

L'ÉTUDIANT EN DROIT

PARIS. IMPRIMERIE DE CH. NOBLET

13, rue Cujas

GUIDE MANUEL

DE

L'ÉTUDIANT EN DROIT

ET DES

CANDIDATS AUX DIVERSES ADMINISTRATIONS

PUBLIQUES

POUR L'ANNÉE SCOLAIRE 1879-1880

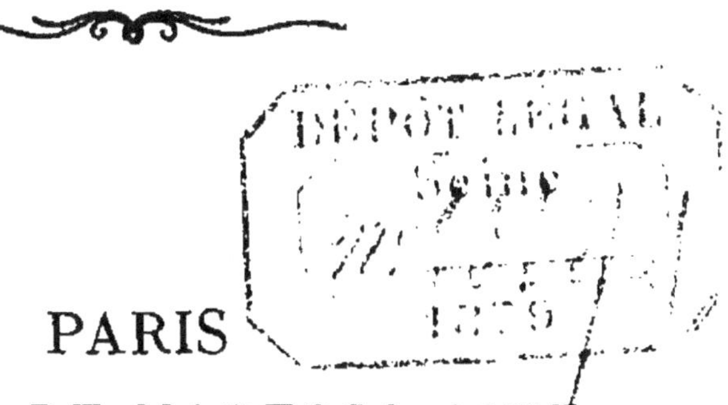

PARIS

LIBRAIRIE DE MARESCQ AINÉ

20, RUE SOUFFLOT, 20

—

1879

AVERTISSEMENT

—

Sachant par mon expérience personnelle dans quel état d'isolement se trouve l'étudiant qui arrive à Paris pour prendre sa première inscription, j'ai songé à grouper toutes les dispositions réglementaires actuellement en vigueur qui peuvent lui être utiles. Je me suis aidé, pour ce travail, des ouvrages publiés autrefois sous le nom de *Codes universitaires,* par M. Rendu, inspecteur général de l'Université, et plus tard par M. Reboul, ancien secrétaire de la Faculté de droit de Paris. J'ai mis aussi à profit les différents Guides destinés aux étudiants en médecine, tels que le *Guide Canivet,* l'*Indicateur médical,* le *Guide du docteur Fort.* Grâce aux nombreux documents que j'ai pu recueillir, la maison Marescq aîné est en mesure de présenter à MM. les étudiants un *Guide complet de l'étudiant en droit.* Ce Guide, qui sera amélioré d'année en année, contient dès aujourd'hui tous les renseignements dont ils peuvent avoir besoin dans le cours de leurs études. — Il est divisé en trois parties.

La première partie est consacrée aux renseignements généraux à toutes les Facultés et à ceux qui sont particuliers à la Faculté de Paris. Elle comprend dix-sept chapitres (*Personnel de la Faculté de Paris, Semaine de l'étudiant, Grades et temps d'études, Inscriptions, Cours et conférences, Examens et matières des épreuves, Recours contre les décisions des jurys d'examens, Correction des épreuves et Tarif des thèses, Diplômes, Frais d'études, Concours, prix et bourses, Cours dans les établissements publics, Programme des cours spéciaux, Renseignements divers, Police des cours, Bibliothèque de l'étudiant*).

J'ai donné un choix de sujets de composition pour l'épreuve écrite du deuxième examen de licence. Les étudiants pourront s'exercer d'avance à la rédaction des plus difficiles de ces questions. On trouvera également, dans cette partie, la liste des principaux sujets de composition donnés au concours de licence depuis 1840, et les programmes détaillés des cours spéciaux (*Economie politique, Droit des gens, Droit coutumier, Histoire du droit, Droit constitutionnel, Droit industriel*).

La seconde partie renferme les renseignements spéciaux aux Facultés de province que MM. les secrétaires de ces Facultés ont bien voulu me transmettre. Ces renseignements portent principalement sur les cours spéciaux, les époques d'inscriptions, les sessions d'examens, les concours et les prix.

Enfin, dans une troisième partie, j'ai donné les programmes des examens et des concours pour les diverses administrations publiques. Cette partie sera utile à un grand nombre de jeunes gens qui, après avoir fait leur droit, se destinent aux carrières administratives.

En résumé, les renseignements multiples et précis qu'on trouvera dans ce Guide rendront un véritable service à MM. les étudiants, en leur évitant de nombreuses démarches et une grande perte de temps.

Il me reste, en terminant, à remercier MM. les secrétaires des Facultés de droit qui se sont empressés de m'envoyer les indications spéciales à leurs Facultés, et dont plusieurs ont mis obligeamment à ma disposition divers documents qui m'ont été d'un grand secours.

Paris, le 1ᵉʳ novembre 1879.

A. D.

TITRE PREMIER

Faculté de droit de Paris

1. — On trouvera sous ce titre, outre les renseignements spéciaux à la Faculté de droit de Paris, les renseignements communs à toutes les Facultés de droit de l'Etat.

CHAPITRE PREMIER

PERSONNEL DE LA FACULTÉ

Sommaire. — *Jours de réception de M. le doyen. — Noms et adresses de MM. les professeurs titulaires. — Noms et adresses de MM. les professeurs agrégés. — Secrétariat. Heures d'ouverture. — Bibliothèque. Heures d'ouverture. — Appariteurs. — Surveillants. — Garçons de salle. — Concierges.*

§ 1ᵉʳ. *Jours de réception de M. le doyen.*

2. — M. Colmet-Daage, doyen de la Faculté, reçoit MM. les étudiants le mardi et le jeudi de une heure à deux heures, à l'Ecole de droit.

§ 2. *Noms et adresses de MM. les professeurs titulaires.*

3. — MM. De Valroger, à l'Ecole.
Machelard, à l'Ecole.
Vuatrin, à l'Ecole.
Giraud, inspecteur général des Facultés de droit, à l'Ecole.
Duverger, à l'Ecole.
Chambellan, à l'Ecole.
Rataud, à l'Ecole.
Colmet de Santerre, à l'Ecole.
Batbie, 29, rue de Bellechasse.
Demante, 91, rue des Feuillantines.
Labbé, 9 *bis*, boulevard Montparnasse.
Bufnoir, 1, quai d'Orsay.
Beudant, 64, rue de Rennes.
Gide, 2, rue de Tournon.
Gérardin, 49, rue Madame.
Leveillé, 55, rue du Cherche-Midi.
Desjardins, 30, rue de Condé.
Glasson, 40, rue du Cherche-Midi.

§ 3. *Noms et adresses de MM. les professeurs agrégés.*

4. — MM. Cassin, 69, rue des Feuillantines.
Accarias, 13, rue du Vieux-Colombier.

MM.   BOISSONADE, en mission.
      BOISTEL, 31, rue Monge.
      GARSONNET, 24, rue Gay-Lussac.
      LYON-CAEN, 13, rue Soufflot.
      CAUWÈS, 25, rue d'Ulm, et 16, avenue
          de Sceaux, à Versailles.
      RENAULT, 19, rue Bonaparte.
      LEFEBVRE, 10, rue des Réservoirs, à
          Versailles, et 38, rue d'Ulm.
      MICHEL, 45 *bis*, rue Monge.
      ALGLAVE, rue de la Municipalité, à Au-
          teuil.
      LAISNÉ.
      ESMEIN.

§ 4. *Secrétariat.*

5. — PERSONNEL. — M. PICHARD, *secrétaire.*
MM.   Loisel, *premier commis.*
      Catry,
      Caron,
      Toulain,   } *commis.*
      Gotofrey,
      Pierre Allaz, *garçon de bureau.*

6. — HEURES D'OUVERTURE. — Le Secrétariat
est ouvert tous les jours de dix heures à deux
heures, et, pendant les vacances, de onze heures
à une heure, les dimanches et fêtes légales exceptés. Les lettres et paquets adressés soit au
doyen, soit au secrétaire de la Faculté, doivent
être affranchis.

NOTA. — Les consignations pour les examens
à subir par les volontaires d'un an, du 20 au

28 octobre, sont reçues de onze heures à une heure, les mardis et mercredis, 7 et 8, 14 et 15 octobre. — Les volontaires doivent justifier de leur position par un certificat de l'autorité militaire.

§ 5. *Bibliothèque.*

7. — PERSONNEL. — M. VIOLLET, bibliothécaire.

MM. Marchal, } sous-bibliothécaires.
Tharaud, }
Cheret, 1er garçon.
Rousselle, 2e garçon.

8. — HEURES D'OUVERTURE. — La Bibliothèque est ouverte tous les jours, excepté les dimanches et fêtes, de neuf heures et demie à cinq heures; et, le soir, de huit heures à dix heures. Elle n'est pas ouverte pendant les vacances.

L'entrée est rue Cujas, n° 3.

§ 6. *Appariteurs.*

8 - 1. — MM. Belin, appariteur-massier.
Boisseau.
Gilbert père.
Guiberne.
Rochat.
Gilbert fils.

§ 7. *Surveillants.*

8 - 2. — MM. Bonnion.
Pécoul.
Chevalier-Curt.
Mossière.

§ 8. *Garçons de salle* (1).

8 - 3. — MM. Rousset.
Depotter.
Lablanche.

§ 9. *Concierges.*

8 - 4. — MM. Duhoux (*porte principale*).
Broutée (*porte de la rue Soufflot, n°s 2 et 2 bis*).

----

(1) MM. les garçons de salle sont chargés de déposer au secrétariat tous les objets oubliés par MM. les
étudiants dans les salles de cours et d'examens.

CHAPITRE II

SEMAINE DE L'ÉTUDIANT

SOMMAIRE. — *Etudiants de première année* (TABLEAU A). — *Etudiants de deuxième année* (TABLEAU B). — *Etudiants de troisième année* (TABLEAU C). — *Etudiants de quatrième année* (TABLEAU D). — *Cours complémentaires* (TABLEAU E). — *Conférences pour la préparation aux examens* (TABLEAU F).

Tableau A

9. — ÉTUDIANTS DE PREMIÈRE ANNÉE.

Droit romain.	M. Labbé.	*Mardi, Jeudi, Samedi.*	A midi (*anc. amph.*)
	M. Gérardin.	*Les mêmes jours.*	10 h. 3/4 (*nouv. amph.*)
Code civil.	M. Bufnoir.	*Lundi, Mercredi, Vendredi.*	9 h. 3/4 (*nouv. amph.*)
	M. Glasson.	*Les mêmes jours.*	1 h. 1/4 (*nouv. amph.*)
Droit criminel et législation pénale comparée.	M. Leveillé.	*Mardi, Jeudi, Samedi.*	9 h. 1/2 (*anc. amph.*)
Législation criminelle.	M. Desjardins.	*Les mêmes jours.*	1 h. 1/2. (*anc. amph.*)

—

Tableau B

10. — ÉTUDIANTS DE DEUXIÈME ANNÉE

Droit romain.	M. Machelard.	*Lundi, Mercredi, Vendredi.*	9 h. 1/2 *(anc. amph.)*
	M. Gide.	*Les mêmes jours.*	Midi 3/4 *(anc. amph.)*
Code civil.	M. Colmet de Santerre.	*Les mêmes jours.*	11 heures *(anc. amph.)*
	M. Beudant.	*Les mêmes jours.*	8 heures *(nouv. amph.)*
Procédure ci- vile.	M. Colmet- Daage. (M. Boistel, *chargé du cours)*	*Mardi, Jeudi, Samedi.*	8 h. 1/4 *(nouv. amph.)*
	M. Garsonnet.	*Les mêmes jours.*	4 h. 1/4 *(nouv. amph.)*
Économie po- litique.	M. Batbie. (M. Cauwès, *chargé du cours)*	*Les mêmes jours.*	8 heures *(nouv. amph.)*

Tableau C

11. — ÉTUDIANTS DE TROISIÈME ANNÉE

Code civil.	M. Duverger.	*Lundi, Mercredi, Vendredi.*	11 h. 1/2 *(nouv. amph.)*
	M. Demante.	*Les mêmes jours.*	8 heures *(anc. amph.)*

Droit admi-nistratif.	M. Vuatrin.	*Mardi, Jeudi, Samedi,*	Midi (no v. amph.)
	M. Cassin.	*Les mêmes jours.*	M idi (3e amph.)
Code de com-merce.	M. Rataud.	*Les mêmes jours.*	1 h. 1/4 (nouv. amph.)
	M. Michel.	*Les mêmes jours.*	10 h. 3/4 (inc. amph.)

—

Tableau D

12. — ÉTUDIANTS DE QUATRIÈME ANNÉE

Code civil.	Deux cours, au choix de l'étudiant.		
Droit des gens.	M. Giraud, professeur. (M. Renault, chargé du cours)	*Mardi, Vendredi.*	8 h. (anc. amph.) 4 heures (nouv. amph.)
Conférences sur les Pan-dectes.	M. Accarias.	*Mercredi, Vendredi.*	2 h. 3/4 (nouv. amph.)
Histoire du droit romain et du droit français.	M de Valroger	*Mardi, Jeudi.*	9 h. 1/2 (nouv. amph.)
Droit coutu-mier.	M.Chambellan	*Les mêmes jours.*	10 h. 1/2 (3e amph.)

—

Tableau E

13. — COURS COMPLÉMENTAIRES

Droit consti-tutionnel.	M. Lefèvre, *chargé du cours.*	*Jeudi, Samedi.*	8 h. 1/4 (*anc. amph.*)
Droit commer-cial et indus-triel.	M. Lyon-Caen, *chargé du cours.*	*Les mêmes jours,*	8 h. 1/4 (*3e amph.*)
Science finan-cière.	M. Alglave.	*Mercredi, Vendredi.*	5 h. 1/4 (*nouv. amph.*)

NOTA. L'ouverture de ces cours aura lieu à partir du 15 novembre.

—

Tableau F

14. — CONFÉRENCES POUR LA PRÉPARATION AUX EXAMENS

PREMIÈRE ANNÉE

M. Michel, *agrégé, mardi, samedi,* à 2 heures 3/4.
M. Laisné, *agrégé, lundi, vendredi,* à 2 heures 3/4.

DEUXIÈME ANNÉE

MM. Lefèvre, *agrégé, mardi, samedi,* à 1 heure 1/2.
Alglave, *agrégé, lundi, vendredi,* à 2 heures 3/4.

TROISIÈME ANNÉE

MM. Garsonnet, *agrégé* (1er examen de licence jusqu'au 15 février; 2e examen de licence depuis
cette époque), *lundi, vendredi*, à 1 heure 1/4.
Cauwès, *agrégé* (1er examen de licence jusqu'au
15 février; 2e examen depuis cette époque),
mardi, samedi, à 4 heures 1/4.

QUATRIÈME ANNÉE

MM. Boistel, *agrégé* (1er examen de doctorat), *mardi,
samedi*, à 1 heure 1/4.
Garsonnet, *agrégé* (1er examen de doctorat),
lundi, vendredi, à 11 heures 1/4.
Lyon-Caen, *agrégé* (2e examen de doctorat),
mardi, samedi, à 1 heure.
Renault, *agrégé* (2e examen de doctorat), *mardi,
samedi*, à 1 heure.

CHAPITRE III

DES GRADES CONFÉRÉS PAR LES FACULTÉS DE DROIT ET DU TEMPS D'ÉTUDES EXIGÉ POUR Y PARVENIR.

SOMMAIRE. — *Des grades conférés par les Facultés de
droit. — Du temps d'études. — Nombre des inscriptions requises pour chaque grade. — Des cours à
suivre et des examens à passer pour chaque année
d'études. — Dispense de temps d'études. — Modèle
de pétition. — Pièces à l'appui.*

§ 1er. *Des grades conférés par les Facultés de
droit.*

15. — Les Facultés de droit délivrent des cer-

tificats de capacité et les grades de bachelier, de licencié et de docteur (1).

§ 2. *Du temps d'études.*

16. — Le temps d'études est de trois ans pour les étudiants qui veulent obtenir le grade de licencié en droit. Ceux qui aspirent au grade de docteur doivent, aux termes de l'art. 3 de la loi du 22 ventôse an XII, faire une année d'études de plus. En pratique le doctorat exige deux nouvelles années d'études. Ce n'est que très rarement que les épreuves afférentes à ce grade sont subies dans le cours de la quatrième année.

§ 3. *Du nombre des inscriptions requises.*

17. — Quatre inscriptions sont nécessaires pour être admis à l'examen de capacité ; huit pour être admis aux examens du baccalauréat ; — douze pour être admis aux examens de la licence ; seize pour ceux du doctorat (2).

18. — Ces inscriptions se répartissent ainsi :

4 pour l'examen de capacité et pour le premier examen de baccalauréat.

8 pour le second examen de baccalauréat.

9 pour le premier examen de licence.

11 pour le deuxième examen de licence.

12 pour la thèse de licence.

---

(1) Loi du 22 ventôse an XII, art. 9 à 12 ; décret du 4e jour complémentaire an XII, art. 36 ; décret du 17 mars 1808, art. 16.

(2) Décret du 4e jour complém. an XII, art. 28.

14 pour le premier examen de doctorat.
15 pour le deuxième examen de doctorat.
16 pour la thèse de doctorat.

§ 4. *Des cours à suivre et des examens à passer pour chaque année d'études.*

19. — CAPACITÉ. Les étudiants qui n'aspirent qu'au certificat de capacité doivent suivre pendant une année le cours de Code civil de première et de deuxième année, et ceux de législation criminelle et de procédure civile.

Ils doivent, en outre, passer un examen.

20. — BACCALAURÉAT. — Le baccalauréat exige deux années d'études : Les étudiants doivent suivre :

Pour la première année :

1° Un cours de Code civil ; 2° un cours de droit romain ; 3° un cours de droit pénal et d'instruction criminelle.

Pour la seconde année :

1° Un cours de Code civil ; 2° un cours de procédure civile ; 3° un cours de droit romain.

21. — LICENCE. Les étudiants qui aspirent à la licence en droit doivent suivre (1) :

1° Le cours d'économie politique. — Ce cours doit être suivi pendant la deuxième année.

2° Un cours de Code civil (3e année).

3° Un cours de droit commercial.

4° Un cours de droit administratif.

(1) Ordonnance du 4 octobre 1820. art. 1er ; arrêté du 1er octobre 1822, art. 1er.

Ils doivent, en outre, subir deux examens, et soutenir une thèse.

22. — DOCTORAT. — Les étudiants qui aspirent au doctorat doivent suivre :

1º Le cours de droit des gens.

2º La conférence sur les Pandectes.

3º Deux cours de Code civil à leur choix.

4º Le cours d'histoire du droit.

5º Le cours de droit français dans ses origines féodales et coutumières.

Toutefois, depuis le 1er mai 1879, ils peuvent remplacer le cours d'histoire du droit ou le cours de droit français dans ses origines féodales et coutumières par le cours de droit constitutionnel ou de droit commercial industriel.

Ils doivent, en outre, subir deux examens et soutenir une thèse.

§ 5. *Dispense de temps d'études.*

23. — La dispense d'une partie du temps d'études exigé par la loi du 27 ventôse an XII peut être accordée à ceux qui justifient d'études faites à l'étranger, et regardées comme équivalentes à des études faites dans les Facultés de France. En pratique, le temps d'études fait à l'étranger est considéré comme équivalent à la moitié du même temps d'études fait en France.

24. — MODÈLE DE PÉTITION. — L'étudiant étranger qui justifie d'études faites dans son pays et qui désire obtenir l'équivalence au diplôme de bachelier ès lettres et l'autorisation de prendre à la fois un certain nombre d'inscriptions, doit rédiger sa demande sur une feuille de papier tim-

bré de 60 centimes, et la remettre, sous enveloppe, avec les pièces à l'appui, au secrétariat de la Faculté. Il est inutile de l'adresser directement au ministre, car elle serait renvoyée à la Faculté qui est appelée, dans l'*Assemblée hebdomadaire* des professeurs, à donner son avis sur la demande.

Cette pétition peut être ainsi rédigée :

A Monsieur le Ministre de l'Instruction publique.

Monsieur le Ministre,

J'ai l'honneur de vous prier de vouloir bien m'accorder l'équivalence au diplôme de bachelier ès lettres, la remise, à titre onéreux, de..... inscriptions et le droit de subir le   examen de baccalauréat (licence ou doctorat) à la Faculté de droit de Paris.

Veuillez agréer, Monsieur le Ministre, l'expression de mon profond respect.

Khasangian, étudiant en droit,
23, rue de Fleurus, Paris.

25. — Pièces a l'appui. — Le pétitionnaire doit joindre à cette demande :

1° Les diplômes originaux dont il sollicite l'équivalence ;

2° Des certificats délivrés par le ministre de l'instruction publique de son pays, et par les autorités françaises du lieu de sa résidence.

Si cette pétition est favorablement accueillie, le bénéfice de la décision du ministre n'est acquis au pétitionnaire que lorsqu'il a versé au se-

crétariat le montant des droits imposés aux nationaux (V. n° 42).

CHAPITRE IV

DES INSCRIPTIONS

SOMMAIRE. — *Forme des inscriptions. — Epoques auxquelles elles doivent être prises. — Cas exceptionnels où elles peuvent être prises après la clôture du
registre. — Des inscriptions cumulatives et rétroac-
tives. — Formalités à remplir pour prendre la première inscription : pièces à déposer. — Déclarations
exigées. — Présentation par un répondant. — Etudiants étrangers, — Engagés conditionnels d'un an.
— Des inscriptions aux cours de la Faculté des lettres. — Conditions exigées pour être admis à prendre de nouvelles inscriptions. — Concordance des
inscriptions avec les examens — Changement de domicile. — Changement de Faculté. — Passage d'une
Faculté libre dans une Faculté de l'Etat, et réciproquement. — Inscription prise pour un autre. —
Avis donné aux parents des étudiants qui n'ont pas
pris d'inscription. — Des cartes d'inscription. —
Avantages conférés par ces cartes. — Des certificats d'inscription.*

§ 1er. *Forme des inscriptions.*

26. — Toute personne aspirant aux grades que
les Facultés de droit sont chargées de conférer
doit, afin de pouvoir justifier du temps d'étude
exigé par les règlements, inscrire *elle-même* ses
nom, prénoms, âge et lieu de naissance sur un

registre ouvert à cet effet au secrétariat de la Faculté dont elle veut suivre les cours.

27. — Les inscriptions sont prises de suite, sans aucun blanc. Elles sont signées de l'étudiant (1). En cas de maladie l'empêchant de se rendre au secrétariat pour y prendre son inscription, l'étudiant n'est pas autorisé à se faire représenter par un mandataire, mais il peut obtenir, en s'adressant au doyen ou au secrétaire, que le registre des inscriptions lui soit apporté à son domicile. Aucun droit n'est exigé pour ce transport (2).

§ 2. *Epoques auxquelles doivent être prises les inscriptions.*

28. — Le registre des inscriptions est ouvert de 9 heures à 3 heures, pour l'année scolaire 1879-1880, aux dates suivantes :

1er trimestre, du 20 octobre au 6 novembre.

2e trimestre, du 3 au 15 janvier.

3e trimestre, du 1er au 15 avril.

4e trimestre, du 16 au 30 juin.

29. — Lorsque le jour fixé pour la clôture des inscriptions se trouve être un dimanche ou un jour férié, les registres ne sont fermés que le lendemain.

Légalement, on ne peut commencer l'étude du droit qu'au premier trimestre de l'année scolaire. Toutefois, M. le recteur peut, dans le cas

(1) Décret du 4e jour compl. an XII, art. 27.

(2) Cet usage est tombé en désuétude dans la Faculté de Paris. Dans ce cas, l'étudiant qui justifie de cette cause d'empêchement peut obtenir l'autorisation de prendre une inscription extraordinaire. (V. n° 31.)

d'excuses légitimes dûment justifiées, et *pour des motifs graves*, autoriser à la prendre en janvier ; mais *jamais, sous aucun prétexte, dans le troisième et quatrième trimestre* (1). Le ministre seul peut accorder par décision individuelle, à des jeunes gens âgés de *dix-neuf ans accomplis*, l'autorisation de prendre la première inscription au trimestre d'avril (2).

§ 3. *Cas exceptionnels où les inscriptions peuvent être prises après la clôture du registre.*

30. — Nul ne peut être admis à prendre une inscription après la clôture du registre, sans une autorisation spéciale de M. le ministre de l'instruction publique. Toutefois, il est fait deux exceptions à cette règle pour le premier trimestre :

1º Les engagés conditionnels d'un an qui terminent leur volontariat le 8 novembre, peuvent prendre l'inscription du premier trimestre jusqu'au 15 novembre, et, dans les Facultés de province, jusqu'au 20 ;

2º Les jeunes gens qui n'ont obtenu le diplôme de bachelier que dans la session de novembre, sont admis à prendre leur première inscription jusqu'à la fin de ladite session.

§ 4. *Des inscriptions cumulatives ou rétroactives.*

31. — Lorsqu'un étudiant a négligé de prendre

(1) Statut du 9 avril 1825, art. 4.
(2) Arrêté du 28 avril 1877,

une ou plusieurs inscriptions, il peut en obtenir la concession à titre rétroactif. La demande qui est adressée au ministre à cet effet, et *généralement toutes les autres demandes*, doivent, sous peine d'être considérées comme non avenues, être écrites sur une feuille de papier timbré de *soixante centimes*.

32. — Modèle de pétition. — Cette pétition peut être rédigée de la manière suivante :

A Monsieur le Ministre de l'instruction publique.

Monsieur le Ministre,
J'ai l'honneur de vous prier de vouloir bien m'accorder l'autorisation de prendre cumulativement à la Faculté de droit de Paris, les inscriptions que je n'ai pas pu prendre dans les délais réglementaires, en ayant été empêché par..... (suit le motif), ainsi que l'attestent les pièces justificatives ci-jointes.
Agréez, Monsieur le Ministre, l'expression de mes sentiments respectueux.

Auguste Paragot, étudiant en droit,
176, rue Saint-Jacques, Paris.

§ 5. *Formalités à remplir pour prendre la première inscription.*

33. — Pièces a déposer. — Tout étudiant qui se présente pour prendre sa première inscription dans une Faculté de droit, est tenu de déposer au secrétariat les pièces suivantes :
1º Une expédition de son acte de naissance

légalisée par le juge de paix ou le président du tribunal, constatant qu'il est âgé au moins de seize ans accomplis.

2° S'il est mineur, le consentement de ses parents ou tuteur à ce qu'il suive les cours de la Faculté. Ce consentement est constaté par un acte légalisé, indiquant la profession et le domicile actuel desdits parents ou tuteur, dans le cas où ils ne se présentent pas eux-mêmes au secrétariat.

3° Son diplôme de bachelier ès lettres, ou provisoirement un certificat d'admission à ce grade, visé par le recteur de l'Académie dans laquelle il a été reçu ; si cette académie est autre que celle où l'étudiant prend sa première inscription, ce certificat devra, en outre, être visé par le recteur de cette dernière académie.

34. — Les étudiants qui n'aspirent qu'à obtenir le *certificat de capacité*, exigé pour être titulaire d'un office d'avoué, ne sont pas tenus de produire le diplôme de bachelier ès lettres ; *mais les inscriptions prises par eux ne peuvent être converties en inscriptions pour le baccalauréat en droit* (1).

35. — Tout bachelier ès sciences qui a subi avec succès la première épreuve du baccalauréat ès lettres et qui a été déclaré admissible aux épreuves orales de l'examen pour l'Ecole polytechnique ou l'Ecole militaire de Saint-Cyr, peut prendre les *trois premières inscriptions* à la Faculté de droit. avant d'avoir subi la deuxième épreuve du baccalauréat ès lettres (2).

(1) Ordonnance du 13 juin 1830.
(2) Décret du 25 juillet 1874, art. 13.

36. — Déclarations exigées. — L'étudiant est obligé, en s'inscrivant, de déclarer sa résidence réelle et de faire connaître le domicile actuel de ses père et mère, ou tuteur.

37. — Présentation par un répondant. — Aux termes de l'art. 6 du statut du 9 avril 1825, nul ne peut être admis à prendre d'inscription dans une Faculté siégeant dans une *ville autre que celle de la résidence de ses parents ou tuteur*, s'il n'offre pour répondant une personne domiciliée dans la ville où siège ladite Faculté, et cette personne est tenue d'inscrire elle-même son nom et son adresse sur un registre ouvert à cet effet au secrétariat.

38. — Les logeurs et maîtres d'hôtel garni ne peuvent se présenter comme répondants des étudiants, qu'autant qu'ils y sont autorisés, formellement et par écrit, par les familles de ces étudiants (1).

39. — Un libraire ne peut servir de répondant à plus de quatre élèves, à moins qu'il ne soit porteur d'une autorisation formelle des parents, donnée par écrit et dûment légalisée (2).

40. — L'étudiant est censé avoir son domicile de droit chez son répondant, en ce qui concerne ses rapports avec la Faculté. En conséquence, c'est chez lui que sont adressés tous les avis et notifications qui le concernent. En cas de mort ou de départ de ladite personne, l'étudiant est tenu d'en présenter une autre. Faute par lui de le faire, toutes les inscriptions qu'il a pu

(1) Arrêté du 19 décembre 1820; statut du 9 avril 1825, art. 7.

(2) Arrêté du 10 novembre 1843.

prendre depuis son décès ou son départ peuvent être annulées (1).

41. — ÉTUDIANTS ÉTRANGERS. — MM. les étudiants étrangers sont admis à prendre leur première inscription en produisant les certificats d'études et d'examens ou autres actes exigés dans leur pays pour être reçu dans une Faculté de même ordre, après que lesdits certificats auront été reconnus par délibération expresse de la Faculté équivalents au diplôme français de bachelier ès lettres (2).

42. — Toutefois, ils ne peuvent jouir du bénéfice de la décision qui déclare leurs grades équivalents aux grades français correspondants, qu'après avoir acquitté intégralement les frais d'inscription, d'examen, de certificat d'aptitude et de diplôme qu'auraient payés les nationaux (3).

43. — Outre la dispense de la représentation du diplôme de bachelier ès lettres, les étudiants étrangers qui justifient d'études en jurisprudence jugées équivalentes à des études faites en France, peuvent obtenir la dispense d'un certain nombre d'inscriptions.

44. — Les étrangers ainsi admis dans une Faculté de droit de France sont, du reste, assujettis à la même discipline et aux mêmes conditions d'examens que les élèves nationaux.

45. — Les déclarations d'équivalence de grades en vue de l'étude du droit n'ont lieu ordinairement que pour le baccalauréat ès lettres fran-

----

(1) Statut du 9 avril 1825, art. 6.
(2) Arrêté du 23 juillet 1840.
(3) Décret du 22 août 1854, art. 5.

çais. Les équivalences des études juridiques étrangères avec les nôtres sont excessivement rares.

46. — Un Français qui aurait pris des grades dans une université étrangère, ne serait pas admis à se prévaloir des dispositions favorables du décret de 1854, en vertu duquel les équivalences sont prononcées.

§ 6. *Dispositions relatives aux engagés conditionnels d'un an.*

47. — Les jeunes gens qui ont obtenu des diplômes de bachelier ès lettres ou de bachelier ès sciences sont admis, avant le tirage au sort, à contracter un engagement conditionnel d'un an. Le baccalauréat ès sciences restreint et le certificat de capacité en droit ne sont pas considérés comme les équivalents des diplômes de bachelier ès lettres ou de bachelier ès sciences, et ne suffisent pas pour dispenser de l'examen du volontariat. Dans l'année qui précède l'appel de leur classe, les jeunes gens qui n'ont pas terminé les études de la Faculté ou des écoles auxquelles ils appartiennent, et qui voudraient les achever dans un laps de temps déterminé, peuvent, tout en contractant l'engagement d'un an, obtenir de l'autorité militaire un sursis avant de se rendre au corps pour lequel ils se sont engagés. La demande de sursis doit être adressée au général commandant la subdivision, immédiatement après l'engagement. Elle doit être accompagnée d'un certificat délivré par le doyen de la Faculté dont ils suivent les cours. Ce certificat doit établir leur situation scolaire et déterminer les dé-

lais réglementaires qui restent à courir pour qu'ils puissent achever leurs études. L'engagé qui a obtenu un sursis est tenu de produire chaque année, au mois de novembre, au commandant du dépôt de recrutement, un certificat du doyen de la Faculté attestant qu'il est toujours en cours d'études. Faute d'avoir produit ce certificat, il est mis en route avec les engagés conditionnels de l'année. Les sursis peuvent être renouvelés par l'autorité militaire jusqu'à ce que l'engagé ait accompli sa vingt-quatrième année, mais ils ne sauraient dépasser cette limite.

Les engagés conditionnels qui ont obtenu un sursis peuvent être tenus, quel que soit leur âge, de rester une deuxième année sous les drapeaux, s'ils ne satisfont pas à l'examen qu'ils doivent subir à la fin de l'année. — Les engagés qui ont obtenu l'autorisation de poursuivre leurs études sont disponibles en cas de guerre.

§ 7. *Des inscriptions aux cours de la Faculté des lettres.*

48. — Tous les étudiants, à l'exception des aspirants au doctorat et au certificat de capacité, et de ceux qui sont déjà pourvus du diplôme de licencié ès lettres, doivent se faire inscrire, chaque trimestre, à deux cours de la Faculté des lettres (1). Un registre est ouvert, à cet effet, à la Faculté des lettres, qui délivre, s'il y a lieu, des certificats d'assiduité, sans lesquels l'étudiant ne peut subir ses examens (2). A Paris, un employé

(1) Décret du 10 avril 1852, art. 13.
(2) Arrêté et circulaire du 29 octobre 1852.

de la Faculté des lettres se transporte, chaque trimestre, au secrétariat de la Faculté de droit pour y recevoir ces inscriptions.

49. — MM. les étudiants peuvent remplacer l'un des cours qu'ils sont tenus de suivre à la Faculté des lettres par un cours de la Faculté de théologie ou par un cours de la Faculté des sciences. Ils sont, dans ce cas, admis à s'inscrire sans frais, soit à la Faculté des sciences, soit à la Faculté de théologie, sur la représentation de la quittance constatant leur inscription à la Faculté des lettres (1).

50. — Il est permis de faire compter pour l'admission aux examens de la licence ès lettres, les inscriptions prises par les étudiants en droit à la Faculté des lettres, conformément aux prescriptions du décret du 10 avril 1852.

§ 8. *Conditions exigées pour être admis à prendre de nouvelles inscriptions.*

51. — Aux termes d'une circulaire ministérielle du 12 novembre 1853, les étudiants ne sont admis à prendre de nouvelles inscriptions qu'après avoir justifié :

1º De leur assiduité aux cours du trimestre écoulé;

2º De leur assiduité aux cours de la Faculté des lettres.

En conséquence, lorsqu'un professeur refuse le *certificat de fréquence* pour le trimestre écoulé, l'inscription de ce trimestre est considé-

______

(1) Décret du 22 août 1854, art. 7.

rée comme non avenue, et l'étudiant doit la reprendre s'il veut continuer ses études (1).

§ 9. *Concordance des inscriptions avec les examens.*

52. — Les étudiants ne sont admis à prendre leur *septième* inscription, à Paris, et la *sixième*, dans les départements, qu'après avoir subi le premier examen de baccalauréat. — Ils ne peuvent prendre la *onzième* inscription, à Paris, et la *dixième*, dans les départements, qu'après avoir subi le second examen de baccalauréat (2).

§ 10. *Changement de domicile.*

53. — Tout changement survenu pendant l'année scolaire :

1° Quant au domicile et à l'adresse des père, mère ou tuteur de l'étudiant ;

2° Quant au domicile de l'étudiant lui-même, lorsqu'il est majeur ou émancipé ;

3° Quant à sa résidence à Paris, si elle est distincte de son domicile ;

4° Enfin, quant au domicile et à l'adresse de son répondant, doit être déclaré immédiatement au secrétariat.

Toute omission d'une déclaration prescrite par les règlements, et, à plus forte raison, toute fausse déclaration, pourra être punie par la privation d'une ou plusieurs inscriptions (3).

(1) Cette disposition n'est pas en vigueur dans la Faculté de Paris.

(2) Statut du 9 avril 1825, art. 40.

(3) Ord. du 4 octobre 1820, art. 8; statut du 9 avril 1825, art. 8.

§ 11. *Changement de Faculté.*

54. — Les études de droit commencées dans une Faculté peuvent être continuées dans une autre, moyennant l'observation des formalités suivantes :

1° L'étudiant doit produire, outre les pièces énumérées plus haut, un *certificat de scolarité*, délivré par le doyen et visé par le recteur, qui lui est remis sur sa simple demande. Il doit s'adresser pour l'obtention de ce certificat au secrétariat de la Faculté qu'il a l'intention de quitter.

2° Si l'étudiant a déjà subi avec succès un ou plusieurs examens, il doit, en prenant son inscription dans la nouvelle Faculté, déposer au secrétariat les certificats d'aptitude ou les diplômes qu'il a obtenus (1).

3° Si l'étudiant a été refusé à un examen, il lui faut, en outre, une autorisation spéciale, pour être admis à soutenir le même examen dans une autre Faculté. Cette autorisation lui est donnée par le recteur de l'Académie dans le ressort de laquelle il a été examiné (2).

§ 12. *Passage d'une Faculté libre dans une Faculté de l'Etat et réciproquement.*

55. — Tout élève d'une Faculté libre peut pas-

(1) Statut du 9 avril 1825, art. 28 ; arrêté du 26 octobre 1838, art. 8.

(2) Arrêtés du 1ᵉʳ octobre 1813 et du 25 octobre 1839, art. 2.

ser dans une Faculté de l'Etat et réciproquement, en observant les mêmes conditions (1). Toutefois, le candidat ajourné devant une Faculté de l'Etat ne pourra passer dans une Faculté libre, et réciproquement, sans en avoir obtenu l'autorisation du ministre de l'instruction publique. L'infraction à cette disposition entraînerait la nullité du diplôme ou du certificat obtenu (2).

13. *Inscription prise pour un autre.*

56. — Tout étudiant convaincu d'avoir pris une inscription pour un autre étudiant peut, par délibération de la Faculté qui n'est susceptible d'aucun recours, être puni de la *perte de toutes les inscriptions prises par lui, soit dans la Faculté où le délit a été commis, soit dans toute autre* (3).

§ 14. *Avis donné aux parents des étudiants qui n'ont pas pris d'inscription.*

57. — Au commencement de chaque trimestre, le doyen adresse, aux parents ou tuteurs des étudiants qui n'ont pas pris l'inscription courante, un bulletin constatant cette omission (4). L'envoi des bulletins a lieu au commencement du mois de mars et à la fin du mois d'août.

(1) Arrêté ministériel du 24 novembre 1875.
(2) Loi du 12 juillet 1875, art. 14.
(3) Statut du 9 avril 1825, art. 2.
(4) Arrêté du 26 octobre 1838, art. 4.

§ 15. *Des cartes d'inscription.*

58. — Dans toutes les Facultés, il est délivré aux étudiants des *cartes d'inscription*, dont ils devront être porteurs lorsqu'ils se présenteront aux cours (1). Ces cartes ne sont valables que pour l'année scolaire dans laquelle elles ont été délivrées. Elles doivent être visées ou remplacées par de nouvelles cartes, au commencement de chaque année scolaire.

§ 16. *Avantages que confèrent les cartes d'étudiants.*

59. — La présentation de leur carte confère divers avantages à MM. les étudiants. Parmi ces avantages nous citerons les suivants :

1° Les étudiants peuvent obtenir l'autorisation d'emprunter des livres à la Bibliothèque nationale, *en présentant un certificat du doyen constatant que l'étudiant est licencié en droit.* (V. n° 297.)

2° Les étudiants en cours d'études qui habitent sur le parcours de la compagnie du chemin de fer de l'Est et du chemin de fer de l'Ouest, obtiennent de ces Compagnies, sur la présentation d'un certificat du secrétaire de la Faculté, une réduction de moitié prix sur le montant des abonnements.

3° Enfin, aux premières représentations du théâtre de l'Odéon, trente places au parterre sont réservées aux étudiants.

(1) Statut du 9 avril 1825, art. 12.

§ 17. *Des certificats d'inscriptions.*

60. — Le secrétaire de la Faculté délivre gratuitement aux étudiants, lorsqu'ils ont besoin d'en justifier, un certificat de leurs inscriptions, visé par le doyen (1). Ce certificat leur est utile, notamment pour faire valoir devant une Faculté les inscriptions prises dans une autre (V. n° 54), et pour obtenir de l'autorité militaire un sursis d'appel. (V. n° 47.)

Ces certificats ne peuvent être délivrés aux élèves refusés que lorsqu'ils ont été autorisés à se présenter à l'examen dans une autre Faculté (2).

CHAPITRE V

DES COURS ET DES CONFÉRENCES

SOMMAIRE. — *Ouverture des cours. — Des différents cours. — Des cartes d'inscription. — Des cartes d'admission. — Des appels. — Des dispenses d'assiduité. — De la police des cours. — Des conférences. — Des vacances et congés.*

§ 1er. *Ouverture des cours.*

61. — Les cours de la Faculté de droit de Paris pour l'année scolaire 1879-1880 commen-

____

(1) Décret du 4e jour compl. an XII, art. 32.
(2) Arrêtés du 1er octobre 1813 et du 25 octobre 1839, art. 2.

2.

ceront le mardi 4 novembre, aux jours, lieux et heures indiqués dans les tableaux A,B, C, D, E, — En province, l'ouverture annuelle des cours varie suivant les Facultés. Il y a pour la rentrée une séance solennelle à laquelle sont tenus d'assister tous les professeurs et agrégés et qui est présidée par le doyen de la Faculté ou par le recteur de l'Académie (1). C'est dans cette séance qu'a lieu la distribution des prix, médailles et mentions honorables obtenus à la suite des concours qui existent dans les diverses Facultés. La date en est indiquée par un arrêté du recteur.

62. — La mesure qui prescrit une séance solennelle de rentrée n'est pas applicable à Paris (2). La distribution des prix a lieu ordinairement le 1er août dans l'ancien amphithéâtre.

§ 2. *Des différents cours.*

63. — Le nombre des cours varie, dans chaque Faculté, suivant l'importance de cette Faculté. A Paris, il y a actuellement vingt chaires, savoir :

Cinq chaires de droit romain (y compris la chaire de Pandectes).
Six chaires de Code civil.
Une chaire de procédure civile.
Une chaire de droit criminel et de législation comparée.
Une chaire de législation criminelle et de procédure criminelle.
Une chaire de droit commercial.

(1) Arrêté du 26 novembre 1838, art. 1er.
(2) Décision du 6 novembre 1838.

Une chaire de droit administratif.
Une chaire de droit des gens.
Une chaire d'histoire du droit romain et du droit français.
Une chaire de droit coutumier.
Une chaire de droit constitutionnel.
Une chaire d'économie politique.

64. — MM. les agrégés sont, en outre, chargés d'un certain nombre de cours complémentaires qui ont été rendus nécessaires par le dédoublement de quelques-uns des cours ordinaires. Ces cours sont :

1° Un second cours de procédure.
2° Un second cours de droit commercial.
3° Un second cours de droit administratif.
4° Un cours de science financière.
5° Un cours de législation industrielle.

65. — Dans les autres Facultés, il existe, en général : deux chaires de droit romain, trois chaires de droit civil, une chaire de droit criminel, une chaire de procédure civile, une chaire de droit administratif, une chaire de droit commercial. — En outre, dans la plupart des Facultés, il y a des *cours complémentaires* à l'usage des aspirants au doctorat.

§ 3. *Des cartes d'inscription* (1).

66. — Chaque étudiant, en s'inscrivant, doit déclarer quel professeur il désire suivre pour chaque partie de l'enseignement. Toutefois, il ne peut y avoir plus de 500 élèves inscrits pour cha-

(1) Arrêté du 9 octobre 1819, art. 5; statut du 9 avril 1825, art. 17 et 18.

cun des cours qui ont deux professeurs. A cet effet, lorsque les inscriptions prises pour suivre un professeur s'élèveront à ce nombre, les inscriptions suivantes ne pourront être prises que pour le cours de l'autre professeur. MM. les étudiants qui désirent suivre le cours de tel ou tel professeur doivent donc s'empresser de se faire inscrire. Nous avons déjà dit (V. n° 58) qu'il est délivré à tout étudiant qui s'inscrit une *carte d'inscription* dont il doit être porteur lorsqu'il se présente au cours. Ces cartes sont signées du doyen, du secrétaire et de l'étudiant. Ces cartes ne sont valables que pour l'année scolaire dans laquelle elles ont été délivrées. Elles doivent être remplacées par de nouvelles cartes au commencement de chaque année.

67. — Tout étudiant qui, n'ayant point été inscrit pour un cours, voudrait le suivre ou y assister, doit obtenir à cet effet une permission du doyen, délivrée par écrit (1).

§ 4. *Des cartes d'admission* (2).

68. — Les cours sont publics ; cependant, par mesure d'ordre, toute personne qui désire suivre les exercices d'une Faculté doit faire la demande d'une carte *d'auditeur bénévole*. A cet effet, il est établi dans chaque Faculté un registre coté et paraphé par le doyen. Les personnes qui désirent obtenir une carte d'admission doivent

(1) Cette disposition n'est pas applicable à la Faculté de Paris.
(2) Statut du 9 avril 1825, art. 13, 14, 15, 18 et 22.

inscrire ou faire inscrire sur ce registre leurs nom, prénoms, âge, lieu de naissance, domicile et résidence. Chaque demande inscrite sur le registre est signée du requérant et reçoit un numéro. Les inscriptions sont faites sans frais. Les cartes d'admission sont signées du doyen, du secrétaire de la Faculté et du requérant. Elles sont timbrées du sceau de la Faculté, et portent un numéro correspondant à celui sous lequel la demande a été enregistrée. Comme les cartes d'inscription, elles ne sont valables que pour l'année scolaire dans laquelle elles ont été délivrées (1).

§ 5. *Des appels* (2).

69. — Tout professeur de Faculté est tenu de faire, au moins deux fois par mois, l'appel des étudiants inscrits et qui doivent suivre ses cours, en vertu des règlements. Si le nombre des étudiants est trop considérable pour que l'appel puisse être général, le professeur doit faire, à chaque leçon, des appels particuliers, de manière que chaque étudiant soit appelé au moins deux fois par mois, et qu'aucun d'eux ne puisse prévoir le jour où il sera appelé.

Tout étudiant convaincu d'avoir répondu pour un autre perd une inscription.

Tout étudiant qui manque à l'appel deux fois

(1) A Paris, les cartes d'auditeur bénévole ne sont pas en usage. Toute personne (à l'exception des femmes qui ne font pas leur droit) peut suivre les cours sans autorisation.

(2) Statut du 9 avril 1825, art. 23 à 26.

dans un trimestre et dans le même cours, sans excuse valable et dûment constatée, ne peut recevoir de certificat d'assiduité du professeur de ce cours.

Les appels n'ont point lieu à la Faculté de Paris (1).

§ 6. *Dispenses d'assiduité* (2).

70. — Nul ne peut se faire dispenser de l'assiduité aux cours, s'il ne justifie, par des pièces authentiques, qu'il est attaché à une administration publique, ou que ses parents sont retenus à l'étranger ou dans les colonies par des fonctions publiques. La demande de dispense doit être adressée à M. le recteur de l'Académie par l'intermédiaire de M. le doyen et renouvelée chaque année.

§ 7. *De la police des cours* (3).

71. — Tout étudiant qui aura donné à un étudiant d'un autre cours ou à une personne étrangère à la Faculté sa carte d'inscription, encourra la perte d'une ou plusieurs inscriptions, ou même son exclusion de la Faculté, si cette transmission a servi à produire du désordre.

Tout auditeur bénévole qui aura prêté sa carte d'admission en sera privé, et sera exclu des cours pendant l'année au moins.

---

(1) Lettre du ministre de l'instruction publique du 5 juin 1832.

(2) Instruction du 20 décembre 1874.

(3) Statut du 9 avril 1825, art. 19, 20, 21 et 30.

En cas de trouble occasionné par le porteur d'une carte, sa carte sera annulée.

Toutes les fois qu'un cours viendra à être troublé, le professeur fera immédiatement sortir les auteurs du désordre, et les signalera au doyen, pour qu'il soit provoqué contre eux telle peine que de droit.

S'il ne parvient pas à les connaître, et qu'un rappel au bon ordre n'ait pas suffi pour le réaliser, la séance sera suspendue et renvoyée à un autre jour. Si le désordre se reproduit aux séances subséquentes les élèves de ce cours encourront, *à moins qu'ils ne fassent connaître les coupables*, *la perte de leurs inscriptions*, sans préjudice de peines plus graves, si elles devenaient nécessaires (1).

Il est défendu à tous autres qu'aux professeurs de prendre la parole dans les auditoires ainsi que dans l'enceinte des Facultés. Tout étudiant qui contreviendra à cette défense sera rayé des registres de la Faculté à laquelle il appartient, et ne pourra prendre d'inscription dans aucune autre Faculté avant une année révolue (2).

§ 8. *Des conférences.*

72.— CONFÉRENCES POUR LE BACCALAURÉAT, LA LICENCE ET LE DOCTORAT. — Dans toutes les Facultés, il existe, indépendamment des cours qui

____

(1) Ces dispositions, qui encourageaient l'esprit de délation, sont, heureusement, tombées en désuétude.
(2) Statut du 9 avril 1825, art. 32 et 33.

sont obligatoires, des conférences facultatives pour le baccalauréat, la licence et le doctorat, faites par les agrégés. Ces conférences ont pour objet la révision des cours. Elles portent sur le développement et l'application des principes exposés dans les leçons orales et donnent lieu à des interrogations. Elles constituent ainsi le plus sûr auxiliaire de l'enseignement et la meilleure préparation aux examens. Chaque conférence doit réunir dix auditeurs au moins et quinze au plus et comprendre deux séances au moins par semaine.

L'inscription à ces conférences peut avoir lieu à toute époque de l'année scolaire, moyennant un droit fixe de 60 francs. Cette somme doit être payée en une seule fois au moment de l'inscription.

73. — CONFÉRENCES POUR L'AGRÉGATION. — Des exercices spéciaux, préparatoires aux concours de l'agrégation, sont organisés sous la direction de M. Accarias, professeur de Pandectes. — Ces exercices ont lieu ordinairement le jeudi, dans une salle de la Faculté. — Les droits à payer pour suivre ces exercices varient suivant le nombre des personnes inscrites.

§ 9. *Des vacances et congés* (1).

74. — Pendant la durée de l'année classique, il n'y a d'autres interruptions des cours que

(1) Décret du 10 avril 1806, art. 1er; décisions du 3 avril et du 23 mai 1806; arrêté du 26 octobre 1838, art. 9.

celles qui sont prévues par les règlements ou autorisées expressément par l'Université.

Les vacances commencent ordinairement du 7 août au 15 août et se terminent le 3 novembre.

Les cours sont suspendus, à Paris

1º Pendant les jours de fêtes légales (*Noël. Ascension, Assomption, Toussaint*) ;

2º Le 1ᵉʳ et le 2 janvier ;

3º Les lundi et mardi gras et le mercredi des Cendres ;

4º Pendant les vacances dites de Pâques, qui commencent le mercredi saint et se terminent le mercredi de la semaine de Pâques ;

5º Pendant la semaine de la Pentecôte.

CHAPITRE VI

RENSEIGNEMENTS GÉNÉRAUX SUR LES EXAMENS

Sommaire.— *Des consignations. — Mode de consignation.— Epoques des consignations.— Du retrait des sommes consignées. — Remboursement des consignations aux héritiers des étudiants décédés.— Des sessions d'examens en province. — Epoques des examens à Paris au cours de l'année scolaire. — Epoques des examens pour la fin de l'année scolaire. — Formalités à remplir pour subir une épreuve dans une Faculté dont on n'a pas suivi les cours. — Mesures prescrites à l'effet d'empêcher les étudiants de se faire examiner les uns à la place des autres. — De l'étudiant qui ne se présente pas. — De l'étudiant qui se retire. — Expression des suffrages. — Des ajournements. — Du délai d'ajournement. — Des*

*jurys mixtes. — Restitution des droits en cas d'a-
journement. — Des saisies-arrêts sur les consignations.*

§ 1ᵉʳ. *Des consignations.*

75. — Mode de consignation. — Les consignations sont faites au secrétariat aux époques indiquées plus loin (V. n° 76). — A la différence
des inscriptions, qui doivent être prises par l'é-
tudiant en personne, les consignations peuvent
être opérées par toute personne pour le compte
des étudiants. La quittance de la somme payée
est délivrée au nom de la partie versante, qui
seule a qualité pour recevoir le remboursement
de cette somme.

76. — Epoques des consignations. — Le secrétariat est ouvert pour les consignations les
mardis et les *mercredis* de dix heures à deux
heures, depuis le 7 novembre jusqu'à la fin de
mai; et, à partir du 1ᵉʳ juin, de neuf heures à
midi, les *lundis, mardis* et *mercredis.*

Après le 30 juin, il ne sera reçu aucune consignation pour les examens du baccalauréat et de
la licence ; après le 16 juillet, pour les thèses de
licence ; après le 11 juin pour les examens de
doctorat. Les consignations pour ces examens
seront reçues à partir du 6 mai (1). — L'étudiant
pourra faire connaître l'époque à laquelle il désire passer son examen, et il sera fait droit à

(1) Ces dates peuvent être modifiées. Dans le courant du mois d'avril, des affiches particulières annon-
cent, pour chaque nature d'épreuves, les jours auxquels les consignations sont reçues.

cette indication, autant que le permettront l'ordre du service et les inscriptions antérieures.

Les droits de certificat ou de diplôme sont consignés en même temps que les droits du dernier examen.

77. — DU RETRAIT DES SOMMES CONSIGNÉES. — Lorsqu'un étudiant renonce à subir une épreuve (*examen ou thèse*), les sommes qu'il a consignées lui sont restituées sur un mandat du doyen. Si la somme consignée l'a été par une autre personne que par l'étudiant, la partie versante peut seule en opérer le retrait (V. nº 75). En cas d'ajournement, la somme consignée pour les droits de diplôme et de certificat d'aptitude est restituée suivant le même mode (1).

Si un étudiant obtient la remise (V. nº 196) après avoir consigné les droits, la consignation lui est restituée (2).

78. — REMBOURSEMENT DES CONSIGNATIONS AUX HÉRITIERS DES ÉTUDIANTS DÉCÉDÉS. — Le paiement de toute somme revenant aux héritiers ne peut être effectué que sur la production :

1º D'un extrait d'intitulé d'inventaire ;

2º De l'acte de décès de l'étudiant ;

3º Du titre de créance, c'est-à-dire de la quittance délivrée à l'étudiant (3).

§ 2. *Des sessions d'examens en province.*

79. — Les examens ont lieu, pour les différents

---

(1) Pour les formalités, voir le nº 106.
(2) Règlement du 27 novembre 1838, art. 62.
(3) Arrêté du 19 novembre 1830.

grades, dans les diverses Facultés de droit, à des époques fixes, déterminées par chaque Faculté, au commencement de l'année scolaire, d'après le nombre présumé des candidats.

80. — Nul étudiant ne peut se présenter aux examens en dehors des époques indiquées, sans une autorisation du ministre, accordée sur l'avis d: la Faculté et la proposition du recteur (1).

81. — Toutefois, les thèses de doctorat peuvent être soutenues en tout temps, en province, même en dehors des sessions d'examens (2).

§ 3. *Epoques des examens à Paris au cours de l'année scolaire.*

82. — Les étudiants doivent, à moins d'excuse valable, subir leur premier examen après le quatrième trimestre terminé; ils ne sont admis à prendre leur septième inscription à Paris, et la sixième dans les départements, qu'après avoir subi le premier examen. L'examen de bachelier doit avoir lieu, à Paris, avant la onzième inscription, et, dans les départements, avant la dixième. Les élèves refusés au premier et au deuxième examen ne peuvent prendre la sixième ou quatrième inscription avant d'avoir subi avec succès l'examen.

§ 4. *Epoques des examens pour la fin de l'année scolaire* (3).

83. — BACCALAURÉAT. — Les examens de bac-

(1) Ordonn. du 6 juillet 1841, art. 1ᵉʳ.
(2) Arrêté du 25 mai 1850.
(3) Les dates que nous donnons peuvent être avan-

calauréat pourront être passés, sans autorisation spéciale, à partir du 1er juillet, après la quatrième ou la huitième inscription prise. — Il ne sera plus passé d'examen de baccalauréat après le 4 ou le 5 août.

84. — LICENCE. — Les premiers examens de licence devront être passés le 24 ou le 25 juillet au plus tard. — Il ne sera subi aucun deuxième examen de licence après le 31 juillet. — Les étudiants de troisième année qui voudront soutenir leur thèse avant les vacances devront avoir subi leur deuxième examen de licence le 14 juillet au plus tard.

85. — DOCTORAT. — Les examens de doctorat devront être passés le 17 juillet au plus tard.

86. — THÈSES DE LICENCE. — Les thèses de licence devront être signées, et le jour de la soutenance devra être pris avant le 25 juillet. Il ne sera pas reçu d'engagement pour dépôt de thèse postérieur au 7 août.

87. — THÈSES DE DOCTORAT. — Les thèses de doctorat des candidats qui ont passé leur second examen de doctorat dans l'année scolaire 1878-1879 devront être signées, et le jour de la soutenance pris avant le 1er juin 1880 ; elles ne pourront être soutenues après le 30 juin.

Les thèses de doctorat des candidats qui auront passé leur second examen de doctorat dans l'année scolaire 1879-1880 devront être signées, et le jour de la soutenance pris avant le 25 juin 1880. Elles ne pourront être soutenues avant le 31 juillet.

cées ou reculées d'un ou deux jours. Des affiches spéciales indiqueront ces changements, s'il y a lieu.

§ 5. *Formalités à remplir pour subir une épreuve dans une Faculté dont on n'a pas suivi les cours.*

88. — En principe, tout étudiant doit soutenir ses examens devant la Faculté dont il a suivi les cours, et où il a pris ses inscriptions. Il ne peut être examiné devant une autre Faculté sans une autorisation spéciale. L'étudiant qui désire obtenir cette autorisation doit produire, à l'appui de sa demande, un certificat de bonne conduite et un certificat d'assiduité. Le certificat d'assiduité doit faire connaître si l'étudiant a déjà soutenu un ou plusieurs examens, et comment il les a soutenus (1).

89. — Les étudiants des Facultés de province qui se présentent pour subir leurs examens devant la Faculté de Paris, sont tenus de soutenir toutes les épreuves prescrites par les règlements concernant cette dernière Faculté (2).

§ 6. *Mesures prescrites à l'effet d'empêcher les étudiants de se faire examiner les uns à la place des autres.*

90. — Aux termes d'un arrêté du 16 mars 1832, le candidat, au moment de se faire examiner, appose sa signature, sur une feuille à ce destinée, en présence des examinateurs, lesquels doivent vérifier l'identité de la signature en la

______

(1) Arrêtés du 26 octobre 1838, art. 7, et du 19 novembre 1839, art. 1er.

(2) Arrêté du 24 novembre 1829.

rapprochant de celle de la feuille d'inscription qu'ils ont sous les yeux, Les étudiants doivent être prévenus chaque fois des suites que pourraient avoir pour eux, d'après les lois criminelles, les fausses signatures apposées à ces actes.

§ 7. *De l'étudiant qui ne se présente pas.*

91. — Tout étudiant qui, sans cause légitime dûment constatée, ne répond pas à l'appel de son nom au jour et à l'heure qui lui ont été fixés, perd le montant des droits d'examen qu'il a versés, et ne peut se représenter pour prendre jour qu'après le délai d'un mois, à compter du jour qui lui avait été indiqué précédemment (1). Les causes légitimes sont : 1° la maladie, constatée par un certificat de médecin ; 2° l'absence ; 3° des affaires de famille. Ces deux dernières causes d'excuses doivent être appuyées également ment par des certificats.

§ 8. *De l'étudiant qui se retire.*

92. — Tout étudiant qui se retire, après que son examen aura été commencé, *sans y être autorisé par les examinateurs*, sera censé avoir reconnu lui-même son incapacité, et doit être assimilé à ceux dont le rejet a été prononcé.

L'examen est censé commencé pour tous les candidats du moment que l'un d'eux a commencé à être interrogé.

(1) Délibération de la Faculté de Paris, du 13 mai 1824.

Les actes publics sont censés commencés du moment que le président a déclaré la séance ouverte (1).

§ 9. *Expression des suffrages*.

93. — Les suffrages des examinateurs s'expriment par :
Une boule blanche (*très bien*).
Une boule blanche-rouge (*bien*).
Une boule rouge (*assez bien*).
Une boule rouge-noire (*médiocre*).
Une boule noire (*mal*).

94. — Le candidat qui a obtenu unanimité de *boules blanches* est proclamé *reçu avec éloge*, et mention du *scrutin* doit être faite sur le certificat qui lui est délivré.

95. — Les étudiants qui ont obtenu *majorité de boules blanches* dans l'ensemble de leurs examens sont seuls admis au *concours de licence* (V. nº 203).

§ 10. *Ajournements*.

96. — Est ajourné tout candidat qui aura mérité deux boules noires. — Deux boules rouges-noires équivalent à une noire. — D'après le décret du 25 janvier 1877, est ajourné, dans les épreuves du doctorat, tout candidat qui n'a pas obtenu trois boules blanches.

---

(1) Lettre du directeur de l'instruction publique, du 16 juillet 1825.

§ 11. *Du délai d'ajournement.*

97. — Tout candidat *ajourné* ne peut se présenter à une nouvelle épreuve qu'après *trois mois révolus*, s'il n'a obtenu du recteur une abréviation du délai. La nouvelle épreuve doit nécessairement avoir lieu devant la même Faculté que la précédente, sauf autorisation spéciale du ministre (1).

98. — Si l'étudiant qui a échoué avait obtenu la remise, il n'en est pas moins tenu d'acquitter les droits pour le nouvel examen qu'il subit. La remise du nouvel examen ne peut être prononcée que sur la proposition motivée du recteur, qui doit préalablement prendre l'avis de la Faculté (2).

99. — Tout candidat ajourné devant une Faculté de l'Etat ne peut se présenter ensuite devant un jury mixte (V. n° 55), sans en avoir obtenu l'autorisation du ministre de l'instruction publique.

§ 12. *Des jurys mixtes.*

100. — L'art. 13 de la loi du 12 juillet 1875 distingue deux sortes de candidats formés par l'enseignement supérieur libre : 1° les élèves des Facultés libres ; 2° les élèves des universités libres (3).

---

(1) Ordonnance du 6 juillet 1841, art. 4.
(2) Décision du 7 septembre 1837.
(3) Aux termes de l'art. 5 de la même loi, les éta-

101. — Les élèves des Facultés libres doivent se présenter pour l'obtention des grades devant les Facultés de l'Etat, en justifiant qu'ils ont pris, dans la Faculté dont ils ont suivi les cours, le nombre d'inscriptions voulu par les règlements.

102. — Les élèves des universités libres ont le choix entre le jury de l'Etat et un jury spécial. — Le jury spécial est formé de professeurs ou agrégés des Facultés de l'Etat et de professeurs des universités libres, pourvus du diplôme de docteur. Ils sont désignés, pour chaque session, par le ministre de l'instruction publique, et, si le nombre des membres de la commission d'examen est pair, ils sont pris en nombre égal dans les Facultés de l'Etat et dans l'université libre. Dans le cas où le nombre est impair, la majorité sera du côté des membres de l'enseignement public.

103. — Tout candidat ajourné devant un jury spécial ne pourra se présenter ensuite devant une Faculté de l'Etat sans avoir obtenu l'autorisation du ministre de l'instruction publique (V. n° 55).

104. — A Paris, le jury mixte tient ses séances à la *salle Gerson* (rue Gerson, n° 1).

104 *bis.* — Les sessions ont lieu :

1° Du 3 au 15 novembre ;
2° Du 3 au 15 janvier ;
3° Du 1er au 15 avril ;

blissements d'enseignement supérieur peuvent prendre le titre d'*universités libres* lorsqu'ils réunissent trois Facultés.

4° Du 1er juillet au 4 ou 5 août.

Il y a, en outre, une session pour les volontaires d'un an, du 20 au 28 octobre.

§ 12. *Restitution des droits en cas d'ajournement.*

105. — Droits restitués. — Les droits d'examen sont acquis, quel que soit le résultat de l'examen. Les droits de certificat et de diplôme sont remboursés aux étudiants ajournés. — Voici, par nature d'épreuves, le montant de la restitution.

Capacité. — Il est restitué au candidat ajourné la somme de *soixante-cinq francs*, montant du certificat d'aptitude et du visa du certificat d'aptitude.

Baccalauréat. — Pour le premier examen, il est restitué la somme de *quarante francs*, montant du certificat d'aptitude; et, pour le deuxième examen, la somme de *cent quarante francs*, montant du certificat d'aptitude et du droit de diplôme.

Licence. — Pour chaque examen de licence, il est restitué la somme de *quarante francs*, montant du certificat d'aptitude.

Thèse de licence. — Pour la thèse de licence, il est restitué la somme de *cent quarante francs*, montant du certificat d'aptitude et du droit de diplôme.

Doctorat. — Pour chaque examen de doctorat, il est restitué la somme de *quarante francs*, montant du certificat d'aptitude.

Thèse de doctorat. — Pour la thèse de doctorat, il est restitué la somme de *cent quarante francs*, montant du certificat d'aptitude et du droit de diplôme.

106. — FORMALITÉS A REMPLIR. — L'étudiant ajourné doit se rendre au secrétariat et représenter la quittance qui lui a été délivrée lors de la consignation des droits. Au dos de cette quittance, il souscrit une reconnaissance du remboursement. S'il ne peut représenter la quittance, il souscrit une déclaration qu'elle est adirée, et que le montant de sa déclaration lui a été remboursé (1). Cette déclaration doit être faite sur papier timbré, indiquer la date de la consignation et l'examen pour lequel elle avait été faite.

§ 13. *Des saisies-arrêts sur les sommes à restituer.*

107. — Il est arrivé que des créanciers d'étudiants ont formé des saisies-arrêts sur les sommes qui doivent leur être restituées en cas d'ajournement. Jusqu'à présent, les tribunaux n'ont pas été appelés à statuer sur ces saisies-arrêts, les étudiants qui en avaient été frappés ayant été reçus. La légalité d'une pareille saisie ne nous paraît pas contestable. L'étudiant peut assigner son créancier en mainlevée. -- Il est, du reste, un moyen bien simple d'échapper à ces saisies-arrêts : c'est de faire consigner par un tiers qui déclare *consigner de ses deniers personnels pour le compte de M. X.* La quittance est délivrée au

(1) Arrêté du 27 novembre 1834, art. 78.

nom de la partie versante qui seule a qualité pour retirer les sommes à restituer (V. n° 75).

CHAPITRE VII

CONDITIONS D'OBTENTION DES GRADES ET MATIÈRES DES ÉPREUVES.

SECTION I

DU BREVET DE CAPACITÉ

SOMMAIRE. — *Droits à payer. — Du temps d'études et des cours à suivre. — Nombre des examinateurs. — Matières de l'examen. — Du certificat.*

§ 1er. *Droits à payer.*

108. — Quatre inscriptions à 30 fr.   120
Droit de bibliothèque . . .   10
Droit de robe (à Paris) (1). .   3
Examen . . ., ...   60
Certificat d'aptitude. . . .   40
Visa du certificat d'aptitude .   25

TOTAL. . . Fr.   258

109. — En cas d'ajournement, il est remboursé au candidat la somme de *soixante-cinq francs* (V. n° 105).

(1) Voir le chapitre XI : *Des frais d'études*, n° 186. En province, le droit de robe est de 2 francs.

§ 2. *Du temps d'études, et des cours à suivre.*

110. — Les étudiants qui veulent subir cet examen doivent avoir quatre inscriptions et avoir suivi pendant une année les cours de Code civil de première et de seconde année, et ceux de procédure civile et de droit criminel.

Il y a quatre examinateurs.

§ 3. *Matières de l'examen.*

111. — *Code civil.* — Livres I, II (en entier). Livre III, tit. 1 à iv (art. 1 à 1386). — Livre III, titre xx (art. 2219 à 2281).

Code de procédure civile. — Livres II, III et IV.

Code pénal. — Livres I et II (art. 1 à 74, plus l'art. 463).

Code d'instruction criminelle. — Art. 1 à 47, 179 à 216, 310 à 379, 635 à 643, et les autres articles enseignés par le professeur.

§ 4. *Du certificat.*

112. — Ceux qui ont été examinés et trouvés capables obtiennent un *certificat de capacité,* conformément à l'art. 12 de la loi du 22 ventôse an XII. — Ce certificat est exigé pour être titulaire d'un office d'avoué (V. n. 172). Les aspirants à ce certificat ne sont pas tenus de justifier du grade de bachelier ès lettres.

SECTION II

DU BACCALAURÉAT

SOMMAIRE. — *Des droits à payer. — Du temps d'études et des cours à suivre. — Du premier examen. — Epoque à laquelle il doit être passé. — Nombre des examinateurs. — Matières de l'examen. — Du second examen. — Epoque à laquelle il doit être passé. — Nombre des examinateurs. — Matières de l'examen. — Du diplôme.*

§ 1ᵉʳ. *Droits à payer.*

113. —

Huit inscriptions à 30 francs.	240
Droit de bibliothèque . . .	10
Deux examens (60 fr. par examen)	120
Deux droits de robe (3 fr. par examen)	6
Deux certificats d'aptitude (40 francs par certificat) . . .	80
Diplôme	100
TOTAL. . . Fr.	556

113 *bis*. — En cas d'ajournement, il est remboursé au candidat, pour le premier examen, la somme de 40 francs, et pour le deuxième examen la somme de 140 fr. (V. nº 105).

§ 2. *Du temps d'études et des cours à suivre.*

114. — Le baccalauréat exige deux années d'études et huit inscriptions. La première an-

née l'étudiant doit suivre : *un cours de Code civil, un cours de droit romain, un cours de droit criminel.* La seconde année, il continue de suivre *le cours de Code civil* et *le cours de droit romain,* et il doit suivre, en outre, *un cours de procédure civile,* et le *cours d'économie politique,* sur lequel il sera interrogé au premier examen de licence.

Le baccalauréat est scindé en deux examens.

§ 3. *Du premier examen.*

115. — Le premier examen ne peut se passer qu'après la quatrième inscription prise, et on ne peut prendre la *septième* à Paris, et la *sixième* dans les départements, qu'après avoir été reçu.

Il y a *quatre examinateurs.*

§ 4. *Matières de l'examen.*

Code civil. — Livres I et II (art. 1 à 710, moins les art. 2 à 5 et 120 à 138).

Droit romain. — Institutes de Justinien. Livres I et II, complétés par des textes choisis dans le Digeste, le Code et les Novelles, et indiqués par le professeur à ses élèves.

Code pénal. — Livres I et II (art. 1 à 74, plus l'art. 463).

Code d'instruction criminelle. — Art. 1 à 7 — 179 à 216 — 310 à 379 — 635 à 643 et les autres articles enseignés par le professeur.

§ 5. *Du second examen.*

116. — Le second examen ne peut se passer

qu'après la huitième inscription prise, et il doit être subi, à Paris, avant la *onzième*, et dans les départements avant la *dixième*.

Il y a *trois examinateurs*. — L'examen est fait par quatre examinateurs pour les étudiants qui ont passé leur premier examen de baccalauréat avant le 16 juin 1878 (V. n° 117).

§ 6. *Matières de l'examen.*

117. — *Code civil.* — Livre III, titre i, ii, iii, iv (art. 711 à 1386); titre xx (2219 à 2281).

Code de procédure. — Livres II, III et IV (art. 48 à 510).

Les étudiants qui ont passé leur premier examen avant le 15 juin 1878 seront en outre interrogés sur le droit pénal et l'instruction criminelle.

118. — Les matières sont les mêmes pour les étudiants qui auraient déjà soutenu l'examen de capacité. Ces étudiants doivent être prêts à répondre sur toutes les parties du programme de l'examen.

§ 7. *Du diplôme.*

119. — Les étudiants qui auront été trouvés capables aux deux examens de baccalauréat reçoivent un diplôme de bachelier en droit. Ils doivent s'adresser, pour la délivrance de ce diplôme, au garçon de bureau (V. n° 167).

SECTION III

DE LA LICENCE

SOMMAIRE. — *Des droits à payer.* — *Du temps d'études et des cours à suivre.* — *Du premier examen de licence : époque à laquelle il doit être passé.* — *Nombre des examinateurs.* — *Matières de l'examen.* — *Du deuxième examen de licence : époque à laquelle il doit être passé.* — *De l'épreuve écrite* — *Sujets de composition.* — *De l'épreuve orale.* — *Matières de l'examen.* — *De l'acte public ou thèse.* — *Tirage au sort des matières.* — *Époque du tirage.* — *Mode de tirage à Paris.* — *Formalités à remplir.* — *Signature du président et du doyen.* — *Engagement de l'imprimeur.* — *Dépôt de trente-six exemplaires.* — *Délai maximum pour la soutenance.* — *De la soutenance.* — *Du Diplôme.*

§ 1er. *Des droits à payer.*

120. — Quatre inscriptions à 30 francs. 120
Droit de bibliothèque . . . 10
Deux examens (60 fr. par examen) 120
Trois droits de robe (3 fr. par examen et thèse) 9
Deux certificats d'aptitude (40 fr. par certificat) 80
Thèse (1). 100
Certificat d'aptitude 40
Diplôme. 100

TOTAL. . Fr. 579

(1) Voir le tarif de l'impression des thèses.

120 *bis.* — En cas d'ajournement il est remboursé au candidat pour chaque examen la somme de 40 francs, et pour la thèse, la somme de 140 francs (V. n° 105).

§ 2. *Du temps d'études et des cours à suivre.*

121. — Les étudiants qui aspirent au grade de licencié en droit doivent faire une troisième année d'études, et suivre un *cours de Code civil,* un *cours de droit administratif* et un *cours de droit commercial.*

Pendant cette troisième année d'études, ils subissent deux examens et soutiennent ensuite une thèse ou acte public (1).

§ 3. *Du premier examen de licence.*
(Troisième examen.)

122. — Pour subir cet examen, il faut avoir pris *neuf inscriptions.* Il y a *quatre examinateurs.*

§ 4. *Matières de l'examen.*

123. — Droit romain. — L'examen porte sur les quatre livres des Institutes de Justinien, complétés par les textes du Digeste, du Code et de Novelles expliqués par le professeur au cours de la deuxième année.

____

(1) Loi du 22 ventôse an XII, art. 4; ordonn. du 4 octobre 1820, art. 1er; arrêté du 1er octobre 1822, art. 1er.

124. — Economie politique. — L'enseignement de l'économie politique ayant été rendu obligatoire par le décret du 26 mars 1877, les étudiants ayant pris leur première inscription à partir d'octobre et novembre 1877-1878, seront interrogés sur les matières enseignées par le professeur (1).

§ 5. *Du deuxième examen de licence.*
(Quatrième examen.)

125. — Pour subir cet examen il faut avoir pris *onze inscriptions*. L'examen se compose d'une *épreuve écrite* et d'une *épreuve orale*.

§ 6. *De l'épreuve écrite.*

126. — Cette épreuve a lieu, pour chaque candidat, le même jour que l'épreuve orale. Toutefois, à Paris, à cause du grand nombre des candidats, l'épreuve écrite a lieu le jour qui précède immédiatement l'épreuve orale. Tous les candidats inscrits à l'effet de soutenir dans un même jour le deuxième examen de licence sont réunis dans une salle de la Faculté. Il est remis à chaque candidat, d'après le résultat d'un tirage au sort, une feuille portant inscrit le sujet qu'il devra traiter, et qui est choisi, à Paris, parmi les matières de droit civil de troisième année. *Deux heures* sont accordées pour cette épreuve,

(1) Voir le programme du cours d'économie politique.

pendant laquelle les candidats restent sous la surveillance d'un professeur ou d'un agrégé, délégué à cet effet. Ils ne peuvent avoir aucune communication entre eux, ni au dehors, sous peine d'exclusion, et il n'est laissé à leur disposition aucun livre ou recueil de textes. Chaque candidat, après avoir achevé sa composition, la remet, signée de lui, au professeur surveillant qui la vise. A Paris tout étudiant qui, après avoir fait la composition écrite, ne se présente pas à l'épreuve orale, ne peut être admis à la soutenir qu'après un délai égal au délai fixé pour l'ajournement (1).

Nous avons recueilli un certain nombre de sujets de composition que nous donnons plus bas. Nous engageons les étudiants à s'exercer d'avance à la rédaction de quelques-unes de ces questions.

§ 7. *Sujets de composition.*

127. — 1. Des clauses prohibées dans les conventions matrimoniales. — 2. Des conditions exigées par la loi pour la validité des changements apportés aux conventions matrimoniales. — 3. De l'actif de la communauté légale. — 4. Des propres sous le régime de la communauté légale. — 5. De l'effet, quant à la communauté, des diverses dettes contractées par la femme avec autorisation, soit du mari, soit de justice. — 6. Examiner jusqu'à quel point les dettes mobilières des époux communs en biens sont considérées comme charge de leur fortune mobilière ou immobilière. — 7. Le mari

(1) Ordonn. du 6 juillet 1841 ; arrêté du 1er décembre 1843 ; délibération de la Faculté de Paris du 17 février 1842.

commun en biens n'est-il qu'administrateur de la communauté ou en est-il, au moins sous certains rapports, considéré comme le maître? — 8. Du droit qu'a la femme commune d'accepter la communauté ou d'y renoncer et de l'exception dilatoire qu'elle peut opposer. — 9. Comment le mari et la femme sont-ils tenus à l'égard des créanciers de la communauté, après la dissolution, suivant que la femme accepte ou qu'elle renonce? — 10. Dans quel cas, après l'acceptation de la communauté par la femme, l'un des époux est-il tenu envers les créanciers au delà de sa moitié au paiement d'une dette tombée en communauté? — 11. Du partage de l'actif de la communauté. — 12. Des récompenses dues entre époux communs en biens. — 13. De la communauté réduite aux acquêts. — 14. De la clause d'ameublissement. — 15. Du préciput conventionnel en matière de communauté entre époux. — 16. Des biens inaliénables sous le régime dotal. — 17. Des dérogations aux règles ordinaires de la prescription sous le régime dotal. — 18. De l'acquisition des fruits des biens dotaux soit par la communauté, soit par le mari. — 19. Comparer le régime sans communauté avec le régime dotal. — 20. De la combinaison du régime dotal avec la société d'acquêts. — 21. Des conventions exclusives de la communauté autres que le régime dotal. — 22. Droits du mari sur les biens de la femme sous les divers régimes en ce qui concerne leur administration. — 23. De l'administration du mari, soit sous le régime de la communauté, soit sous le régime dotal. — 24. De la capacité de la femme séparée de biens, soit par contrat de mariage, soit par jugement, et de sa contribution aux charges du mariage. — 25. De la capacité de la femme mariée sous les divers régimes. — 26. Des effets de la séparation de biens judiciaire sous les divers régimes, y compris le régime dotal. — 27. De la promesse de vente, soit unilatérale, soit synallagmatique, et des arrhes. — Des ventes faites entre époux. — 28. De la vente de la chose d'autrui, et de la garantie. — 29. De la garantie des défauts de la chose vendue. — 30. De la condition résolutoire tacite en matière de vente, et du pacte commissoire. — 31. De la résolution de la vente pour inexécution des obligations de l'une des parties, et du pacte commissoire. — 32. Des droits du vendeur à défaut de paiement du prix. — 33. Du droit de revendication du vendeur en matière civile et en matière commerciale. — 34. De la faculté de rachat. — 35. De la rescision de la vente pour cause de lésion. — 36. Du transport des créances. — 37. Comment se transfère, à l'égard des tiers, la propriété d'un immeuble ou d'une créance? — 38. Comparaison du transport des créances, de la subrogation et de la novation par changement de créancier. — 39. Comment se prouve le bail verbal, soit qu'il y ait contestation sur son existence même, ou sur la durée ou sur le prix. — 40. Comparaison du droit du locataire, de l'emprunteur et de l'usufruitier. — 41. Comparer les droits du locataire, de l'usufruitier et du possesseur de bonne foi. — 42. Du prêt à intérêt. — 43. Des rentes perpétuelles. — 44. Comparer la rente constituée, la rente foncière et l'emphytéose. — 45. De la rente viagère. — 46. Comparer le mandat salarié et le contrat de louage de services. — 47. Du bénéfice de discussion. — 48. Des effets du cautionnement entre le débiteur et la caution. — 49. De l'extinction du cautionnement. — 50. Des causes de nullité de la transaction. — 51. De l'antichrèse. — 52. Du droit de rétention accordé à certains possesseurs d'objets mobiliers ; en comparer les effets avec ceux des privilèges sur les meubles. — 53. Du privilège du propriétaire locateur de la maison ou de la ferme. — 54. Du privilège du vendeur d'immeubles. — 55. Du privilège du copartageant. — 56. Comment se conservent les privilèges sur les meubles. — 57. Comment se conservent les privilèges sur les immeubles, en ce qui concerne le droit de préférence. — 58. Du privilège des créanciers et des légataires qui demandent la séparation des patrimoines. — 59. De l'hypothèque judiciaire. — 60. De l'hypothèque conventionnelle. — 61. De la spécialité en matière d'hypothèques. — 62. Dans quels cas le droit de préférence peut-il survivre au droit de suite, en matière de privilèges et d'hypothèque.— 63. Du rang des hypothèques légales dispensées d'inscription. — 64. Du délaissement par hypothèque et de ses effets. — 65. De l'extinction des privilèges et hypothèques.— 66. De la purge des hypothèques dispensées d'inscription et non inscrites. — 67. Des effets de la transcription des actes destinés à transférer la propriété.

§ 8. *De l'épreuve orale.*

128. — L'épreuve orale du second examen porte sur le Code civil, sur le Code de commerce, et sur le droit administratif. Il y a *quatre examinateurs* dont deux interrogent sur le droit civil, un sur le droit commercial, un sur le droit administratif.

§ 9. *Matières de l'examen.*

129. — *Code civil.* — Toutes les parties du Code civil non comprises dans les premiers examens, savoir, les articles 1387 à 2218, et les articles 2 (*théorie de l'effet rétroactif des lois*); 3 (*théorie des statuts réel et personnel*); 4 et 5 (*règles sur l'interprétation des lois*), et 120 à 138 (*des effets de l'absence*).

Code de commerce. — En entier.

Droit administratif. — Matières enseignées par le professeur.

130. — Le programme des cours de droit administratif comprend les matières suivantes :

1° *Notions générales et sommaires :*

Sur l'organisation et les attributions de l'autorité administrative ; la hiérarchie de ses agents, de ses conseils et de ses juridictions ;

Les différentes natures de contributions publiques, leur assiette et recouvrement ;

Les cours d'eau, leur curage, le règlement des usines, le drainage et les irrigations ;

Le domaine public fluvial et maritime ;

Les établissements dangereux et insalubres.

2° *Notions approfondies :*

Sur l'expropriation pour cause d'utilité publique ;

La voirie et les alignements ;

La séparation des pouvoirs publics, judiciaire, administratif et ecclésiastique : — conflits, appels comme d'abus, mises en jugement, autorisations (1).

§ 10. *De l'acte public ou thèse* (2).

131. — Si le résultat des examens est favorable aux aspirants à la licence, ils seront admis à soutenir un acte public, d'après lequel ils obtiendront le diplôme de licencié, s'ils sont trouvés capables (3).

La thèse ne pourra être soutenue qu'un mois après le quatrième examen. Il ne pourra être accordé de dispense que pour des causes très graves.

(1) Arrêté du 31 décembre 1861.

(2) Nous recommandons aux étudiants la lecture de l'excellent opuscule de M. Félix Berriat-Saint-Prix : *Manuel de logique juridique* (*Guide pour les thèses*). Paris, Cotillon, 2 fr.

(3) Décret du 4ᵉ complém. an XII.

132. — Cette épreuve porte sur une dissertation de droit romain, écrite en latin, et sur une dissertation de droit français. Le candidat doit indiquer, pour chaque dissertation, un certain nombre de *positions* (1), et être prêt à répondre, en outre, aux questions qui lui seront faites sur les autres matières de l'enseignement.

§ 11. *Tirage au sort des matières.*

133. — Les matières de thèse sont tirées au sort par les étudiants. Il a été fait, en vertu d'une délibération de la Faculté de Paris, une désignation des matières du droit romain et du droit français susceptibles d'être soutenues. Le nombre des sujets de thèse est, à Paris, de 128.

§ 12. *Epoque du tirage.*

134. — Tout élève de la Faculté de Paris qui a pris sa onzième inscription et subi le premier examen de licence est admis à tirer immédiatement ses sujets de thèse.

§ 13. *Mode de tirage à Paris.*

135. — Le tirage des sujets de thèse a lieu au secrétariat tous les vendredis à *une heure pré-*

---

(1) Chaque dissertation doit contenir au moins quatre ou cinq positions. Il existe des recueils de controverses de droit romain. Voir, entre autres, le *Jus civile controversum* de Cocceius, le *Compendium* de Lauterbach et les *Antinomies* de Strovius.

cise. Le candidat doit avoir eu soin de donner préalablement ses nom et prénoms à l'employé chargé du tirage. Il lui est remis un bulletin indiquant la matière de la thèse et le nom du président.

§ 14. *Formalités à remplir.*

136. — SIGNATURE DU PRÉSIDENT. — Le bulletin qui a été remis à l'étudiant doit être conservé par lui et présenté, avec le manuscrit de la thèse, à la signature du président. Le président examine la thèse en manuscrit et la signe. Si une thèse répandue dans le public n'était pas conforme au manuscrit soumis à l'examen du président, ou si elle avait été imprimée avant que le manuscrit eût été revêtu de sa signature, elle serait censée non avenue. Si l'épreuve avait été subie par le candidat, cette épreuve serait nulle par ce fait seul ; le diplôme ne lui serait pas délivré ou serait annulé ; et, dans tous les cas, le candidat ne pourrait soutenir une nouvelle thèse que sur une autre matière ; le tout, sans préjudice des autres peines académiques qui pourraient être encourues à raison des principes contenus dans la thèse (1).

137. — SIGNATURE DU DOYEN. — Le manuscrit, signé du président, doit être déposé au secrétariat pour être revêtu de la signature de M. le doyen.

138. — ENGAGEMENT DE L'IMPRIMEUR (2). — Le

____

(1) Statut du 9 avril 1825, art. 42.
(2) Voir le tarif pour l'impression des thèses, et le formulaire pour la correction des épreuves.

candidat ne peut faire fixer le jour de la soutenance de sa thèse qu'en représentant la feuille des matières de sa thèse, signée par le président, et un engagement écrit, de la part d'un imprimeur, de déposer au secrétariat, avant la soutenance, le nombre réglementaire d'exemplaires imprimés. Les usages varient sur ce point, suivant les Facultés. A Paris le nombre des exemplaires à déposer est de *trente-six*. Le dépôt doit être effectué *l'avant-veille* du jour de la soutenance, *avant deux heures*. Le format est l'in-8°. Le choix du papier et des caractères est laissé à l'auteur.

139. — Délai maximum pour la soutenance. — MM. les étudiants qui veulent soutenir leur thèse à la fin de l'année scolaire doivent prendre jour avant le 25 juillet. Il ne sera pas reçu d'engagement pour dépôt de thèse postérieur au 7 août.

§ 15. *De la soutenance.*

140. — La durée de la soutenance est d'une heure. Il y a *quatre examinateurs* (1). Le candidat est autorisé à se servir de son propre *Corpus juris*. Il peut également se servir de *notes* sommaires distribuées sur un exemplaire interfolié de papier blanc qu'il a le droit de demander à l'imprimeur.

Le candidat qui se retire après que l'acte public est commencé, sans y être autorisé par les examinateurs, est assimilé à celui dont le rejet est prononcé par la voie du scrutin. L'acte pu-

(1) Décret du 26 décembre 1875.

blic est censé commencé du moment que le président a déclaré la séance ouverte (1).

Tout candidat ajourné à la thèse n'est admis à se représenter qu'au bout d'*un mois*.

§ 16. *Du diplôme.*

141. — Les étudiants qui ont obtenu un diplôme de bachelier et ont été trouvés capables aux deux examens et à l'acte public de la troisième année, obtiennent un diplôme de licencié en droit (2).

—·—

SECTION IV

DU DOCTORAT

SOMMAIRE. — *Du temps d'études. — Des droits à payer. — Du premier examen de doctorat. — Du deuxième examen de doctorat. — De la thèse : du choix du sujet. — Des positions. — Des formalités à remplir avant la soutenance. — Rapport du doyen. — Récompenses données aux meilleures thèses.*

§ 1ᵉʳ. *Des droits à payer* (3).

142. — Quatre inscriptions à 30 francs   120
Droit de bibliothèque . . .   10

A reporter. . .   130

(1) Délibération de la Faculté de Paris, du 7 juillet 1825.
(2) Loi du 22 ventôse an XII, art. 10.
(3) Voir le chapitre des frais d'études.

4.

Report. . .	130
Deux examens (60 fr. par examen)	120
Trois droits de robe (3 fr. par examen et thèse)	9
Certificats d'aptitude (40 fr. par certificat)	80
Thèse.	100
Certificat d'aptitude. . . .	40
Diplôme.	100
Total. . .	579

142 *bis*. — En cas d'ajournement, il est remboursé au candidat, pour chacun des examens de doctorat, la somme de 40 francs, et pour la thèse, celle de 140 francs (V. n° 105).

§ 2. *Du temps d'études.*

143. — Une quatrième année d'études est exigée pour le doctorat. Les aspirants au doctorat doivent suivre *deux cours de Code civil à leur choix ;* en outre, à Paris, sont obligatoires: 1° *le cours de droit des gens* (1); 2° *le cours d'histoire du droit romain et du droit français* (2); 3° *le cours de droit français dans ses origines féodales et coutumières* (3); et la conférence sur les Pandectes (4).

Les épreuves se composent de deux examens et d'une thèse. On exige pour ces épreuves

(1) Voir le programme, n° 265.
(2) Voir le programme, n° 267.
(3) Voir le programme, n° 266.
(4) Voir le programme, n° 263.

des connaissances beaucoup plus approfondies que pour les examens de licence.

§ 3. *Premier examen de doctorat.*

144. — Pour subir cet examen, il faut avoir quatorze inscriptions.

L'examen porte sur :

1° Les Institutes de Justinien en entier, complétées par les textes expliqués par le professeur à la conférence sur les Pandectes ;

2° Le droit des gens.

Il est fait par *cinq examinateurs*, dont trois examinent sur l'ensemble du droit romain, un sur les textes, et un sur le droit des gens (1).

§ 4. *Deuxième examen de doctorat.*

145. — Pour subir cet examen, il faut quinze inscriptions. — Il y a *cinq examinateurs*.

L'examen porte sur :

1° L'ensemble du Code civil ;
2° Le droit coutumier ;
3° L'histoire du droit.

146. — Depuis le 1er mai 1879 les aspirants au doctorat qui se présentent à cet examen peuvent être interrogés, à leur choix, sur les matières enseignées dans les cours spéciaux de droit constitutionnel et de droit commercial industriel. Toutefois, les matières de droit civil, et l'un des deux

____

(1) Décret du 4e jour complém. an XII, art. 46 et 47; arrêté du 1er oct. 1822; arrêté du 19 nov. 1862.

cours d'histoire du droit ou de droit coutumier, demeurent obligatoires (1).

§ 5. *Thèse de doctorat.*

147. — Après les deux examens et la seizième inscription prise, l'aspirant, s'il a été reconnu capable, est admis à soutenir l'acte public, à la suite duquel, s'il est admis, il reçoit le diplôme de docteur en droit.

148. — CHOIX DU SUJET. — Jusqu'en 1850 les sujets de thèse de doctorat étaient désignés par le sort. Le nombre des sujets était, à Paris, de 51. Les aspirants au doctorat qui avaient obtenu dans les deux examens de quatrième année majorité de boules blanche étaient seuls admis à choisir le sujet de leur thèse, sauf approbation de la Faculté. Aujourd'hui les sujets de thèse sont choisis par les candidats eux-mêmes, sauf approbation du doyen. Les candidats choisissent aussi leur président (2).

149. — La thèse se compose de deux dissertations spéciales, l'une sur le droit romain, l'autre sur une branche quelconque de droit français. Lorsque le sujet est commun au droit romain et au droit français, un seul sujet suffit, pourvu qu'il soit traité en deux parties distinctes.

150. — DES POSITIONS. — Le candidat doit joindre à ses dissertations au moins quatre propositions sur l'histoire et les difficultés du droit romain, trois propositions sur l'histoire et les difficultés du droit français, deux sur le droit

---

(1) Décret du 28 décembre 1878, art. 1er.
(2) Arrêté du 5 décembre 1850.

criminel, deux sur le droit des gens ou sur les autres branches du droit public.

151. — FORMALITÉS A REMPLIR. — MM. les candidats doivent faire signer leur thèse par leur président, par le doyen de la Faculté, et obtenir le visa du recteur (à Paris, du vice-recteur de l'Académie).

A cet effet, ils doivent présenter leur thèse revêtue de la double signature du président et du doyen, au secrétariat de l'Académie. A Paris cette présentation peut avoir lieu tous les jours non fériés, de 2 heures à 3 heures.

152. — ENGAGEMENT DE L'IMPRIMEUR. — Le candidat ne peut faire fixer le jour de la soutenance de sa thèse qu'en présentant un engagement écrit, de la part d'un imprimeur, de déposer au secrétariat, *huit jours* au moins avant la soutenance, *soixante exemplaires*. — Le format est l'*in-8° raisin*, caractères 10 ou 11, au choix de l'auteur.

Un exemplaire de la thèse est adressé à chaque Faculté de droit pour être placé dans sa bibliothèque.

153. — DÉLAI MAXIMUM POUR LA SOUTENANCE. — Le jour de la soutenance doit être pris avant le 1er juin ou le 25 juin. Aucune thèse ne peut être soutenue après le 30 juin ou le 31 juillet, selon la distinction indiquée au n° 87.

§ 6. *De la soutenance.*

154. — La durée de la soutenance est d'une heure et demie. Il y a *six examinateurs*(1). Le dé-

----

(1) Décret du 26 septembre 1875.

cret du 25 janvier 1877, qui exige pour les examens de doctorat l'obtention de *trois boules blanches*, ne parle pas de la thèse. Or, dans les examens de doctorat, où il y a cinq examinateurs, trois boules blanches forment la majorité absolue. Pour la thèse avec six professeurs, la majorité absolue serait de *quatre boules* blanches. Quel système doit-on suivre ? M. Puirobin, qui a examiné la question avec de longs développements et une grande compétence, est d'avis qu'il faut se contenter de la majorité relative ; et, qu'en conséquence, le minimum des suffrages à obtenir doit être de *trois blanches, une rouge, une rouge-noire* et *une noire* (1).

§ 7. *Rapport du doyen.*

155. — En cas d'admission du candidat, le doyen de la Faculté adresse au ministre de l'instruction publique un exemplaire de la thèse, avec le procès-verbal de l'examen et un rapport spécial sur le mérite du travail et sur la manière dont l'épreuve a été soutenue (2).

8. *Récompenses décernées aux meilleures thèses.*

156. — Une somme de 1,000 francs est mise par le ministre de l'instruction publique à la

(1) *Commentaire des dispositions légales réglant la condition des élèves en matière de collation des grades en droit,* p. 44.
(2) Circulaire du 11 août 1840.

disposition de la Faculté pour décerner des prix
et des mentions aux auteurs des meilleures thèses
de doctorat (V. n° 225).

§ 9. *Du diplôme* (1).

157. — Ceux qui ont obtenu un diplôme de
licencié en droit, et ont été trouvés capables aux
examens et à l'acte public de la quatrième année, obtiennent un diplôme de docteur en
droit (2).

CHAPITRE VIII

DU RECOURS CONTRE LES DÉCISIONS DES JURYS D'EXAMEN

SOMMAIRE. — *Possibilité d'un recours. — Recours
du recteur. — Recours des candidats.*

§ 1er. *Possibilité d'un recours.*

158. — Un recours est possible contre les décision des jurys d'examen, *pour violation des
formes légales*, notamment pour violation des
règles établies par les décrets relativement à
l'addition des boules, aux compensations et aux
équipollences.

(1) V. le chapitre : des *Diplômes.*
(2) Loi du 22 ventôse an XII... art. 2.

Ce recours est ouvert au recteur et aux candidats.

§ 2. *Recours du recteur.*

159.— Les certificats d'aptitude aux différents grades et les pièces à l'appui sont transmis au recteur de l'Académie, qui les envoie au ministre revêtus de son visa. Dans les *dix jours* de la réception des certificats, le recteur peut se pourvoir, pour violation des formes légales, devant le conseil académique du ressort.— Appel peut être interjeté par le recteur et par le candidat de la décision du conseil académique, devant le conseil supérieur de l'instruction publique. A l'égard du candidat, le délai ne court que du jour de la notification de la décision qui doit lui être faite, dans les huit jours, par les soins du recteur. Aucun délai n'est fixé pour le recours devant le conseil supérieur. Nous pensons que le délai est de *dix jours*, par analogie de celui du pourvoi au conseil académique.

§ 3. *Recours des candidats.*

160. — Aux termes de l'article 14 de la loi du 15 mars 1850, les candidats peuvent également, dans le délai de dix jours, se pourvoir contre les décisions des jurys d'examen, pour violation des formes légales. La réclamation, avec mémoire à l'appui, est déposée au secrétariat de l'Académie, où il en est donné récépissé. Le conseil désigne un rapporteur, qui fait son rapport à la plus prochaine réunion. La décision du conseil académique est notifiée, dans les huit jours, au can-

didat qui peut se pourvoir devant le conseil supérieur de l'instruction publique. Le recours est reçu au secrétariat de l'Académie. L'affaire est ensuite inscrite au secrétariat du conseil supérieur, sur un registre à ce destiné. Elle est jugée sur un rapport fait par écrit, et la décision du conseil est notifiée au réclamant par le ministre de l'instruction publique (1).

(1) Décret du 29 juillet 1851, art. 8, 12, 25, 27 et 28 ; décret du 26 décembre 1875, art. 8.

CHAPITRE IX

DE LA CORRECTION DES ÉPREUVES ET TARIF POUR L'IMPRESSION DES THÈSES

SOMMAIRE. — *De la correction des épreuves. — Tableau des principaux signes de correction. — Tarif pour l'impression des thèses. — Licence. — Doctorat. — Agrégation.*

§ Ier. *De la correction des épreuves* (1).

161. — Les fautes se marquent à la marge extérieure, c'est-à-dire celle du côté du folio, la première contre le texte, les suivantes en s'écartant vers les bords, de quelque côté qu'on les inscrive. On trouvera dans le formulaire suivant la figure et l'application des principaux signes de convention en usage pour indiquer les corrections.

---

(1) Les épreuves de thèses doivent être retournées, à moins de *convention spéciale*, le jour même de leur réception avant cinq heures du soir. — Lorsque le bon à tirer a été donné, l'imprimeur n'est tenu qu'aux corrections indiquées : il décline toute responsabilité pour les fautes qui auraient échappé à la lecture de l'auteur lui-même.

§ 2. *Tableau des principaux signes de correction.*

162. *Folio verso.*

L'INVENTION de l'Imprimerie n'est pas aussi *Lettres ou mots à changer.*

moderne qu'on le ~~dit~~ communément. A la

Chine, *l'impression tabellaire* est en usage *Lettres gâtées à changer.*

depuis plus de 1600 ~~ans~~; les Grecs et les

Romains connaissaient les *sigles*, ou types *A mettre en italique.*

mobiles; et les livres *d'images*, qui parurent

au commencement du 15e siècle, servirent de *Supérieure à rehausser.*

modèle aux essais tentés par Gutenberg, à *Lettres ou mots à ajouter.*

Mayence, 1450, sur des planches bois

fixes. Ces planches étant sujettes à se déjetter *Lettres ou mots à supprimer.*

cet homme industrieux, aidé de ~~de~~ Fust, qu'il

s'associa à cet effet, imagina de les clicher en *Lettres ou mots à retourner.*

métal; ~~sieur~~ il fallait autant de planches qu'il

y avait de pages à imprimer; ce moyen lent *Lettres ou mots à transposer.*

et pénible, joint de corriger, à l'impossibilité

leur suggéra l'idée de sculpter les lettres de *Lignes à transposer.*

corps et de hauteur, capable de les maintenir

transposez encore à vaincre une grande difficulté, celle

de donner à ces tiges une parfaite égalité de *Addition à remonter.*

l'alphabet sur des tiges mobiles. Il leur restait

Folio recto.

Lignes à remanier.	**sous** les efforts de la presse ; ils ne purent y parvenir que par des moyens irréguliers, lors-
Blanc à jeter.	que Schœffer trouva celui de les fondre dans
Blanc à diminuer.	des moules, ou *matrices* ; et, par cette ingéni-
Pour espacer.	euse découverte, donna enfin la vie à l'art ty-
A rapprocher.	po gr a phiq ue .
Alinéa.	Abandonné aux ébauches tabellaires de
Corrections d'accents.	Guttenberg, l'art n'eût probablement pas été au-delà ; et sous le rapport de la mobilité des
Blanc a supprimer.	types, connue bien des siècles avant lui,
Espaces a baisser.	nous ne lui devons presque rien, car elle
Ponctuation à changer.	ne lui permit de rien exécuter ; l'existence de
Ligne à redresser.	la Typographie date de c véritablement
Lettres à nettoyer.	que de la connaissance de la *matrice-poinçon,*
Corrections d'apostrophe.	puisque c'est par elle seule qu'on multiplie
Lettres basses.	mobiles et parfaitement proportionnés ; or le
Lettres hautes.	mérite de cette invention est entièrement dû
Gr. et petites Capitales.	à P. Schœffer.
Bourdon.	à l'infini des types identiques, qu'on les rend.

Nota. Nous empruntons ce formulaire au *Dictionnaire des arts et manufactures* de M. Laboulaye (art. *Imprimerie*)

§ 3. *Impression des thèses.*

Marescq aîné, Libraire-Éditeur

20, RUE SOUFFLOT, 20 (1)

—

TARIF

—

LICENCE

163. — Le format est l'in-8° carré.

La feuille se compose de **16** pages, et pour les fractions de feuille on ne paie que par quart de feuille.

La feuille, à **100** exemplaires. **28** francs.

Le brochage, les corrections typographiques et la couverture, sont compris dans le prix indiqué ci-dessus.

DOCTORAT

164. — Le format *obligatoire* est l'in-8° raisin.

Les auteurs ont le choix entre le caractère n° 10 et n° 11.

La feuille, à **100** exemplaires, **30** fr.

Le brochage et les corrections sont compris dans le prix indiqué ci-dessus.

COMPOSITIONS D'AGRÉGATION

165. — Le format est l'in-4°.

La feuille de **16** pages, **28** fr.

(1) La maison Marescq aîné, rue Soufflot, 20, se charge de l'impression des thèses de licence, de doctorat et des compositions d'agrégation.

CHAPITRE X

DES DIPLÔMES

SOMMAIRE. — *Des différentes espèces de diplômes. — De la remise des diplômes. — Refus du diplôme. — Opposition à la remise des diplômes. — Duplicata de diplômes. — Fonctions et professions pour lesquelles les grades en droit sont exigés ou pris en considération.*

§ 1er. *Des différentes espèces de diplômes.*

166. — Les grades sont conférés par des diplômes, délivrés au nom de l'Etat par le ministre de l'instruction publique. Ils sont signés du doyen, visés du recteur et portant le sceau de l'Université (1). Il y a trois sortes de diplômes: le diplôme de bachelier en droit, le diplôme de licencié en droit et le diplôme de docteur en droit. Il y a, en outre, le brevet de capacité.

§ 2. *De la remise des diplômes.*

167. — MM. les étudiants doivent s'adresser, pour la remise des diplômes, au garçon de bureau.

168. — Aucun diplôme ne peut être remis à l'impétrant qu'autant qu'il aura apposé sa signature tant sur l'acte même que sur un récépissé préparé à cet effet (2).

(1) Ordonn. du 17 février 1815, art. 31.
(2) Arrêté du 15 septembre 1821.

En cas d'impossibilité de la part du récipiendaire de retirer son diplôme au secrétariat de la Faculté dans laquelle il a obtenu le grade, il doit demander que ce diplôme soit adressé au recteur de l'Académie dans le ressort de laquelle il habite. Le recteur le transmet au principal du collège le plus voisin du domicile du récipiendaire et le charge d'en faire la délivrance. Les frais de port sont supportés par le récipiendaire (1).

§ 3. *Refus du diplôme.*

169. — Le ministre, dans l'intérêt de *l'ordre public* ou de la *morale publique*, peut refuser le diplôme, après avis du conseil supérieur de l'instruction publique (2).

§ 4. *Opposition à la remise des diplômes.*

170. — Certains créanciers ont imaginé de former opposition, entre les mains du secrétaire de la Faculté, à la remise des diplômes obtenus par des étudiants, leurs débiteurs. Il n'est tenu aucun compte de ces oppositions, qui sont illégales, les diplômes n'étant pas dans le commerce.

§ 5. *Duplicata de diplômes.*

171. — En cas de perte d'un diplôme, on peut en obtenir un *duplicata*, en adressant une

_____

(1) Circulaire du 5 février 1822.
(2) Décret du 26 décembre 1875, art. 9.

demande au doyen de la Faculté dans laquelle le diplôme a été délivré, et en consignant un *droit de duplicata* (V. n° 199). Il est procédé à une enquête administrative sur la moralité du postulant et sur les circonstances de la perte alléguée.

§ 6. *Fonctions et professions pour lesquelles les grades en droit sont exigés.*

172. — CERTIFICAT DE CAPACITÉ. — Aux termes de l'article 26 de la loi du 22 ventôse an XII, le *certificat de capacité* est nécessaire pour exercer la profession d'avoué. — Ce certificat peut être remplacé par le diplôme de licencié en droit, et même par celui de bachelier en droit. Toutefois, à Paris, les chambres des avoués de première instance et celle des avoués à la cour exigent le diplôme de licencié.

173. — BACCALAURÉAT. — Nous ne connaissons pas de fonctions ou de professions pour lesquelles le grade de bachelier en droit soit spécialement exigé. Il peut remplacer, comme nous l'avons dit au numéro précédent, le certificat de capacité, exigé pour pouvoir exercer la profession d'avoué,

174. — LICENCE. — Le diplôme de licencié est exigé :

1° Pour exercer les fonctions de juge dans les tribunaux civils d'arrondissement, de conseiller dans les cours d'appel ou à la Cour de cassation, de membre du ministère public (1);

____

(1) Loi du 22 ventôse an XII, art. 23 et 24.

2º Pour être avocat (1), avocat, à la Cour de cassation (2), greffier en chef d'une cour d'appel (3), greffier en chef et commis-greffier à la Cour de cassation (4) ;

3º Pour être élève-consul (5) ;

4º Pour être chef, sous-chef, rédacteur au ministère de la justice, surnuméraire attaché au bureau des affaires étrangères, attaché au ministère de l'intérieur ;

5º Pour être nommé conseiller de préfecture (6). Toutefois, le grade de licencié peut être remplacé par dix années d'exercice de fonctions rétribuées dans l'ordre administratif ou judiciaire, ou par le fait d'avoir été, pendant le même espace de temps, membre d'un conseil général ou maire.

175. — Le diplôme de licencié est, en outre, exigé pour pouvoir prendre part à certains concours et examens, notamment :

1º Pour le concours à l'auditorat du conseil d'Etat (7). Toutefois, le diplôme de licencié en droit peut être remplacé soit par un diplôme de licencié ès sciences ou ès lettres, soit par un diplôme de l'Ecole des chartes, un certificat attestant que le candidat a satisfait aux examens de sortie de l'Ecole polytechnique, de l'Ecole des mines, de l'Ecole des ponts et chaussées, de l'Ecole centrale, de l'Ecole forestière, de l'Ecole spéciale militaire, de l'Ecole navale, ou bien

(1-2) Loi du 22 ventôse an XII, art. 23 et 24.
(3) Loi du 20 ayril 1810, art. 65.
(4) Ordonnance du 15 janvier 1826, art. 73 et 75.
(5) Ordonnance du 26 avril 1845, art. 2.
(6) Loi du 21 juin 1865, art. 2.
(7) Décret du 14 octobre 1872, art. 5.

encore par un brevet d'officier dans les armées
de terre et de mer.

2° Pour l'examen de l'auditorat à la Cour des
comptes (1);

3° Pour le concours pour l'emploi d'élève-
commissaire de la marine.

176. — Enfin le grade de licencié en droit est
pris en considération pour les fonctions d'adjoint
à l'inspection des finances et de commis au ministère de la guerre.

177. — Doctorat. — Le grade de docteur est
nécessaire pour être admis au concours d'agrégation, et au concours pour les attachés au
parquet de première classe (2). Il est pris en
grande considération pour les nominations dans
la magistrature.

CHAPITRE XI

DES FRAIS D'ÉTUDES

Sommaire. — *Fixation des divers droits : A. Rétributions obligatoires (droits d'inscriptions; droit de
bibliothèque; droit de robe; droits d'examens;
droits de certificats d'aptitude; droits de diplômes;
droit de timbre). B. Rétributions facultatives (conférences). — Des dispenses de droits. — Des remises
de droits. — Restitution de droits en cas de puni-*

(1) Décret du 25 décembre 1869.
(2) Loi du 22 ventôse an XII, et décret du 29 mai
1876.

tions académiques ou disciplinaires. — Droit de duplicata des diplômes perdus.

§ 1er. *Fixation des divers droits.*

178. — Les droits à percevoir sont fixés par le décret du 22 août 1854 (art. 22). Ils se divisent en *rétributions obligatoires* et *rétributions facultatives.*

A. — Rétributions obligatoires.

179. — Les rétributions obligatoires se composent : 1º des droits d'inscriptions ; 2º du droit de bibliothèque ; 3º du droit de robe ; 4º des droits d'examens ; 5º des droits de certificats d'aptitude ; 6º des droits de diplômes ; 7º du droit de timbre.

I. — DROITS D'INSCRIPTIONS

180. — Les inscriptions sont de deux sortes : 1º les inscriptions pour la Faculté de droit ; 2º les inscriptions pour la Faculté des lettres.

1º Inscriptions pour la Faculté de droit.

181. — Les droits d'inscriptions aux cours de la Faculté de droit sont fixés ainsi qu'il suit :

CAPACITÉ. Quatre inscritions à 30 fr.,
ci . . . . fr. 120
BACCALAURÉAT. Huit inscriptions à
30 fr., ci 240
LICENCE. Quatre inscriptions à 30 fr.,
ci 120
DOCTORAT. Quatre inscriptions à 30 fr.,
ci 120

Total. . . fr. 600

2° Inscriptions pour la Faculté des lettres.

182. — MM. les étudiants, à l'exception des aspirants au certificat de capacité et au doctorat et de ceux qui sont licenciés ès lettres, doivent, en outre, se faire inscrire, chaque trimestre, à deux cours de la Faculté des lettres (V. nos 48-50). Le prix de ces inscriptions est de 10 francs par trimestre; ce qui fait cent vingt francs pour les trois années d'études, ci . . . . . fr. 120

II. — DROIT DE BIBLIOTHÈQUE

183. — Un supplément de droit de *dix francs*, destiné à créer un fonds commun pour les bibliothèques des Facultés de droit, est perçu, chaque année, depuis le 1er janvier 1874, sur chaque première inscription. Ce droit est payable par fractions de 2 fr. 50 par chaque trimestre (1).

184. — En cas d'inscriptions cumulatives concédées à un étudiant, le droit est perçu autant de fois qu'il est pris d'inscriptions, en comptant 2 fr. 50 par inscription (2).

185. — Ce supplément de droit de dix francs n'est dû que pour les inscriptions prises à la Faculté de droit, et non pour les inscriptions prises à la Faculté des lettres (3).

III. — DROIT DE ROBE

186. — Il ne peut être exigé plus de *deux francs*

(1) Loi du 29 décembre 1873, art. 9, et loi du 3 août 1875, art. 9.
(2) Circulaire ministérielle du 31 décembre 1873.
(3) Circulaire du 15 octobre 1875.

lors de chaque examen ou acte public, pour l'usage de la robe dont le candidat doit être revêtu. Dans la Faculté de Paris, il peut être exigé *trois francs* (1). La robe doit être revêtue par tout étudiant, sans exception, même par les militaires en uniforme et par les femmes.

IV. — DROITS D'EXAMENS

187. — Les droits d'examens sont fixés ainsi qu'il suit :

CAPACITÉ. Un examen à soixante francs, ci.	60
BACCALAURÉAT. Deux examens à soixante francs, ci	120
LICENCE. Deux examens à soixante francs, ci.	120
Thèse.	100
DOCTORAT. Deux examens à soixante francs, ci	120
Thèse.	100
Total. . . fr.	620

V. — DROITS DE CERTIFICATS D'APTITUDE

188. — Les droits de certificats d'aptitude sont perçus en même temps que les droits d'examens auxquels ils correspondent. Ils sont remboursés aux étudiants qui sont ajournés (V. n° 105). Ces droits sont fixés ainsi qu'il suit :

(1) A Paris, l'usage s'est établi de donner 5 francs pour la location de la robe.

Capacité. Certificat d'aptitude (40 fr.) et visa du certificat d'aptitude (25 fr.), ci. 75

Baccalauréat. Deux certificats d'aptitude (40 fr par certificat), ci. . . . 80

Licence. Trois certificats d'aptitude (40 fr. par certificat), ci. 120

Doctorat. Trois certificats d'aptitude (40 fr. par certificat), ci. 120

Total. . . fr. 395

VI. — Droits de diplomes

189. — Les droits de diplômes sont perçus en même temps que les droits d'examens auxquels ils correspondent. Comme les droits de certificats d'aptitude, ils sont remboursés aux étudiants qui sont ajournés. Ces droits sont de cent francs pour chaque diplôme (*baccalauréat, licence, doctorat*).

VII. — Droit de timbre

190. — Il faut ajouter, au prix de toutes les consignations, un droit de *vingt-cinq centimes* pour le timbre.

B. - Rétributions facultatives.

191. — Outre les cours qui sont obligatoires, les étudiants peuvent suivre les conférences pour le baccalauréat, la licence et le doctorat faites par MM. les agrégés de la Faculté de droit. Ces conférences ont lieu deux fois par semaine

(V. n° 72). Les droits à percevoir sont fixés à 60 *francs* pour l'année entière, à quelque époque que les étudiants se fassent inscrire.

§ 2. *Des dispenses de droits.*

192. — Les élèves qui ont obtenu le prix d'honneur au concours général sont dispensés de tous frais d'études (1).

193. — En sont également dispensés les fils de professeurs et d'agrégés, pendant tout le temps que ceux-ci sont en exercice de leurs fonctions ou lorsqu'ils sont morts dans le même exercice (2).

194. — Enfin les élèves de troisième année qui ont obtenu un premier ou un second prix au concours de licence sont dispensés des frais d'inscriptions, d'examens, de certificats d'aptitude et de diplôme pour l'admission au doctorat (3).

§ 3. *Des remises de droits.*

195. — Des remises ou des modérations de droits peuvent être accordées aux étudiants des Facultés qui se distingueraient par leurs succès ou qui, par leur position de famille, auraient des titres à cette faveur. Les remises sont prononcées par le ministre de l'instruction publique, après avis des Facultés. De semblables remises peuvent être accordées aux gradués des universités étrangères.

(1) Règlement du 27 novembre 1834, art. 56.
(2) Décret du 25 janvier 1807.
(3) Ordonnance du 17 mars 1840.

196. — Les étudiants qui auront obtenu des remises à l'avance sont dispensés de consigner les droits. Lorsque la remise n'est accordée qu'après que les droits ont été soldés, le remboursement ne peut être effectué aux étudiants que sur ordonnance ministérielle ou sur un mandat du préfet (1).

197. — Tout étudiant qui, ayant obtenu la remise, échouera à un examen, sera tenu d'acquitter le droit pour le nouvel examen qu'il subira. La remise des droits du nouvel examen ne pourra être prononcée que sur la proposition motivée du recteur (2).

§ 4. *Restitution de droits en cas de punitions académiques ou disciplinaires.*

198. — Les sommes payées pour les inscriptions seront rendues à ceux qui auront perdu ces inscriptions par suite de condamnations prononcées par la Faculté ou par le conseil académique (V. n° 281) (3).

§ 5. *Droits de duplicata des diplômes perdus.*

199. — Les gradués qui perdent leur diplôme peuvent en obtenir un duplicata en adressant leur demande au doyen de la Faculté dans laquelle le diplôme a été délivré. Cette demande est transmise par le doyen au ministre (V. n° 171). — Le requérant doit payer la moitié du droit

(1-2) Décision du 7 septembre 1835.
(3) Ordonnance du 5 juillet 1820, art. 21.

exigé pour le diplôme, le certificat d'aptitude ou de capacité dont il réclame une nouvelle expédition (1).

CHAPITRE XII

DES CONCOURS, DES PRIX ET DES BOURSES

SOMMAIRE. — *Diverses espèces de concours. — Concours de licence. — Conditions d'admission. — Nature et mode des épreuves. — Avantages accordés aux lauréats. — Sujets donnés depuis 1840 dans la Faculté de Paris. — Concours de doctorat. — Conditions du concours. — Avantages accordés aux lauréats. — Avantages communs aux lauréats des deux concours. — Concours entre les élèves des Facultés de l'Etat. — Avantages accordés aux lauréats. — Concours général de doctorat. — Récompenses accordées aux meilleures thèses de doctorat. — Prix du comte Rossi. — Prix Bastiat et Montesquieu. — Prix donnés par l'Académie de législation de Toulouse. — Bourse du baron Trémont. — Bourse Charles Pelrin. — Bourse de Barkow. — Concours pour l'agrégation.*

SECTION I

DES CONCOURS ET DES PRIX

§ 1er. *Diverses espèces de concours.*

200. — Indépendamment des concours pour l'agrégation, il existe plusieurs espèces de con-

(1) Décret du 22 août 1854.

cours dans les Facultés de droit. Une ordonnance du 17 mars 1840 a ouvert, dans chaque Faculté, deux concours entre les étudiants de troisième année, et un concours entre les aspirants au doctorat (1). Un décret du 27 janvier 1869 a établi un concours général entre les étudiants de troisième année des diverses Facultés de droit qui ont été reçus à leurs deux examens de licence. Il existe, en outre, un concours général de doctorat devant l'Académie de législation de Toulouse. Enfin un certain nombre de villes et de conseils généraux, voulant encourager les études juridiques, ont institué en faveur des étudiants en droit des prix municipaux ou départementaux.

§ 2. *Concours de licence.*

201. — Chaque année deux premiers prix et deux seconds prix sont distribués parmi les élèves de troisième année : 1° d'après une composition écrite sur un sujet de droit romain ; 2° d'après une composition écrite sur un sujet de droit français.

A) *Conditions d'admission.*

202. — Sont admis à concourir :
1° Les élèves qui, ayant pris leur neuvième inscription au mois de novembre précédent, auront, avant le 15 juillet, pour Paris, et avant le 15 août, pour les départements, soutenu leur

(1) Les Facultés d'Aix et de Poitiers avaient pris l'initiative à cet égard.

thèse, ou au moins passé leur quatrième examen ;

2º Ceux qui, n'ayant pris leur neuvième inscription qu'au mois de janvier précédent, auraient, par une autorisation spéciale, subi leur quatrième examen ;

3º Ceux qui, ayant fait une année de volontariat pendant le cours de leurs études, ont passé leur quatrième examen du 1er avril au 15 juillet, à Paris, et dans les départements avant le 15 août de l'année dans laquelle s'ouvre le concours auquel ils veulent prendre part.

203. — Toutefois les susdits candidats ne seront admis au concours qu'autant que le total de boules qu'ils auront obtenues dans leurs différents examens offrirait majorité de boules blanches (1).

B) Nature et mode des épreuves.

204. — Les deux compositions prescrites pour le concours des élèves de troisième année sont désignées par chaque Faculté, et ont lieu à des jours distincts. — Six heures sont accordées pour chaque composition. Les concurrents, réunis dans une des salles de la Faculté, sous la surveillance de deux professeurs ou agrégés, ne peuvent, pendant la durée de chaque séance, discourir entre eux sur l'objet de la composition, ni communiquer avec qui que ce soit du dehors. Il n'est laissé à leur disposition d'autres livres que les recueils de textes qui sont déterminés par la Faculté. Les copies sont examinées par une

____

(1) Arrêté du 26 juin 1875.

commission de trois membres, désignés par la Faculté, qui statue définitivement sur les prix à décerner pour chaque composition (1).

C) *Avantages accordés aux lauréats.*

205. — Divers avantages pécuniaires ont été attachés aux prix obtenus dans les concours de licence.

206. — Dispenses de droits. — Les élèves de troisième année qui ont obtenu un premier ou un second prix sont dispensés des frais d'inscriptions, d'examens et de diplôme pour le doctorat (V. n° 194).

207.—Donation Ernest Beaumont.—Madame veuve Beaumont, pour perpétuer la mémoire de son fils Ernest Beaumont, docteur en droit de la Faculté de Paris, dans laquelle il se destinait au professorat, a fait donation à l'Université de France d'une somme de *cinquante mille* francs qui a été employée à l'achat d'une rente annuelle et perpétuelle sur l'Etat dont les arrérages sont destinés à accorder des prix aux jeunes gens couronnés dans les concours annuels de la Faculté de droit de Paris.

208. — Deux premiers prix sont décernés aux aspirants à la licence (*élèves de troisième année*). Ils consistent chacun :

1° En une médaille d'argent de la valeur de trente-cinq à quarante francs ;

2° En ouvrages de jurisprudence de la valeur de trois cents francs environ.

209. — Deux seconds prix sont également dé-

(1) Arrêté du 17 mars 1840.

cernés aux aspirants à la licence. Ils consistent chacun :

1° En une médaille de bronze de la valeur de six à sept francs ;

2° En ouvrages de jurisprudence de la valeur de deux cents francs.

210. — IMPRESSION GRATUITE DE LA THÈSE DE LICENCE. — MM. de Mourgues, imprimeurs de la Faculté de droit, rue Jean-Jacques Rousseau, 58, se sont engagés à imprimer gratuitement les thèses de licence des lauréats de la donation Beaumont (1).

D) *Principaux sujets de compositions donnés au concours de licence depuis 1840 dans la Faculté de Paris.*

211. — Nous croyons être utile à MM. les étudiants qui se proposent de se présenter au concours annuel de licence, en donnant ici la liste, à peu près complète, soit en droit romain, soit en droit français, des sujets de compositions qui ont été donnés, depuis 1840, dans la Faculté de droit de Paris.

212. — DROIT ROMAIN

1840. Quelle est la différence qui existait entre les actions *in personam* et les actions *in rem*? Certaines actions réunissaient-elles le caractère de l'action *in rem* et celui de l'action *in personam*? Quelle était la nature des actions appelées *personales in rem scriptæ*? (Rapport de M. Oudot, professeur.)

(1) Arrêté du 30 mars 1863, qui autorise le doyen de la Faculté à accepter cette offre.

1841. Exposé des différences qui séparent la condition du fermier, celle de l'usufruitier et celle du possesseur de bonne foi. (Rapport de M. Oudot.) (1)

1842. En quel sens et jusqu'à quel point peut-on céder un droit d'usufruit, de servitude, d'hérédité et de créance? (Rapport de M. Bonnier, professeur.)

1843. Contre quelles personnes est donnée la pétition d'hérédité, soit directe, soit utile, et quel est l'effet de la *præscriptio* ou *exceptio : si præjudicium hereditati non fiat?* (Rapport de M. Ortolan, professeur.)

1844. Quel est l'effet du legs, de la vente, du gage et de l'hypothèque de la chose d'autrui? (Rapport de M. Roustain, suppléant.) (2)

1845. Dans quels cas l'action Publicienne est-elle donnée à ceux qui ne peuvent pas usucaper? (Rapport de M. Bonnier.) (3)

1846. Peut-on promettre soit le fait d'autrui, soit le fait de l'héritier? Peut-on faire une stipulation ou une convention qui profite ou nuise à un seul des héritiers? (Rapport de M. Bonnier.)

1847. Quels sont les droits de la femme sur la dot, pendant le mariage? Par quelles actions la restitution de la dot peut-elle être demandée? (Rapport de M. Machelard, suppléant.)

1848. Déterminer la portée de la maxime : *Hereditas jacens personam defuncti sustinet.* Quelles sont les

(1) Le second prix a été remporté par M. Colmet de Santerre, aujourd'hui professeur à la Faculté de droit de Paris.

(2) Le premier prix a été remporté par M. Ernest Picard, ancien membre du Gouvernement de la Défense nationale.

(3) Le premier prix a été remporté par M. Rataud, aujourd'hui professeur de droit commercial à la Faculté de Paris. La première mention a été obtenue par M. Labbé, professeur de droit romain à la même Faculté.

acquisitions qui peuvent avoir lieu au profit d'une hérédité jacente ? (Rapport de M. Machelard.)

1849. Quel est l'effet des pactes ajoutés à un contrat soit *in continenti*, soit *ex intervallo?* (Rapport de M. de Valroger, professeur.)

1850. Qui supporte les risques de la chose due, soit dans les contrats nommés, soit dans les contrats innomés? (Rapport de M. de Valroger.)

1851. L'action Publicienne peut-elle être intentée par celui qui a possédé à un autre titre que celui de propriétaire ? Peut-elle être intentée par celui qui n'a pas encore eu la possession? (Rapport de M. Vuatrin.)

1852. Même sujet qu'en 1849. (Rapport de M. F. Duranton.)

1853. Quels sont les effets de la confusion en matière d'obligations? (Rapport de M. Colmet de Santerre, suppléant.)

1855. Qu'entend-on par *cession d'actions?* Quelles personnes ont droit à la cession d'actions? Comment peuvent-elles faire valoir leurs droits ? (Rapport de M. Demangeat, suppléant.)

1856. Qu'est-ce que la *justa causa* ou la *bona fides*, soit quant à l'usucapion, soit quant à l'action Publicienne ? (Rapport de M. Rataud, suppléant.)

1857. En quoi différaient l'usucapion et la *possessio longi temporis?* Parmi les règles particulières à chacune de ces institutions, quelles sont celles qui doivent être appliquées après la fusion opérée par Justinien? (Rapport de M. Bufnoir, agrégé.)

1858. Même sujet qu'en 1852 (*Effets des pactes*).

1859. A quelles époques la *testamenti factio* était-elle requise, soit chez le testateur, soit chez l'héritier ou le légataire ? Comparer la *testamenti factio* avec le *jus capiendi*. (Rapport de M. Labbé, agrégé.) (1)

(1) La deuxième mention *ex æquo* a été obtenue par MM. Desjardins, professeur à la Faculté de droit de Paris, et Boistel, agrégé à la même Faculté.

1860. Rechercher comment s'opérait, chez les Romains, la compensation ? (Rapport de M. Bonnier.)

1861. Quelles sont les conditions nécessaires pour que la novation s'opère ? (Rapport de M. Gide, agrégé.)

1862. Quel est le moment du *dies cedit* dans les différentes espèces de legs ? Quelles sont les conséquences de cette détermination ? Rapport de M. Valette, professeur.)

1864. Comparer les modes d'acquisition de la propriété avec les modes d'acquisition des servitudes, tant personnelles que réelles. (Rapport de M. Beudant, agrégé.) (1)

1865. De la nature et des effets de la dation en paiement. (Rapport de M. Demante, professeur.)

1866. Quels sont les effets d'une vente de créance? (Rapport de M. Chambellan, professeur.)

1871. Comparer les effets de la condition lorsqu'elle est apposée à un contrat ou à une disposition testamentaire. (Rapport de M. Glasson, agrégé.)

1872. Quelles différences existent entre le droit de l'usufruitier, le droit du locataire et le droit de l'emphytéote? (Rapport de M. Glasson.)

1873. Dans quels cas et sous quelles conditions la tradition transfère-t-elle la propriété? (Rapport de M. Accarias, agrégé.)

1874. Comparer, aux différentes époques du droit romain, les donations à cause de mort et les legs. (Rapport de M. Boistel, agrégé.)

1875. Déterminer le sens et étudier les modifications de la règle : *Per extraneam personam nihil adquiritur*, en matière de propriété et de créances. (Rapport de M. Garsonnet, agrégé.)

1877. Exposer les règles relatives à l'*officium judicis*, soit dans la revendication, soit dans la pétition d'hérédité. (Rapport de M. Cauwès, agrégé.)

1878. Exposer les institutions du droit romain (*bene-*

(1) Le premier prix a été remporté par M. Charles Lyon-Caen, professeur agrégé à la Faculté de droit de Paris.

ficium cedendarum actionum et *successio in locum creditoris*) contenant les origines de la subrogation légale ou conventionnelle. (Rapport de M. Renault, agrégé.)

1879. Comparer la propriété bonitaire et la possession de bonne foi. (Rapport de M. Lefebvre, agrégé.)

213. — DROIT FRANÇAIS

1840. De la distinction entre les nullités de droit et les nullités par voie d'action; des conditions des unes et des autres, et de leurs différents effets. (Rapport de M. Oudot.)

1841. Comparer les divers effets de la subrogation, du transport de créance, et de la novation par changement de créancier.

1842. Quel est l'effet des donations faites entre époux pendant le mariage, et en quoi diffère-t-il de l'effet des dispositions testamentaires?

1844. Dans quels cas le droit de préférence en faveur d'un créancier privilégié ou hypothécaire peut-il survivre à l'extinction du droit de suite?

1845. En quoi les effets de la constitution d'usufruit diffèrent-ils de ceux du bail (1)?

1846. Dans quels cas la transaction est-elle nulle de plein droit? dans quels cas est-elle annulable ou rescindable?

1847. Fixer le sens de la règle que la dot ne peut être constituée ni augmentée pendant le mariage.

1848. La dation en paiement entraîne-t-elle novation?

1850. En quoi consiste la purge de l'hypothèque du mineur ou de la femme, en cas de vente de l'immeuble du tuteur ou du mari pendant l'existence du mariage ou de la tutelle?

1851. Dans quels cas l'autorisation que le mari donne

---

(1) Le premier prix a été remporté par M. Labbé, aujourd'hui professeur de droit romain à la Faculté de Paris.

à sa femme oblige-t-elle envers les tiers soit le mari, soit la communauté? Dans quels cas ne les oblige-t-elle pas?

1852. Dans quels cas les envoyés en possession provisoire ou définitive peuvent-ils repousser par la prescription les demandes, soit en pétition d'hérédité, soit en revendication du bénéfice de l'envoi en possession?

1853. En quoi diffèrent la condition du tiers détenteur qui délaisse, et celle du tiers détenteur sur l'offre duquel une surenchère est établie?

1855. La femme mariée, acceptant la communauté ou y renonçant, exerce-t-elle ses prélèvements ou reprises à titre de créancière ou à titre de propriétaire?

1856. Même sujet qu'en 1844.

1857. Quels sont, quant à la composition active et passive de la communauté légale, les effets des actions intentées pendant la durée de la communauté, soit en résolution, soit en rescision d'aliénations immobilières antérieures au mariage?

1858. Sous quelles conditions peut s'exercer contre les tiers le droit de résolution de la vente, soit immobilière, soit mobilière, pour défaut de paiement du prix?

1859. La femme a-t-elle hypothèque légale sur les immeubles de la communauté, soit qu'elle accepte, soit qu'elle renonce?

1860. Application du principe de la subrogation légale entre la caution et le tiers détenteur d'un immeuble hypothéqué.

1861. Quel est, pendant le mariage ou depuis sa dissolution, l'effet de l'inaliénabilité du fonds dotal quant aux droits des créanciers antérieurs ou non soit au contrat de mariage, soit au mariage?

1862. Quelles sont les personnes qui peuvent purger les immeubles, qu'elles détiennent, des privilèges ou des hypothèques existants sur ces immeubles?

1864. Quels sont, relativement au mari, les effets de la constitution de dot, en ce qui concerne le rapport, la réduction, l'action fraudatoire et la garantie?

1865. Comment les articles 2146 du Code civil et 448 du Code de commerce doivent-ils être appliqués aux différents privilèges et au droit de résolution du vendeur?

1866. Quels sont, par rapport à l'héritier véritable, les effets des actes du possesseur de l'hérédité et des jugements rendus pour ou contre lui?

1871. Sous quelles conditions les créanciers peuvent-ils exercer l'action Paulienne en matière de constitution de dot?

1872. Sous quelles conditions l'hypothèque et les servitudes peuvent-elles s'éteindre par la prescription?

1873. Dans quels cas l'inscription de l'hypothèque légale de la femme mariée, du mineur et de l'interdit, devient nécessaire pour la conservation plus ou moins complète des avantages qui y sont attachés?

1874. Comment se perd le privilège du vendeur d'immeubles et son droit de résolution pour non-paiement du prix?

1875. Des effets de la cession de créance à l'égard des tiers.

1877. A qui appartient le droit de purger? (Même sujet qu'en 1862.)

1878. De l'influence que peuvent exercer les conventions matrimoniales sur la capacité de la femme mariée.

1879. Quels sont, sous les divers régimes matrimoniaux, les effets du contrat de mariage à l'égard des créanciers de l'un ou l'autre des époux, dont le titre a une date certaine ou non, antérieure au mariage ou au contrat?

§ 3. *Concours de doctorat.*

214. — Des prix et des médailles d'or sont dé-

cernés chaque année parmi les élèves de *quatrième année* et les docteurs, d'après une dissertation dont le sujet, choisi par le ministre, est publié dans la dernière quinzaine du mois de novembre de chaque année. Huit mois sont accordés aux candidats pour terminer leur travail. La Faculté a proposé et le ministre a choisi pour le concours de 1881 :

Les effets des jugements d'adjudications sur surenchères (1).

A) *Conditions du concours.*

215. — Sont admis à concourir :

1° Pendant deux ans, à partir de leur réception au grade de licencié, les aspirants au doctorat qui, sans interruption du temps d'études, ont pris des inscriptions pour le doctorat, savoir, la première année, alors même qu'ils n'ont pas subi d'examen ; mais, la deuxième année, à la condition d'avoir subi les deux examens avant l'expiration de l'année scolaire.

2° Pendant trois ans, à partir du 1er janvier qui a suivi la soutenance de leur thèse de licencé, les docteurs qui, sans avoir mis d'interruption entre leurs inscriptions de licence et celles de doctorat, ont été reçus, soit dans leur première,

(1) Nous n'avons pas cru devoir publier la liste des sujets de compositions donnés depuis 1840 pour le concours de doctorat, cette publication nous ayant paru moins utile que celle des sujets de compositions donnés pour le concours de licence. — MM. les étudiants qui le désireraient pourront prendre communication de ces sujets à la librairie Marescq aîné, 20, rue Soufflot.

soit dans leur deuxième, soit dans leur troisième année d'études.

3º Pendant quatre ans, à partir du 1er janvier qui a suivi la soutenance de leur thèse de licence, les docteurs en droit qui justifient que, en raison du service militaire, ils n'ont pu prendre d'inscriptions entre la troisième et la quatrième année d'études.

4º Peuvent également concourir pendant quatre ans ceux qui auront accompli l'année du volontariat entre leur réception au grade de licencié et la soutenance de leur thèse pour le doctorat (1).

Chaque dissertation doit porter en tête deux devises : l'une en français, l'autre en latin. Ces mêmes devises seront écrites sur l'enveloppe cachetée d'un billet indiquant les noms et l'adresse de l'auteur.

216. — Deux boîtes, en forme de tronc, sont placées au secrétariat de la Faculté, de manière que les concurrents puissent déposer dans l'une les mémoires, et dans l'autre les enveloppes contenant les noms des auteurs (2). Il est interdit aux concurrents de se faire connaître avant le jugement. Les dissertations doivent être déposées au secrétariat au plus tard le 1er avril 1880, avant deux heures précises. Une commission spéciale, composée de cinq professeurs, à Paris, et de trois professeurs, dans les Facultés des départements, est chargée de lire et d'apprécier tous les mémoires déposés, et d'en désigner six au plus et

(1) Arrêté du 10 août 1877.
(2) A la Faculté de Paris, les mémoires sont déposés entre les mains d'un employé du secrétariat.

trois au moins, parmi lesquels la Faculté aura à décerner les prix, s'il y a lieu, après discussion, et au scrutin (1).

B) *Avantages accordés aux lauréats.*

217. — CONCOURS DES ATTACHÉS DE PREMIÈRE CLASSE.— Les docteurs en droit, lauréats des concours de doctorat, ont le droit de prendre part aux concours des attachés de première classe, sans être présentés par un premier président, par un procureur général ou par un bâtonnier d'un barreau d'appel (2).

218.— DONATION ERNEST BEAUMONT.— D'après les termes primitifs de la donation Ernest Beaumont, deux *médailles d'or* de la valeur de *cinq cents francs* chacune étaient décernées aux deux jeunes gens qui avaient été couronnés aux concours annuels ouverts entre les jeunes docteurs en droit et les élèves de quatrième année aspirants au doctorat. Une modification a été apportée à cette donation, à la date du 25 avril 1860. Aujourd'hui ces prix consistent en deux médailles de vermeil de la valeur de quarante à cinquante francs chacune, et le complément des deux sommes de cinq cents francs en espèces.

C) *Avantages communs aux lauréats des deux concours.*

219. — NOMINATIONS DANS LA MAGISTRATURE.— Par une lettre, en date du 23 mars 1840, qui a été insérée au *Moniteur*, M. le ministre de la justice

(1) Arrêté du 17 mars 1840.
(2) Décret du 29 mai 1876.

s'est engagé, sur la demande de M. le ministre de l'instruction publique, à consulter et à prendre en grande considération, pour les promotions judiciaires, les listes des docteurs, ou licenciés qui auront obtenu des prix.

220. — NOMINATIONS DANS L'ADMINISTRATION DE L'ENREGISTREMENT ET DES DOMAINES. — Un arrêté du ministre des finances, en date du 8 juillet 1840, a décidé que les élèves des Facultés de droit qui auront obtenu des prix institués par l'ordonnance royale du 17 mars 1840 seront admis, préférablement à tous autres aspirants, en qualité de surnuméraires de l'enregistrement et des domaines, et qu'ils seront, en conséquence, dispensés de la justification d'une année d'études chez un notaire, un avoué ou un avocat, et de l'inscription préalable sur la liste des aspirants au surnumérariat, pourvu qu'ils aient moins de 25 ans (arrêté du 12 janvier 1846). La liste des élèves qui, ayant obtenu des prix, auront déclaré l'intention d'entrer dans l'administration de l'enregistrement et des domaines, est transmise, chaque année, au directeur général de cette administration, lequel, après s'être assuré que les candidats réunissent les autres conditions prescrites, leur délivrera des brevets de surnuméraire à mesure des vacances.

§ 4. *Concours entre les élèves des Facultés de l'Etat.*

221. — Tous les ans un concours a lieu entre les élèves de toutes les Facultés de droit de l'Etat. Peuvent concourir les élèves de troisième année qui ont subi les deux examens de licence.

Ils sont admis au concours sans inscription préalable jusqu'au moment de la composition, qui a lieu, à Paris, dans la salle Gerson, aux jour et heure indiqués par une affiche. Dans les départements, les concurrents sont réunis au chef-lieu de l'Académie, et l'épreuve est surveillée par le recteur ou son délégué spécial.

L'épreuve consiste en une question de droit civil. Les concurrents ne doivent avoir à leur disposition que les textes de lois françaises et romaines, non accompagnés de commentaires. — Ils doivent se pourvoir eux-mêmes de ces textes.

222. — Chaque concurrent doit joindre à sa composition, un bulletin cacheté portant ses nom, prénoms et l'indication de la Faculté dont il est l'élève, le tout à peine d'exclusion. Un jury spécial, composé de cinq juges, est institué chaque année pour le jugement du concours. Le jury siège à Paris. La décision est insérée au *Journal Officiel* (1).

Avantages accordés aux lauréats.

223. — Aux termes d'un arrêté ministériel du 15 juillet 1870, le premier prix obtient une médaille de vermeil de 68 millimètres de diamètre et une somme de 800 francs; le second prix, une médaille d'argent de même module et une somme de 500 francs. Il y a, en outre, cinq mentions honorables qui obtiennent une médaille de bronze de même module.

(1) Décret du 27 janvier 1869.

§ 5. *Concours général de doctorat.*

224. — Tous les ans l'Académie de législation de Toulouse ouvre un concours entre tous les lauréats qui, dans le cours d'une année, ont obtenu, dans les Facultés de l'Etat, la première médaille d'or au concours de doctorat. Les dissertations déjà couronnées dans les diverses Facultés sont soumises entre elles à un nouveau concours pour l'obtention d'un prix de 3oo francs, consistant en une médaille d'or (1).

§ 6. *Récompenses accordées aux meilleures thèses de doctorat.*

225.—Une somme de 1,ooo francs est distribuée chaque année, sous forme de prix et de mentions, entre les meilleures thèses de doctorat. Comme il n'est pas possible d'établir un classement entre des thèses traitant de sujets différents et se recommandant par des qualités variées, les prix sont donnés *ex æquo* au premier rang, et les mentions au second rang. Ces récompenses consistent en médailles de vermeil, de la valeur de 25 à 3o francs, et en livres. Les thèses admises à prendre part à ce concours sont réservées au moment de la soutenance, *sans désignation de suffrages* (2).

(1) Arrêté du 3o mai 1855.
(2) Délibération de la Faculté.

§ 7. *Prix du comte Rossi.*

226. — Un legs de 100,000 fr. a été fait au mois d'avril 1878, par madame la comtesse Rossi, à la Faculté de droit de Paris, où son mari avait occupé la chaire de droit constitutionnel. Le revenu de cette somme est consacré à fonder deux prix annuels qui porteront le nom de prix du comte Rossi. La Faculté met au concours, tous les ans, une question de droit civil, et une question de droit constitutionnel.

227. — En exécution du legs de madame la comtesse Rossi, la Faculté de droit de Paris met au concours les questions suivantes :

CONCOURS DE 1880

1° DROIT CONSTITUTIONNEL

Du rôle et des attributions des ministres dans le régime parlementaire (spécialement en Angleterre et dans les Constitutions françaises. — Comparer avec le système admis aux Etats-Unis).

2° DROIT CIVIL

Apprécier la légitimité de l'hypothèque judiciaire et des institutions qui peuvent être proposées pour remplacer cette hypothèque. — Comparer sur l'hypothèque judiciaire les lois étrangères avec la loi française.

CONCOURS DE 1881

Étudier dans les diverses Constitutions de l'Europe et dans la Constitution des Etats-Unis la division du pouvoir législatif en deux Chambres, et rechercher quelles ont été les attributions et l'influence de chacune d'elles.

Tout en laissant aux concurrents une entière liberté de méthode et de jugement, la Faculté croit utile d'attirer leur attention sur certaines parties du sujet. Elle leur recommande notamment de rechercher avec soin comment le système des deux Chambres s'est d'abord dégagé de la première organisation politique de l'Angleterre et quelle part d'influence la Chambre des Lords et celle des Communes ont respectivement acquise ; comment ensuite, et dans quel esprit ce système s'est étendu aux Etats-Unis et dans les autres pays. Les concurrents devront particulièrement s'arrêter à l'introduction en France de ce principe des deux Chambres, rappeler après quelles discussions il a été accepté ou rejeté par les différentes Constitutions qui nous ont successivement régis, y compris la Constitution actuelle. La Faculté espère que les concurrents ne s'en tiendront pas à une simple revue des principaux systèmes consacrés par les Constitutions de la France ou des pays étrangers. Elle attend de leur zèle des recherches sur les effets produits par chaque Constitution. Leurs travaux n'offriraient pas tout l'intérèt qu'on est en droit d'en attendre, s'ils n'exposaient pas comment chaque mécanisme a fonctionné et les résultats qu'il a produits sur la vie politique de tel ou tel pays. Des études aussi complètes amèneront naturellement les concurrents à donner des conclusions fort importantes pour la solution d'un problème qui a été si diversement compris et résolu.

—

Les mémoires écrits en français ou en latin devront être déposés au secrétariat de la Faculté pour le Concours de 1880, au plus tard le 31 mars de la même année, et pour le Concours de 1881, au plus tard le 31 mars 1881.

Toute personne est admise à concourir. Chacun des prix est de DEUX MILLE francs.

—

§ 8. *Prix Bastiat et Montesquieu.*

228.— La chambre de commerce de Bordeaux a fondé un prix annuel de 1,000 francs. Cette récompense est décernée alternativement soit à un travail sur l'économie politique, et alors elle prend le nom de *prix Bastiat;* soit à un mémoire sur une question de jurisprudence commerciale, auquel cas elle porte le nom de *prix Montesquieu.* — Comme témoignage de sympathie pour cette fondation, le *conseil général de la Gironde* a voté une médaille d'or de 150 ou 200 fr. qui est ajoutée aux prix de chaque année. Le concours des prix Bastiat et Montesquieu est *ouvert à tous, sans aucune condition d'admissibilité.* Les mémoires doivent être déposés le 30 novembre au plus tard (les adresser *franco* au secré riat de la chambre de commerce de Bordeaux, à la Bourse). Les noms des auteurs doivent être renfermés dans des enveloppes cachetées portant une épigraphe, reproduite en tête du mémoire. Les enveloppes ne seront ouvertes que dans le cas où le mémoire aura obtenu une distinction. Ces distinctions seront, en dehors des prix, des mentions honorables. Aucun mémoire ne peut être livré à la publicité avant le jugement du concours qui a lieu dans le mois de décembre ou de janvier de chaque année.

§ 9. *Prix décernés par l'Académie de législation de Toulouse.*

229. — L'Académie ouvre tous les ans un concours, à la suite duquel elle décerne, s'il y a lieu, une médaille d'or, à un mémoire sur un sujet de législation. Le sujet de ce mémoire est toujours choisi par l'Académie, qui décernera aussi des mentions honorables, si elle les juge méritées.

La médaille d'or adjugée sur le concours et qui est d'une valeur de 300 francs est remise au lauréat dans la séance publique. La médaille porte pour inscription : Fête de Cujas, concours ordinaire. Le nom du lauréat et l'année y sont gravés dans l'exergue.

Les licenciés ou docteurs en droit qui, depuis moins de cinq ans, auront remporté des prix pour la licence ou le doctorat dans les concours des Facultés de droit de l'Etat, ou mérité des distinctions analogues dans les Universités étrangères, pourront envoyer des travaux qui seront désignés sous le nom de *travaux des lau-*

réats universitaires présentés pour la fête de Cujas. Ces travaux, rédigés en français ou en latin, porteront sur les matières de droit choisies par les concurrents, l'Académie n'entendant exclure aucun des genres ni des sujets qui se rattachent aux différentes branches de la science juridique.

Une médaille d'or de la valeur de 200 francs sera décernée, s'il y a lieu, à la meilleure de ces compositions; elle portera pour inscription; *Fête de Cujas, concours des lauréats universitaires,* le nom de l'auteur gravé dans l'exergue, ainsi que l'année. L'Académie pourra accorder des mentions honorables aux auteurs de ces mémoires qui n'auront pas obtenu la médaille. Tout lauréat universitaire qui aura ainsi obtenu deux médailles d'or ne sera plus admis à concourir pour ce concours spécial.

Dans la séance publique seront aussi distribuées aux lauréats les médailles instituées : 1° par l'arrêté de Son Excellence M. le ministre de l'instruction publique du 30 mai 1855 (V. n° 224); 2° par le conseil municipal de la ville de Toulouse, conformément à sa délibération du 31 mai 1855; 3° par le conseil général de la Haute-Garonne.

Les travaux des candidats aux divers concours devront être déposés au plus tard le 30 avril, au secrétariat de l'Académie.

L'enveloppe cachetée, contenant le nom des auteurs de ces travaux, ne sera ouverte qu'autant que le mémoire produit aura été jugé digne de la médaille ou d'une mention.

SECTION II

DES BOURSES

§ 1er. *Bourse du baron Trémont.*

230. — M. Joseph Girod de Vienney, baron de Trémont, ancien préfet, a légué à la Faculté de droit de Paris, aux termes de son testament en date du 5 mai 1847, une somme annuelle de 1,000 francs, en faveur d'un étudiant *distingué et sans fortune.* Lorsque la Faculté le trouve convenable, elle peut partager la bourse en deux parts de 500 francs chaque. Elle détermine également la durée de l'encouragement qu'elle peut continuer jusqu'à la fin des études de l'élève, si son assiduité et sa conduite ne varient pas. Les candidats doivent se faire inscrire avant le 1er juillet de chaque année, au secrétariat de la Faculté. La désignation est faite par le doyen, assisté de quatre professeurs.

§ 2. *Bourse Charles Pelrin.*

231. — Le 22 juin 1846, les époux Pelrin, en mémoire de leur fils Charles Pelrin, licencié en droit, ont fait donation à l'Université de France d'un capital de *quatre-vingt mille francs,* à charge par elle d'employer cette somme à la création de deux bourses de 1,000 francs destinées à assurer le biênfait de l'enseignement supérieur dans l'une des cinq Facultés de la ville de Paris ou à l'Ecole polytechnique, à deux jeunes gens

appartenant à des familles peu aisées et qui
sont choisis, l'un dans le canton de Vernon
(Orne) et l'autre dans la ville de Paris. Ces
familles doivent avoir au moins cinq années de
domicile.

232. — Pour avoir droit à ces bourses, il faut
être désigné, savoir :

Pour celle réservée au canton de Vernon, par
une commission spéciale composée : 1° du maire
du chef-lieu de canton ; 2° du conseiller général
représentant le canton ; 3° du conseiller d'arrondissement représentant le même canton ; 4° du
juge de paix ; 5° du doyen des notaires du canton ; 6° du maire de l'une des communes dudit
canton, autre que celle de Vernon, en alternant
dans l'ordre alphabétique, de manière que chaque commune soit représentée à tour de rôle
dans cette commission ; 7° du curé doyen.

Et pour celle réservée à la ville de Paris, par
le ministre de l'instruction publique.

§ 3. *Bourse de Barkow.*

233. — Madame de Barkow, née Guillen, a
fait à l'Université de France un legs dont le
revenu est destiné *à aider des jeunes gens pauvres à faire de bonnes études et à s'ouvrir, par ce
moyen, une carrière honorable.* Cette fondation
a une grande analogie avec celle des époux Pelrin. Le revenu annuel dépassant 3,000 francs,
le ministre a créé trois bourses de 1,000 francs
chacune auxquelles les sept établissements d'instruction supérieure de Paris sont admis à prendre part. La jouissance de la bourse est limitée

à un an, sauf prolongation sur nouvelle présentation. Le cumul des bourses Pelrin et de Barkow avec les pensions attribuées sur les fonds Trémont est interdit.

—

SECTION III

CONCOURS POUR L'AGRÉGATION (1)

234. —Les agrégés des Facultés de droit se recrutent par la voie du concours. Un arrêté du ministre détermine l'époque à laquelle le concours devra commencer. Cet arrêté est adressé à tous les recteurs et des affiches sont apposées dans l'étendue de chaque ressort académique. L'annonce du concours est, en outre, insérée au *Journal Officiel.*

§ 1er. *Conditions d'admissibilité au concours.*

235. — Nul ne peut se présenter au concours :
1º S'il n'est Français ou naturalisé Français ;
2º S'il ne jouit des droits civils ;
3º S'il ne représente un diplôme de docteur en droit ;
4º S'il n'est âgé de 25 ans, sauf au ministre à accorder des dispenses d'âge.

§ 2. *Inscription des aspirants.*

236.—Les aspirants doivent se faire inscrire au

(1) Règlement du 24 août 1843 ; décret du 22 août 1854 ; statut du 16 novembre 1874.

secrétariat des diverses académies où ils résident, *deux mois* avant l'ouverture du concours. Chaque concurrent, en se faisant inscrire, doit produire :

1° Une copie légalisée de son acte de naissance ;

2° Son diplôme de docteur en droit.

Ils doivent joindre à ces pièces l'indication de leurs services et de leurs travaux, et déposer un exemplaire des ouvrages ou mémoires qu'ils ont publiés.

§ 3. *Organisation du jury.*

237. — Les juges du concours sont désignés par le ministre parmi les membres du conseil supérieur de l'instruction publique, les inspecteurs généraux de l'enseignement supérieur, les professeurs des Facultés, les magistrats de la Cour de cassation. Le nombre des juges est de sept au moins et de neuf ans au plus, y compris le président. Ne peuvent siéger dans un même concours deux parents ou alliés jusqu'au degré de cousin germain inclusivement. Doit se récuser tout parent ou allié au même degré d'un des candidats.

§ 4. *Séance d'ouverture.*

238. — Aux jour et heure fixés pour la première séance, il est fait un appel de tous les candidats qui se présentent au concours. Chaque aspirant écrit lui-même sur un registre son nom et son adresse. Tout candidat qui ne s'est pas présenté à cette séance est *exclu du concours.*

§ 5. *Des épreuves.*

239. — Le sort détermine les sujets à traiter par chaque candidat dans les différentes épreuves, et l'ordre dans lequel les candidats doivent subir chaque épreuve. Les concurrents sont tenus, sous peine d'exclusion, de subir toutes les épreuves aux jours et heures indiqués. Aucune excuse n'est admise, si elle n'est jugée valable par le jury. — Dans chaque concours, il y a deux sortes d'épreuves : des *épreuves de candidature* et des *épreuves définitives.*

A) *Epreuves de candidature.*

240. — Les épreuves de candidature consistent :

1º Dans l'appréciation des services et des travaux antérieurs des candidats;

2º Dans une composition écrite sur un sujet de droit français.

Sept heures sont accordées pour cette composition. Elle a lieu sous la surveillance d'un juge. Les concurrents ne peuvent correspondre avec personne, ni se procurer d'autres secours que les lois françaises et le Corps de droit romain. Chaque concurrent fera imprimer sa composition sur la copie qu'il aura dû en conserver, et en déposera au secrétariat un nombre d'exemplaires qui varie d'après le nombre des candidats, et qui est ordinairement de 60 à 80 (1).

______

(1) La librairie Marescq aîné se charge de l'impression et du dépôt des compositions.

3º Dans une leçon orale de trois quarts d'heure, faite après quatre heures de préparation libre, sur un sujet de droit civil français;

4º Dans une leçon orale de trois quarts d'heure, faite après vingt-quatre heures de préparation libre, sur un sujet de droit romain.

B) *Epreuves définitives.*

241. — Les épreuves définitives consistent :

1º En une composition écrite en latin sur une question de droit romain, composition qui est soumise aux mêmes règles que la composition de droit français;

2º En deux leçons orales faites après vingt-quatre heures de préparation libre, la première empruntée au Code civil, et la seconde empruntée à une autre partie du droit français indiquée par les juges du concours.

La durée de chaque leçon est de *trois quarts d'heure.*

3º En deux argumentations, l'une sur un titre du Digeste, l'autre sur une matière de droit civil français. Chaque candidat a connaissance des sujets d'argumentation qui lui sont échus, *six jours francs* avant celui où il soutient l'épreuve. La durée de l'argumentation est de *une heure et demie*, et se partage également entre les argumentants, qui sont au nombre de deux ou de trois, suivant les cas.

§ 6. *Voie de recours.*

242. — Un délai de *dix jours* est accordé à

tout concurrent pour se pourvoir devant le ministre contre les résultats du concours, à *raison de la violation des formes prescrites* (1).

CHAPITRE XIII

COURS DE DROIT ET D'ÉCONOMIE POLITIQUE DANS LES DIVERS ÉTABLISSEMENTS PUBLICS

Sommaire. — *Collège de France. — Conservatoire des arts et métiers. — Ecole des ponts et chaussées. — Ecole des mines. — Institut national agronomique. — Ecole des chartes. — Cours pratiques des hautes études. — Ecole libre des sciences politiques. — Ecole de médecine (cours de médecine légale). — Union française de la jeunesse.*

§ 1er. *Collège de France.*

243. — *Droit de la nature et des gens.* — M. Ad. Franck, membre de l'Institut.

Histoire des législations comparées. — M. Laboulaye, membre de l'Institut, Académie des inscriptions et belles-lettres, professeur.

— M. de Rozière, membre de l'Institut, Académie des inscriptions et belles-lettres, suppléant.

Economie politique. — M. Michel Chevalier, membre de l'Institut, Académie des sciences morales et politiques.

(1) Statut du 16 novembre 1874, art. 22, 23 et 24.

§ 2. *Conservatoire des arts et métiers.*

244. — *Economie politique et législation industrielle.* — M. Levasseur, professeur. — Les mardis et vendredis, à 7 h. 3/4 du soir.

Objet des leçons. — Formation et développement des richesses. — Travail manuel et travail intellectuel. — Développement de l'intelligence par l'instruction. — Épargne. — Organisation du travail. — Salaires, profits. — Corporations. — Liberté du travail.

Economie industrielle et statistique. — M. Burat, professeur. — Les mardis et vendredis, à 9 heures du soir.

Objet des leçons. — De la production, des agents qu'elle emploie : agent naturel, travail, capital. — Des principes et des lois économiques qui régissent les industries agricoles, manufacturières et commerciales. — Distribution géographique de ces industries. — Voies de communication.

§ 3. *Ecole des ponts et chaussées.*

(Rue des Saints-Pères, 28)

245. — *Cours d'économie politique, sociale et industrielle.* — Les mardis et vendredis, à 8 heures. — Professeur, M. Garnier, sénateur.

Conférences sur le droit administratif. — Les lundis et jeudis, à 9 heures. — Professeur, M....

On est admis à ces cours avec une carte délivrée par M. le directeur. — La leçon commencée, nul n'y est plus admis.

§ 4. *Ecole des mines.*

(Boulevard Saint-Michel)

246. — *Cours de droit administratif et d'économie industrielle.*

Mêmes conditions d'admission que pour l'Ecole des ponts et chaussées.

§ 5. *Institut national agronomique.*

247. — Législation *et droit agricoles*. — Professeur, M. Victor Lefranc. Les mercredis et samedis, à 8 h. 1/2, au Conservatoire des arts et métiers.

248. — L'Institut national agronomique reçoit des *auditeurs libres* qui ne sont soumis à aucune condition d'âge et sont dispensés de tout examen d'admission ; ils suivent les cours qui sont à leur convenance, mais n'ont entrée ni aux salles d'étude ni aux laboratoires. — Pour être reçu auditeur libre, il faut en faire la demande au directeur de l'Institut agronomique, en prenant l'engagement de payer une rétribution fixée à 25 francs par an.

§ 6. *Ecole des chartes.*

(Rue des Francs-Bourgeois, n° 58)

249. — Le registre des inscriptions sera ouvert du 25 octobre au 5 novembre, de 11 heures

à 4 heures. — Les examens d'admission auront lieu le 6 novembre, et l'ouverture des cours, le 20 novembre.

A) CONDITIONS D'ADMISSION

250. — Les aspirants au titre d'élève de l'Ecole des chartes doivent être Français, bacheliers ès lettres et âgés de moins de vingt-cinq ans révolus au 31 décembre de l'année qui précède leur inscription. — Ils sont nommés élèves de première année par arrêté ministériel, sur la présentation du Conseil de perfectionnement, à la suite d'un examen d'admission.

L'examen d'admission à l'Ecole des chartes se compose d'une épreuve écrite et d'une épreuve orale. — L'épreuve écrite comprend une version latine, un thème latin, une composition sur l'histoire et la géographie de la France avant 1789. L'épreuve orale porte sur l'explication d'un texte latin et sur l'histoire et la géographie de la France avant 1789. — Il sera, en outre, tenu compte aux candidats de la connaissance de l'allemand, de l'anglais, de l'espagnol ou de l'italien.

B) COURS RECOMMANDÉS AUX ÉTUDIANTS EN DROIT

251. — *Institutions politiques, administratives et judiciaires de la France.* — Les mercredis et jeudis, à 11 heures. — Professeur, M. BOUTARIC, suppléé par M. ROY.

Droit civil et canonique du moyen âge. — Les mardis et vendredis, à 11 heures. — Professeur, M. TARDIF.

§ 7. *Ecole pratique des hautes études.*

(A la Sorbonne, escalier n° 2)

252. — L'Ecole pratique des hautes études est divisée en cinq sections dont l'une est consacrée aux sciences historiques. Des diplômes ou certificats d'études peuvent être délivrés aux élèves, au nom de l'Ecole, par la commission permanente. Les candidats au titre d'élève de *l'Ecole pratique des hautes études* doivent déposer leur demande au secrétariat de la Faculté des sciences à la Sorbonne. Aucune condition d'âge, de grade ou de nationalité n'est exigée pour l'admission à l'école comme élève stagiaire. — Une salle de lecture, à l'usage des élèves de l'Ecole pratique, est ouverte à la bibliothèque de l'Université (Sorbonne), tous les jours non fériés, de 10 à 3 heures.

COURS RECOMMANDÉS AUX ÉTUDIANTS

253. — *Etude sur les sources du droit canonique du Ve au Xe siècle.* Professeur, M. Roy.
Institutions mérovingiennes et carlovingiennes. — Professeur, M. Thevenin.

CONFÉRENCES COMPLÉMENTAIRES

Etude des origines et du développement des institutions municipales en France. — Professeur, M. Giry.

§ 8. *Ecole libre des sciences politiques.*

(Rue des Saints-Pères, 15)

A) BUT DE L'ÉCOLE

254. — Dans son ensemble, l'enseignement de l'École des sciences politiques est le *couronnement naturel de toute éducation libérale.* Son programme embrasse les principales connaissances auxquelles aucun homme cultivé ne devrait rester étranger. A un point de vue plus spécial, l'Ecole des sciences politiques se propose le même but que l'ancienne *Ecole d'administration.* — Chacune des grandes divisions de son enseignement constitue une préparation complète à l'une des carrières suivantes et aux examens ou aux concours qui en ouvrent l'entrée.

1. *Diplomatie.* (Ministère des affaires étrangères. — Légations. — Consulats.)
2. *Conseil d'Etat.* (Auditorats de 1re et de 2e classe.)
3. *Administration.* (Administration centrale et départementale. — Contentieux des ministères; — sous-préfectures; — secrétariats généraux de département; — conseils de préfecture).
4. *Inspection des finances.*
5. *Cour des comptes.*

D'autre part, le programme comprend des éléments d'instruction supérieure qui complètent

utilement la préparation à certaines hautes positions commerciales et financières (Banques —
contentieux des grandes compagnies — inspection des chemins de fer, etc.).

B) RENSEIGNEMENTS GÉNÉRAUX

255. — L'enseignement de l'Ecole dure deux
années. On peut entrer à l'Ecole tous les ans.
Suivant le but que le jeune homme se propose,
il devra suivre tout ou partie des cours et conférences de l'Ecole et les combiner avec tout ou
partie des enseignements de la Faculté de droit.
Le directeur et les professeurs compétents l'ai-
deront de leurs indications et de leurs conseils
sur la nature des différentes carrières, la matière
des examens ou des concours, le mode de préparation le plus efficace et l'ordre de travail à
adopter, en raison du nombre d'années disponibles. — Pour l'administration centrale et départementale, la diplomatie, le conseil d'Etat,
l'inspection des finances, la Cour des comptes,
le cadre des études a été déterminé non seulement d'après les conditions de l'examen d'entrée, mais d'après les nécessités ultérieures de la
carrière. La préparation peut être achevée en
deux ans. — Pour les jeunes gens qui cherchent
à l'Ecole le couronnement de leur éducation générale, il y aura lieu à un choix étudié, variant
avec les aptitudes et les connaissances acquises
de chacun. — La troisième série, *carrières commerciales et financières*, ne constitue pas une
préparation complète : elle suppose une préparation pratique et technique qui se fait ailleurs.

La carrière proprement politique ne figure pas au tableau. Le jeune homme qui se destine à la vie publique devra suivre, autant que possible, les enseignements des deux sections.

C) RÉGIME INTÉRIEUR

256. — L'Ecole reçoit des *auditeurs* et des *élèves* ; les uns et les autres sont admis sans examen, sur leur demande et sur l'avis conforme du Conseil. — Les *élèves* sont les personnes qui prennent une inscription d'ensemble (*totale* ou *générale*) et qui la renouvellent pendant tout le cours de l'année.

Les *auditeurs* sont les personnes qui ont pris une inscription partielle.

L'année d'études commence la dernière semaine de novembre et finit la première semaine de juin.

Elle est divisée en DEUX TRIMESTRES.

On s'inscrit au secrétariat à partir du 1er novembre.

D) INSCRIPTIONS D'ENSEMBLE (ÉLÈVES)

Par trimestre.

257. — Inscription générale donnant entrée à tous les cours (sauf les cours de langues) . . . . . 100 fr.

Inscription totale donnant entrée à tous les cours, aux conférences, aux cours de langues et à la bibliothèque . . . . . 150 fr.

E) INSCRIPTIONS PARTIELLES (AUDITEURS)

	Par trimestre.	*Par année.*
258. — Chaque cours. .	25 fr.	40 fr.
Un cours et sa conférence (une par semaine)	45 fr.	75 fr.
Un cours et ses conférences (deux par semaine).	60 fr.	100 fr.
Un cours et ses conférences (trois par semaine)	75 fr.	130 fr.
Un cours de langue. .	30 fr.	50 fr.
Bibliothèque (élèves et auditeurs)		20 fr.
Bibliothèque (adhérents) (1).		25 fr.

F) EXAMENS. — DIPLOMES. — BOURSES DE VOYAGES.

259. — Un examen oral a lieu dans chaque section, à la fin de la première année, pour les élèves qui ont pris une inscription d'ensemble. L'examen de seconde année consiste en épreuves orales et écrites. Des diplômes sont décernés, dans chaque section, aux candidats reconnus capables. Deux bourses de 2,000 francs sont mises

(1) NOTA. Les *conférences* d'étudiants en droit dont vingt-cinq membres sont inscrits pour l'un des cours de l'Ecole ou pour la Bibliothèque ont, une fois par semaine, pour leurs réunions, la jouissance d'une des salles de cours de l'Ecole.

au concours, entre les candidats qui ont obtenu les diplômes.

G) TABLEAU DES COURS ET CONFÉRENCES

Section administrative

I. — ORGANISATION ET PRATIQUE ADMINISTRATIVE EN FRANCE ET DANS LES PAYS ÉTRANGERS

M. FLOURENS, maître des requêtes, commissaire du gouvernement près le conseil d'Etat

PREMIÈRE ANNÉE

ORGANISATION DES POUVOIRS PUBLICS EN FRANCE

(Une leçon par semaine.)

Principe de la séparation des pouvoirs. — Pouvoir législatif; électorat politique. — Pouvoir exécutif. — Autorité judiciaire. — Autorité administrative.

Organisation de l'administration centrale. — Services financiers de l'Etat. — Force publique. — Régime des cultes. — Instruction supérieure et secondaire.

Comparaison avec les pays étrangers.

M. GABRIEL ALIX, professeur à l'Université libre.

PREMIÈRE ANNÉE

MATIÈRES ADMINISTRATIVES

(Deux leçons et une conférence par semaine.)

1. — Introduction générale. — Gestion des intérêts locaux.

2. — Du département. — Son histoire. — Budget départemental. — Des divers services publics départementaux. — Voirie départementale. — Chemin de fer d'intérêt local.

3. — De la commune. — Patrimoine communal. — Des divers marchés passés au nom de la commune. — Budget; octroi. — Des divers services publics communaux. — Voirie communale. — Chemins vicinaux. — Sections de commune.

Ville de Paris.

4. — Colonies françaises et Algérie. — Histoire et organisation.

5. — Des établissements publics et d'utilité publique. — Question de la propriété des personnes morales. — Principales institutions d'assistance publique et de prévoyance.

Le professeur insistera sur l'œuvre administrative de l'Assemblée constituante de 1789.

—

II. — ORGANISATION ET ADMINISTRATION FINANCIÈRE EN FRANCE ET DANS LES PAYS ÉTRANGERS

M. P. LEROY-BEAULIEU, membre de l'Institut, directeur de l'*Economiste français*.

(Une leçon par semaine.)

Système financier de la France et des principaux États.

Les revenus publics et les impôts. — Examen des différentes taxes en elles-mêmes et dans leurs effets; mérites et inconvénients des divers impôts directs ou indirects. — Influence des tarifs élevés ou modérés. — Causes qui font hausser ou baisser le rendement des impôts, etc.

M. Machart, inspecteur des finances (nov. à mai).

(Deux conférences par semaine.)

Etude détaillée et pratique sur l'administration financière en France. — Comptabilité de l'Etat. — Comptabilité départementale et communale. — Analyse du décret du 31 mai 1862.

M. Colmet d'Aage, conseiller référendaire de 1re classe à la Cour des comptes.

(Une conférence par semaine.)

Examen théorique et pratique du décret du 31 mai 1862 et de l'instruction générale du 20 juin 1859, au point de vue du contrôle de la Cour des comptes.

Budget général de l'Etat. Comptabilité législative, administrative et judiciaire.

Comptabilités spéciales ; départements, communes, établissements de bienfaisance.

Comptabilité-matières.

—

III. — LÉGISLATION CIVILE COMPARÉE

M. J. Flach, docteur en droit.

(Une leçon par semaine.)

LE DROIT DE PROPRIÉTÉ

I. — *La propriété foncière et la propriété mobilière dans leur développement historique.*

(France, Italie, Espagne, Angleterre, Allemagne, Autriche, Etats scandinaves, Russie, Grèce, etc.)

Leur importance relative aux diverses époques. — Influence du régime foncier sur la condition des personnes et la constitution des Etats. — Abolition de la féodalité en Europe ; affranchissement des personnes et des terres. Extension croissante de la propriété mobilière. Effets publics et valeurs industrielles. — Conséquences au point de vue du droit moderne.

II. — *La transmission de la propriété.*

1. — Transmission par acte entre-vifs ou testamentaire. — Propriété foncière ; publicité. — Transcription. — Livres fonciers. — Cadastre.
Propriété mobilière : Tradition. — Titres au porteur et titres nominatifs. — Règle : En fait de meubles, possession vaut titre. — Revendication de titres perdus ou volés.
Liberté testamentaire. — Réserve. — Partage d'ascendants.
2. — Transmission par voie de succession *ab intestat*. — Régimes successoraux en vigueur dans les divers pays. — Concentration ou morcellement. — Droit d'aînesse.

III. — *La propriété comme instrument de crédit.*

Le gage et l'hypothèque. — Les lettres de gage, les bons fonciers, les banques hypothécaires.

Section diplomatique

I. — GÉOGRAPHIE ET ETHNOGRAPHIE

M. Gaidoz, directeur adjoint à l'Ecole des hautes études

(Une leçon par semaine.)

1. — Histoire de la formation des Etats européens.
2. — Géographie politique de l'Europe et des colonies européennes.
3. — Distribution des races, des langues et des religions dans les principaux Etats.

—

II. — HISTOIRE DIPLOMATIQUE DE L'EUROPE DE 1789 A 1830

M. Albert Sorel, professeur.

(Une leçon par semaine.)

PREMIÈRE ANNÉE

1. — Droit public de l'Europe en 1789.
2. — La Révolution française et l'Europe.
3. — L'Empire français et l'Europe.
4. — Le congrès de Vienne et les traités de 1815.
5. — Les congrès d'Aix-la-Chapelle, Troppau, Laybach, Vienne.
6. — Indépendance de la Grèce. — La question d'Orient de 1820 jusqu'à nos jours.
7. — Droit public de l'Europe en 1830.

M. Albert Sorel. (*Une conférence par semaine.*)

Organisation des services diplomatiques.—Pro
cédure d'une négociation. — Caractère des
principales Cours et Cabinets de l'Europe. —
La presse politique dans les pays étrangers.

—

III. — DROIT DES GENS

M. Funck-Brentano. (*Une conférence par semaine.*)

Le professeur complétera son cours de l'année
dernière par l'analyse des auteurs qui ont
traité du droit des gens. (Pufendorf, Grotius,
Vatel, Heffter, Bluntschli, etc.). Exposé de
leurs doctrines.

—

IV. — DROIT INTERNATIONAL RÉSULTANT DES TRAITÉS

M. Renault, professeur agrégé à la Faculté de droit.

(*Une leçon par semaine.*)

Nationalité d'origine. — Naturalisation. — An-
nexions. — Territoire, traités et limites de
voisinage. — Condition des étrangers, traités
de commerce et d'établissement. — Capitulations.— Statut personnel et réel. — Exécution des jugements étrangers. — Compétence
à l'égard des étrangers. — Application de la
loi pénale. — Extradition.

—

V. — STATISTIQUE ET GÉOGRAPHIE ÉCONOMIQUE

M. Levasseur, de l'Institut.

(1er trimestre, une leçon par semaine.)

Statistique et démographie. — Méthode d'investigation et procédés d'exposition. — Progrès de la statistique de la vie humaine. — Naissances, mariages, décès, tables de survie. — Accroissement de la population.

M. de Foville, chef de bureau au ministère des finances.

(2e trimestre, une conférence par semaine.)

Transformations successives du système commercial de la France jusqu'à nos jours. — Régime douanier. — Explications des termes usités dans les relevés de l'administration des douanes. — Commerce général et spécial. — Modes d'évaluation. — Admissions temporaires. — Drawbacks. — Marine marchande, etc.

M. Pigeonneau, professeur au lycée Louis-le-Grand.

(Une conférence par semaine.)

1. — Grandes routes de commerce. — Lignes de navigation. — Chemins de fer. — Lignes télégraphiques.
2. — Relations de la France avec les Etats européens et les pays baignés par la Méditerra-

née. — Les grands ports. — Comparaison du
commerce extérieur des principaux Etats.

3. — Le commerce européen en Afrique, en
Asie, en Océanie. — Le canal de Suez. — Les
Indes, la Chine, le Japon, l'Australie, etc.

4. — Relations de la France, de l'Angleterre, de
l'Allemagne avec les Etats-Unis, le Brésil et
les Républiques de l'Amérique du Sud.

VI. — ÉCONOMIE POLITIQUE

SECTION ADMINISTRATIVE

M. Dunoyer, ancien maître des requêtes au conseil
d'Etat.

(Une leçon par semaine.)

1. — Premiers rudiments des doctrines économiques au dix-huitième siècle. — Les physiocrates : Turgot. — Les doctrines économiques
et la Révolution française.

2. — Progrès et constitution des doctrines économiques. — Adam Smith, théorie de la division du travail ; J.-B. Say, théorie des débouchés ; Ricardo, théorie de la rente ; Malthus,
théorie des lois de la population ; Charles Dunoyer, théorie de l'ordre de succession des
phases économiques ; doctrine des produits
immatériels.

3. — Application des doctrines économiques.
— Cobden et la Ligue. — La réforme économique en Angleterre. — Bastiat. — Les traités
de commerce.

4. — Contradictions. — Sismondi. — Carey. —
Protectionnistes. — Socialistes.

5. — Philosophie des doctrines économiques.
— John Stuart Mill. — Etat actuel des doctrines économiques; école apologétique, école
historique.

§ 9. *Ecole de médecine.*

(CÒURS DE MÉDECINE LÉGALE)

260. — M. le docteur Brouardel, professeur
de médecine légale, fait son cours les lundis,
mercredis, vendredis, à quatre heures (*Petit amphithéâtre*), pendant le semestre d'été.

§ 10. *Union française de la jeunesse.*

ASSOCIATION D'INSTRUCTION ET D'ÉDUCATION POPULAIRES

(3, rue de Bruxelles.)

SECTION DU PANTHÉON

260 *bis.* — Cours gratuits et publics à la mai-
rie du Ve arrondissement. L'ouverture des cours
aura lieu le dimanche 19 octobre, à 2 heures de
l'après-midi.

COURS POPULAIRES

(13, rue des Fossés-Saint-Jacques.)

LÉGISLATION. M. Adrien Dubief, professeur. Le
mardi, à 8 heures 1/2 du soir.

Objet des leçons. Rôle de l'Etat. — Finances publiques, lois électorales et militaires, liberté de la presse, etc.

COURS SPÉCIAUX POUR LA PRÉPARATION AUX EXAMENS DE LA PRÉFECTURE DE LA SEINE, DES MINISTÈRES ET DES DIFFÉRENTES ADMINISTRATIONS DE L'ÉTAT.

Droit administratif. M. Dubief, professeur. Les lundis, mercredis, vendredis.
Droit civil. M. Paris, professeur. Le jeudi.
Ces cours ont lieu à 8 h. 1/2 du soir, dans la salle de la justice de paix du Ve arrondissement. L'ouverture a eu lieu le lundi 6 octobre.

<hr>

CHAPITRE XIV

PROGRAMME DES COURS SPÉCIAUX

Sommaire. — **Cours spéciaux obligatoires :** *Cours d'économie politique ; — Conférence des Pandectes ; — Cours de droit des gens ; — Cours de droit coutumier ; — Cours d'histoire du droit romain et du droit français.* — **Cours spéciaux facultatifs :** *Cours de droit constitutionnel ; — Cours de droit commercial et industriel.*

SECTION I

COURS SPÉCIAUX OBLIGATOIRES

261. — Les cours spéciaux obligatoires sont : 1º le cours d'économie politique pour le pre-

mier examen de licence; 2°-3° la conférence des Pandectes et le cours de droit des gens, pour le premier examen de doctorat; 4°-5° le cours de droit coutumier et le cours d'histoire du droit romain et du droit français.

§ 1er. *Cours d'économie politique.*

(M. Paul Cauwès, agrégé, chargé de cours.)

INTRODUCTION

262. — Définition et caractère de l'Economie politique. — Sa place parmi les autres sciences. — Questions de méthode. — Coup d'œil sur les Ecoles économiques actuelles. — Rapports de l'Economie politique avec la morale et la science du droit. — Economie politique et législations positives.

PREMIÈRE PARTIE

ORGANISATION ÉCONOMIQUE GÉNÉRALE

Analyse des phénomènes économiques : — Besoins, travail, jouissances; Coopération sociale pour le travail; Résultats de l'activité économique ; Services et production de richesses; Analyse des mots : Richesse, valeur en échange; Lois générales de la valeur en échange; Propriété et capital; Principes de la génération du capital. — Liberté du travail : Objections contre la production libre; Systèmes d'organisation artificielle de Fourier, de Saint-Simon, de M. Louis Blanc, etc.; Institutions ayant pour principe l'autorité dans la production : Esclavage, castes, corporations; Liberté individuelle et liberté corporative; Nécessité d'une certaine cohésion des forces industrielles; Exagération de l'individualisme. — Groupements naturels ou volontaires : 1° Famille, rôle économique, transformations historiques; 2° Associations de travail, analyse de la puissance de l'Association ; 3° Liens de corporation ; 4° Nationalités; Influence des rapports économiques sur la constitution des Etats : Zollverein; Solidarité des forces économiques nationáles : loi de développement harmonique dès industries diverses ; Le commerce international ; Concentration intérieure et division internationale du travail; Conséquences des concurrences inégales.— Des états successifs de la Civilisation : Lenteur du développement spontané d'une Société isolée; Effets des communications avec des Sociétés plus civilisées; Diversité des races humaines au point de vue de la puissance productive et du coût de la main-d'œuvre : la question des coolies chinois. — Du rôle de l'Etat par rapport à l'Industrie : Doctrine du *laissez-faire, laissez-passer ;* Tutelle et réglementation limitée. — Distinction entre l'Economie industrielle et l'Economie publique.

DEUXIÈME PARTIE

PRODUCTION ET CONSOMMATION

Rapports entre la production et la consommation : Loi de circulation de la matière, application à l'agriculture; Idées des anciens économistes sur la consommation.

§ 1. *Production.*

D'où résulte la production : Travail et capital; Si la nature est un facteur de la production; Examen de la doctrine des Physiocrates; Intervention progressive des forces naturelles dans la production : relation entre l'effort et l'utilité; Relation entre le degré d'utilité et la valeur en échange; Question de la gratuité des agents naturels; Influence du milieu naturel sur l'Industrie humaine. — Analyse du travail : Travail musculaire et travail mécanique, évolution générale; Equivalence du travail mécanique en travail manuel; Causes

de la puissance du travail mécanique. — Division et
concentration du travail : Division intellectuelle et
matérielle; Limites à la division du travail; Morcellement du travail dans l'atelier; Machines et machines-
outils; Nouveau caractère de la division du travail dans
la manufacture; Examen critique des objections contre le travail mécanique; De l'excès de production;
Distinctions. — Du capital dans la production : Capitaux fixes et circulants; Intérêt de la distinction pour
l'économie des entreprises; Différences au point de
vue de la convertibilité. — Concentration des capitaux :
Grande et petite industrie; question des frais généraux; Évolution vers la grande industrie; Limites à la
concentration des entreprises. — Productivité propor-
tionnelle au capital et au travail dans les diverses industries : S'il existe une différence à cet égard entre
l'agriculture et les industries manufacturières. — Classification des industries : Répartition de la population
entre les diverses industries. — Economie spéciale des
différentes branches d'industrie : *A*. Agriculture :
Distinction des principaux systèmes de culture; Op
tion d'après la valeur des terres, le capital d'exploitation, l'emplacement, les débouchés, etc.; Analyse de
la culture continue; Les engrais complémentaires;
Commerce des engrais, questions de législation; Constitution du sol : Amendements. — Doctrine de Ricardo
sur la fertilité naturelle du sol, conséquences économiques; Si les terres les plus fertiles ont été exploi-
tées les premières; Ordre des cultures d'après Carey;
conséquences; Réfutation des idées de Ricardo. — Législation agricole : Rapport entre le système de propriété et l'état des cultures, communauté et culture
extensive; Biens communaux; Les cultures obligatoires; Principe de la liberté d'exploitation; Parcours
et vaine pâture; Rapport habituel mais non nécessaire
entre l'étendue des propriétés et la superficie des cultures; Grande, moyenne et petite culture; critérium
de la distinction; Comparaison économique; Statistique pour la France et l'Angleterre. — Question de
codification : Projets de Code rural; Usages locaux;

Question des juridictions spéciales. — Différents modes d'exploitation : Concessions à charge de redevances foncières; Affranchissement du sol; Emphytéoses; Fermage et métayage; Durée des baux; Cheptel; Faire valoir direct; Législation des améliorations foncières : drainages, irrigations, etc. — Economie forestière : Restrictions au droit de propriété; Reboisements et gazonnements; Régime forestier : futaies et taillis, comparaison économique; Avantages du système domanial; Statistique. — *B*. Industries extractives : Industrie houillère; Progrès de la production en Angleterre et en France; Question de propriété des mines, Exposé des systèmes législatifs; Mines et carrières : loi du 21 avril 1810. — *C*. Métallurgie : Production économique du fer et de l'acier; Révolution économique; Emploi du combustible minéral et procédés métallurgiques. — *D*. Industries manufacturières recevant de l'agriculture les matières premières : Industrie du sucre indigène, ses commencements et ses progrès; Industries textiles; Questions agricoles relatives à la soie, à la laine, au lin et au chanvre, le coton; importance et situation économique des industries textiles. — Législation manufacturière : intervention de l'Etat sous trois formes : 1º Production par l'Etat, monopoles de fabrication et manufactures de l'Etat; 2º Police de l'industrie; Question de l'action préventive ou répressive, établissements dangereux, etc.; Marques de fabrique : question des marques obligatoires; 3º Tutelle industrielle, conseils, encouragements, mesures douanières et enseignement.

§ 2. *Consommation*.

Consommation ou emploi des richesses : Consommations industrielles et consommations de jouissance, objectives et subjectives; Double action de la consommation sur la production et de la production sur la consommation; Influence sur les valeurs. — De l'emploi des revenus libres ou de l'usage de la richesse : Doctrine rigoriste et consommations improductives;

Le luxe, le bon et le mauvais luxe; Histoire du luxe;
Lois somptuaires; Avarice et prodigalité; Absentéisme.

§ 3. *Population.*

Rapport entre la progression de la population et
l'accroissement des richesses : Formules de Malthus;
Examen critique; Causes économiques qui contien-
nent le développement de la population; De la densité
de la population et de la richesse effective pour les
principaux pays d'Europe. Conséquences de la doctrine de Malthus: les obstacles répressifs, les obstacles préventifs; Examen au point de vue moral ; im-
prévoyance ou égoïsme familial. — Analyse du mouvement effectif de la population ; Démographie : Nata-
lité ; Mortalité ; Périodes de doublement effectif;
Statistique pour les grandes puissances. — Influence
des lois sur la population : 1° Protection du premier
âge; Question des tours; Réglementation de l'industrie nourricière; 2° Lois militaires ; 3° Encouragements à la population, lois caducaires, etc.; Immi-
gration, ses effets; 4° Mesures restrictives. — Emigration et colonisation : Causes et conséquences
économiques de l'émigration ; Influence commerciale
et politique de la colonisation ; Rapports des métro-
poles et des colonies ; Etablissement colonial par
conquête ; différents systèmes à l'égard de la race
indigène ; Conditions économiques de la fondation
des colonies ; Question du travail et du régime foncier; Système de Wakefield ; Si la fondation des colonies peut être une entreprise commerciale.

TROISIÈME PARTIE

RÉPARTITION DES RICHESSES

§ 1. *Théorie de la répartition.*

Répartition par autorité, d'après la coutume ou en
vertu de conventions libres : Répartition et système

de propriété ; Répartition générale dans la société et répartition spéciale entre producteurs d'une même chose. — Analyse de la répartition spéciale : Distinction à raison des risques industriels : 1° Association ; 2° Risques assumés par un chef d'industrie et conventions à forfait : salaires ; Intérêt, Loyer ; Distinction entre les risques industriels et ceux de non-paiement ou de non-restitution. — Profits ; Théorie de la plus-value : Comment elle se forme dans le travail de production ; S'il peut y avoir une plus-value par l'échange commercial ; Légitimité de l'attribution des profits au chef d'entreprise ; Détermination du produit brut et du produit net. — Revenus : Revenus directs et dérivés ; Sens relatif du mot revenu ; Revenu national ; Distinction du revenu brut et du revenu net. — Salaires : Raison d'être et avantages du louage de services. — Salaire nominal et salaire réel ; Cherté nominale et cherté réelle de la main-d'œuvre ; Y a-t-il un prix naturel du travail ; Recherche du maximum et du minimum ; Eléments du salaire normal ; Examen critique des idées de Ricardo ; Causes d'inégalité entre les salaires. — Théorie du salaire courant : Détermination de l'offre et de la demande du travail ; Influence des capitaux fixes et des machines sur les salaires ; Causes générales des salaires insuffisants. — Modes de règlement des salaires : Salaires à la journée et salaires à la tâche, comparaison ; Le marchandage. — Intérêt : Éléments de l'intérêt ; Indisponibilité et risques ; Prime d'amortissement pour les capitaux fixes ; Détermination du taux normal de l'intérêt : maximum et minimum ; Du taux courant ; Tendance au nivellement entre les divers placements ; Causes permanentes d'inégalité ; Capitaux de placement et capitaux de paiement. — Intérêt du capital foncier, loyer ou rente : Distinction de Ricardo entre le loyer et la rente ; Exposé et réfutation de la théorie de Ricardo sur la rente ; De la rente fondée sur l'emplacement : distinctions ; Conséquences du système du monopole foncier ; Examen critique. — Relation entre les divers éléments de la répartition : Si les profits et les salaires varient en raison inverse les uns des autres ; Taux et somme totale des profits ; Harmonie du capital et du travail ; Taux des profits et accroissement de la richesse générale ; De l'état progressif et de l'état stationnaire ; Examen critique de la doctrine de Stuart-Mill relativement à l'état stationnaire.

§ 2. *Propriété.*

N⁰ 1. Légitimité de la propriété : Fondement de la propriété individuelle ; Réfutation de la théorie communiste « à chacun selon ses besoins » et des objections contre l'appropriation des instruments de travail. — *A.* Propriété foncière ; Doctrine des économistes anglais sur le monopole naturel, réfutation. — *B.* Légitimité de l'intérêt : Théorie de la gratuité du crédit, réfutation. — *C.* Analyse des doctrines communistes : Liquidation sociale ; Collectivisme de l'Internationale ; Collectivisme Saint-Simonien ; Théorie de Karl Marx ; Si le capital se forme au moyen d'une quantité de travail non payée ; Mutuellisme ; Système de Proudhon ; Système de Lassalle, etc. — N° 2. Analyse de la propriété individuelle : Caractères distinctifs ; Propriété privée et utilité publique ; Examen critique de la théorie du mandat social. — Puissance économique de la propriété individuelle ; Evolution progressive vers cette forme de la propriété ; Russie ; Pays musulmans ; L'Algérie et la propriété individuelle. — Examen des conséquences de la propriété individuelle : Inégalités sociales ; D'où elles viennent ; Si la richesse des uns est constituée au détriment des autres. — Hérédité : Nécessité ; Si l'égalité résulterait de l'abolition de l'hérédité ; Testament et hérédité légitime de droit naturel ; Examen critique de l'opinion contraire de Stuart-Mill pour l'hérédité légitime ; Influence économique et sociale de la transmission héréditaire. — N° 3. Régime lég de la propriété individuelle : Régime féodal ; Affranchissement du sol ; Propriété libre ; Distinction d meubles et des immeubles ; Les charges réelles de propriété, servitudes, usufruit ; Question de l'usufruit successoral ; Principe de la libre circulation des biens, exceptions à ce principe ; Systèmes quant à la transmission de la propriété ; Possession, publicité. — Nº 4. Lois civiles dans leurs rapports avec la concentration ou le morcellement des fortunes : 1º Lois successorales : Influence des idées politiques ; Systèmes opposés des lois anglaises et de la loi du 17 nivôse an II ; Le Code civil ; L'affection présumée et la fente ; Limite des liens de successibilité ; Si le droit du conjoint survivant doit toujours être fixé en usufruit. — 2º Liberté testamentaire : 1º Question des substitutions fidéicommissaires ; 2º Question de la réserve héréditaire ; Légitimité de la réserve ; Quelles seraient les conséquences de la liberté de tester ; Angleterre ; Les États-Unis ; Examen critique des arguments économiques invoqués en faveur de la liberté testamentaire ; De la quotité de la réserve ; Loi de nivôse, ancien droit et Code civil. — 3º De la diffusion de la propriété : Intérêt agricole ; Intérêt industriel ; Intérêt d'ordre social ; France : nombre des propriétaires fonciers ; Moyenne des inscriptions de rentes en 1800 et 1875. — A. La propriété foncière en France : Causes diverses du morcellement ; Les ventes par lots ; Nombre des parcelles ; Nombre des cotes ; Plus-value de la propriété ; Moyens de remédier au morcellement ; Abornements généraux ; Les lois sur les partages. — B. La propriété foncière en Angleterre : Causes de la concentration ; Régime successoral et bills de clôture ; Substitution des pâturages aux cultures céréales ; Disparition de la classe moyenne agricole ; Origine de la loi sur les pauvres ; Abus de la propriété privée ; Les grandes chasses des Highlands ; Statistique de la propriété foncière dans le Royaume-Uni ; Question de la réforme agraire ; Examen des projets de réforme de Stuart-Mill ; Des lois agraires en général ; Italie ancienne. — 4º Lois limitatives du taux de l'intérêt : Conditions de justice dans le prêt ; Les lois sur l'usure à Rome ; La liberté en Autriche et en Hongrie et les lois de 1877 ; Démonstration doctrinale de la liberté de l'intérêt ; Si la liberté doit assurer le bon marché du crédit. — De la limitation variable ou invariable du taux de l'intérêt ; Loi du 3 septembre 1807 : Exceptions qui y ont été faites ; De l'abrogation de cette loi ; Projet de distinction entre les prêts civils et les prêts commerciaux ; De la liberté du taux de l'intérêt et de la répression de l'usure ; Système autrichien de 1877, examen critique.

§ 3. *Rapports entre le Capital et le Travail.*

Condition générale des classes ouvrières en Europe et en Amérique : Travailleurs agricoles en Angleterre et en France ; Ouvriers de l'industrie ; Influence du milieu social ; Les fabriques rurales ; Pourquoi l'antagonisme entre ouvriers et patrons existe surtout dans la grande industrie. — Réglementation du louage d'ouvrage et des rapports entre le capital et le travail ; 1° Principes autoritaires ; Egalité des salaires ; Minimum légal ; Subventions ; 2° Liberté purement individuelle du travail ; Interdiction des liens corporatifs ; 3° Organisation militante des forces ouvrières ; Le droit de coalition ; Usage et abus des grèves ; *Trade unions* et Caisses de résistance ; Limites au droit de coalition ; Prétentions exorbitantes des Unions ouvrières ; Liberté individuelle du travail quant à durée, au travail à façon, au travail des femmes et d'enfan·s ; Question du travail des femmes et des enfants ; De la rupture du contrat de louage d'ouvrage ; loi anglaise de 1867 ; Question du livret ; 4° Organisation pacifique des forces ouvrières ; Objet ; Les arbitrages ; Prud'hommes ; S'il faut reconstituer les Corporations de métiers ; Les Associations syndicales Chambres syndicales de patrons ; Chambres syndicales ouvrières ; Question de la reconnaissance légale et des attributions, précautions nécessaires. — Amélioration du sort des classes ouvrières par le patronat 1° Participation aux bénéfices : Ce n'est pas un droit ; Primes additionnelles au salaire ; Primes proportionnelles aux bénéfices ; Conditions générales de la participation, exemples. — 2° Institutions de Patronage direct : Classification ; Habitations ouvrières ; Société mulhousienne.

§ 4. *Prévoyance, Epargne et Assurances.*

Distinction entre l'assurance et l'épargne ; Examen critique de la théorie de la prévoyance obligatoire Caisses d'épargne : Importance économique ; Angleterre ; France ; Caisses d'épargne nationales ; Caisses postales ; Loi anglaise de 1861 ; Le système autrichien ; Caisses d'épargne scolaires et *penny banks*, Organisation et bases financières des Caisses d'épargne ; Le maximum des dépôts ; Le droit de retrait ; La clause de sauvegarde. — Assurances et mutualité : Distinction ; Causes générales de préférence entre l'assurance à prime fixe et l'assurance mutuelle. — Rôle de l'Etat en matière d'assurances : Autorisation ; Contrôle ; Caisses nationales d'assurances. — Assurances à raison des risques personnels : 1° Sociétés de secours mutuels ; Bases financières ; Situation en France et en Angleterre ; 2° Assurances sur la vie ; 3° Caisses d'assurances en cas de décès et d'accident ; 4° Caisses de prévoyance et Caisses des retraites pour la vieillesse. — Assurances à raison des risques de la propriété : Assurances contre l'incendie ; Assurances agricoles ; Assurances maritimes.

§ 5. *Associations coopératives.*

Considérations générales sur la coopération : Classification des Sociétés coopératives. — Sociétés de consommation : Situation en Angleterre, en Allemagne et en France, avantages, dangers. — Sociétés de crédit : Banques d'Ecosse et *Vorschusz-banken*, situation en Allemagne, en Italie, etc. — Sociétés de production : Ce qu'elles ont été et ce qu'elles peuvent être ; France ; Angleterre ; Allemagne. — Autres Sociétés coopératives : Sociétés d'outillage, de magasinage ; Sociétés agricoles ; *Building societies*. — Lois sur les Sociétés coopératives.

§ 6. *Paupérisme, Assistance.*

Relations entre l'état d'indigence et l'ordre économique : Traits distinctifs du paupérisme ; Analyse des causes de l'indigence. — Nécessité et efficacité de l'assistance : Doctrine du fatalisme de la misère ; Objections contre l'assistance. — Assistance légale : Les lois des pauvres ; Exposé du système anglais ; Les *Workhouses*; Statistique. — Assistance privée : Charité individuelle ; Appréciation de l'aumône ; Sociétés de bienfaisance.—Assistance publique facultative : *A.* Bureaux de bienfaisance et système d'Elberfeld ; Service hospitalier ; La médecine gratuite dans les campagnes. — *B.* Assistance publique motivée par un intérêt de police et de prévoyance sociale ; L'interdiction de la mendicité et les dépôts ; Patronage des libérés. — *C.* Services d'assistance de l'enfance ; Assistance préventive, les écoles industrielles, etc.

QUATRIÈME PARTIE

CIRCULATION DES RICHESSES

§ 1. *Mécanisme de l'échange et Crédit.*

A. L'échange direct et l'achat, vente ; Théorie de la monnaie ; Qualités et fonctions de la monnaie.—Distinction de la valeur et des prix ; Valeur constante et valeur courante de la monnaie ; Loi de la circulation.— Histoire de la valeur des métaux précieux.—*Desideratum* d'un étalon des valeurs ; Système de Law. — Erreur de l'Ecole mercantile sur la monnaie. — Législation monétaire : Liberté de monnayage ou monopole ; Système français.—Valeur légale de la monnaie; tarif de fabrication ; force libératoire.—Système d'après lequel la monnaie n'aurait qu'une valeur commerciale, réfutation ; Commerce des métaux précieux ; Si les bénéfices de la spéculation sur le monnayage doivent appartenir à l'Etat ; Circulation intérieure des monnaies ; La monnaie dans le commerce international ; Monnaies de compte et altérations des monnaies. — Monométallisme et bimétallisme ou étalon simple et double étalon : inexactitude de cette dernière expression ; Loi de germinal an XI et système anglais ; Rapport entre l'or et l'argent, dépréciation de l'argent ; Causes ; Les révolutions monétaires, Allemagne, Etats scandinaves ; Effet de la démonétisation sur la valeur ; Union latine ; Les nouvelles conventions monétaires ; la meilleure monnaie est celle qui varie le moins ; De la fixité relative de la monnaie bimétallique. — Question de la monnaie internationale. — Monnaies divisionnaires : Faiblage de poids ou faiblage de titre. — *B.* Etude sommaire du crédit : Avantages généraux du crédit ; Contrat de crédit sur promesse simple : Créances civiles et commerciales ; Circulation fiduciaire ; Commerce de banque ; Escompte ; Commerce des titres ; Change. — Règlements et compensations : Dépôts et versements ; Chèques ; Le *clearing.* — Crédit réel : Nantissement et hypothèque ; Prêt sur gage, Monts-de-Piété ; Avances sur titres ; Simple aperçu des opérations de crédit foncier. — Théorie des signes représentatifs : Bons de monnaie ; Connaissement ; Théorie du billet de banque ; En quelle mesure le billet peut être un titre de crédit ; Règlement de l'émission ; Bullionistes et inflationistes : Système anglais (*Currency principle*) et système français (*banking principle*) ; De l'élévation du taux de l'escompte ; De l'unité ou de la pluralité des banques d'émission ; Distinction entre les banques nationales et les banques d'Etat ; Avantages ou inconvénients généraux de l'unité ; Rapport avec le crédit public. — Régime légal des échanges : Echange civil et commercial ; Liberté de la spéculation ; Du prix maximum ; Liberté du commerce des grains ; Taxe officielle et officieuse du pain ; Spéculations au comptant ou à terme : 1° sur les marchandises ; 2° sur les

fonds publics et les valeurs industrielles ; Opérations
de bourse ; Idées générales des opérations des banques de spéculation. — Abus du crédit ; Causes et classification des crises.

§ 2. *Commerce international.*

Théories : 1o Système mercantile ; La balance du
commerce ; S'il faut faire abstraction des indications
qui en résultent ; 2o Système prohibitif ou de l'isolement systématique et permanent ; Inconvénients économiques ; 3o Liberté commerciale absolue ; 4o Système de la tutelle des industries nationales ; Exposé
du système de libre échange absolu ; Le libre échange
unilatéral de Bastiat ; Le libre échange de Stuart-Mill :
sa théorie des valeurs internationales ; Conséquences
qui en découlent ; Le libre échange sous condition de
réciprocité ; Effets au point de vue de la production
d'une concurrence inégale : Les débouchés extérieurs
et le marché intérieur ; Effets au point de vue du consommateur des mesures de protection ; Si elles ont
pour effet nécessaire l'élévation des prix ; Si la liberté
commerciale donne le bon marché ; Examen de l'objection : on ne paie l'impôt qu'à l'Etat. — Analyse de
la législation douanière : Elément fiscal des droits de
douane ; S'ils sont supportés par l'étranger ou par les
nationaux ; Droits ou primes à l'exportation ; Droits à
l'importation ; *Drawbacks,* admissions temporaires ;
Droits spécifiques ou *ad valorem* ; Tableaux et valeurs de douanes ; De la mesure des droits ; Droits
compensateurs ; Différents sens de cette expression.
— De la loi des douanes et des traités de commerce :
Avantages et inconvénients du tarif autonome ; Supériorité du tarif conventionnel ; Examen critique de
la clause dite de la nation la plus favorisée. — Histoire de la politique douanière ; *A.* Angleterre ; *B.* États-
Unis ; *C.* Zollverein ; *D.* France ; 1o L'industrie avant
1860 ; 2o Agriculture, système de l'échelle mobile ;
3o Marine depuis Colbert ; Le pacte colonial ; Réformes douanières à partir de 1860 ; Les traités ; En-

quêtes de 1860, 1870, 1878. — Questions de politique douanière contemporaine : Nécessité d'un nouveau tarif ; Question de renouvellement des traités ; La politique douanière des autres États : Italie, Espagne, Russie, États-Unis, Allemagne ; Le traité de Francfort ; Les rivalités industrielles de la France ; L'Angleterre et ses exportations ; Décentralisation industrielle ; États-Unis ; Situation industrielle de la France ; Statistique du commerce extérieur ; Situation des principales industries ; La marine marchande, sa décadence ; Les surtaxes de pavillon et les primes à l'armement.

§ 2. *Conférence de Pandectes.*

(M. Accarias, professeur.)

Année 1877-1878

263. — Gaius, IV, §§ 39, 40, 41, 42, 43, 45, 46, 48, 49, 50, 51, 52, 106, 107, 108, 116, 118, 119, 121, 122, 123, 124, 125, 131, 133.
Fragmenta Vaticana, § 310.

Pandectes.

De dolo malo (IV, 3), L. 1, § 2. — *De condictione indebiti* (XII, 6), L. 40, pr. — *Pro socio* (XVII, 2), L. 63, §§ 1, 5. — *De actionibus empti et venditi* (XIX, 1), L. 28. — *De præscriptis verbis* (XIX, 5), L. 11. — *De pignoribus et hypothecis* (XX, 1), L. 3, pr., § 1. — *De donationibus* (XXXV, 4), L. 33, pr., § 3. — *De re judicata* (XLII, 1), L. 19, pr., § 1 ; L. 20. — *De exceptionibus, præscriptionibus,* etc. (XLIV, 1), L. 7, pr., § 1 ; L. 22, pr. — *De exceptione rei judicatæ* (XLIV, 2), L. 7, § 4 ; L. 11, §§ 4, 5, 7 ; L. 14, § 2 ; L. 21, § 3. — *De doli mali et me-*

tus exceptione (XLIV, 4), L. 2, §§ 1, 2, 5 ; L. 4, pr., §§ 16, 17, 18, 23, 28, 29, 33; L. 5, pr., §§ 1, 6. *De diversis regulis juris* (L, 17), L. 173.

CODE JUSTINIEN.

Sententiam rescindi non posse (VII, 51), L. 2.

ANNÉE 1878-1879

264. — Gaius, III, §§ 115, 116, 119, 120, 121, 122, 123, 124, 125, 156.

PANDECTES.

De dolo malo (IV, 3), L. 19. — *De minoribus* (IV, 4), L. 13, pr. — *De condictione indebiti* (XII, 6), L. 32, § 1. — *De pecunia constituta* (XIII, 5), L. 1, § 5; — L. 5, § 2 ; — L. 11, pr., § 1; — L. 19, pr. — *De senatusconsulto Macedoniano* (XIV, 6), L. 18. — *De peculio* (XV, 1), L. 3, §§ 5 et 9. — *Mandati* (XVII, 1), L. 10, § 12; — L. 29, pr., §§ 1, 2, 3, 4, 6; — L. 33. — *Locati conducti* (XIX, 2). L. 54, pr. — *De separationibus* (XLII, 6), L. 3, pr. — *De diversis temporalibus exceptionibus*, etc. (XLIV, 3), L. 4. — *De verborum obligationibus* (XLV, 1), L. 116; — L. 132, § 1. — *De stipulatione servorum* (XLV, 3), L. 25. — *De fidejussoribus et mandatoribus* (XLVI, 1), L. 3; — L. 8, §§ 7, 8; — L. 10, § 1; — L. 15, pr., § 1; — L. 16, pr., § 6; — L. 18; — L. 19; L. 20; L. 21, §§ 2, 5; — L. 27, pr., §§ 2, 3, 4; — L. 31; — L. 34; — L. 36; — L. 38, pr.; — L. 39; — L. 42; — L. 47, pr., § 1; — L. 48, pr., § 1; — L. 49, §§ 1 et 2; — L. 51 ; §§ 1, 2, 3, 4, 5;

— L. 52, § 1 ; — L. 56, §§ 1, 2 ; — L. 61 ;
— L. 63 ; — L. 65 ; — L. 69 ; — L. 70, pr.,
§§ 1, 2, 4, 5 ; — L. 72 ; — L. 73. — *De solutionibus* (XLVI, 3), L. 34, § 8 ; — L. 38, § 5 ; —
L. 71, § 3 ; — L. 95, §§ 4, 11, 12. — *De acceptilatione* (XLVI, 4), L. 13, §§ 7, 8, 9. — *Rem pupilli salvam fore* (XLVI, 6), L. 12.

Code Justinien.

De constituta pecunia (IV, 18), L. 3. — *Mandati* (IV, 35), L. 10, — *De fidejussoribus tutorum* (V, 57), L. 2. — *De fidejussoribus et mandatoribus* (VIII, 41) ; — L. 2 ; — L. 3 ; — L. 11 ; —
— L. 14 ; — L. 25 ; — L. 28.

§ 3. *Cours de droit des gens.*

(M. L. Renault, agrégé, chargé du cours.)

I. — DES PERSONNES

265. — *A*. ETAT.
Caractères constitutifs. — Formes diverses (état simple, état composé, union personnelle ou réelle, confédération). — Souveraineté intérieure et extérieure. — Modification de la souveraineté (Etats mi-souverains, protectorat). — Origine et transformation des Etats. — Reconnaissance d'un nouvel Etat, règle, applications (Etats-Unis de l'Amérique du Nord, républiques de l'Amérique du Sud, Italie, guerre de la sécession américaine). — Conséquences de la constitution d'un nouvel Etat spécialement sur les dettes de l'ancien Etat et les traités conclus par lui. — Théorie des nationalités. Doctrines et faits. — Revue des principaux Etats au point de vue international (faits et traités qui les ont constitués. — Organes de la souveraineté extérieure : droit de conclure des traités, de faire la guerre, la paix).

Fʀᴀɴᴄᴇ. — Constitution territoriale (traités des Pyrénées, de 1814 et 1815, de 1860 et de 1871). — Analyse des diverses constitutions en ce qui touche l'exercice de la souveraineté extérieure. — Situation particulière de Monaco, Andorre, Tahiti et divers Etats protégés.

Bᴇʟɢɪǫᴜᴇ. — Traités de 1831, 1839, 1870. — Pᴀʏs-Bᴀs ᴇᴛ Lᴜxᴇᴍʙᴏᴜʀɢ. — Traité de 1867. — Gʀᴀɴᴅᴇ-Bʀᴇᴛᴀɢɴᴇ. — Iᴛᴀʟɪᴇ. — Saint-Marin. — Dᴀɴᴇᴍᴀʀᴋ. — Sᴜᴇᴅᴇ ᴇᴛ Nᴏʀᴡᴇ̀ɢᴇ. — Gʀᴇ̀ᴄᴇ. — Iles Ioniennes. — Aᴜᴛʀɪᴄʜᴇ-Hᴏɴɢʀɪᴇ. — Rᴜssɪᴇ. — Tᴜʀǫᴜɪᴇ. — Situation spéciale : Traités de Paris, de San-Stefano et de Berlin. — Convention relative à Chypre. — Bulgarie et Roumélie orientale. — Eɢʏᴘᴛᴇ ᴇᴛ Tᴜɴɪs. — Rᴏᴜᴍᴀɴɪᴇ. — Traités de 1856, 1858 ; Traité de Berlin. — Sᴇʀʙɪᴇ ᴇᴛ Mᴏɴᴛᴇ́ɴᴇ́ɢʀᴏ.

Confédérations : — Eᴛᴀᴛs-Uɴɪs. — Sᴜɪssᴇ. — Pacte de 1815, Constitutions de 1848 et de 1874. — Aʟʟᴇ-ᴍᴀɢɴᴇ. — Confédération germanique de 1815. — Confédération de l'Allemagne du Nord. — Empire d'Allemagne. — Zollverein.

REPRÉSENTANTS DES ÉTATS

a) Souverains. — Titres et prérogatives. — *b)* Agents diplomatiques. — Diplomatie. — Idée générale des relations diplomatiques. — Forme des communications et négociations. — Conférences et congrès. — Personnel diplomatique (ministère des affaires étrangères, envoyés). — Agents diplomatiques proprement dits. — Classes. — Immunités.

Situation internationale de la papauté. — Concordats. — Nonces. — Loi italienne des garanties.

DROITS ET DEVOIRS DES ÉTATS

Souveraineté, égalité, indépendance, commerce mutuel. — Servitudes internationales. — Neutralité perpétuelle. — Intervention. — Idée générale. — Théories diverses. — Principaux faits au dix-neuvième siècle: Sainte-Alliance, pentarchie européenne, guerre d'Es-

pagne. — L'Espagne et ses colonies — Doctrine Monroë.
— Affaires de Belgique. — Intervention dans les affaires
de l'empire ottoman (Affaires de Grèce. Question d'O-
rient en 1840. Traité de 1856. Expédition de Syrie.
Insurrection de Candie. Insurrection de l'Herzégovine.
Conférence de Constantinople. — Traités de San-Stefano et de Berlin. — Convention anglo-turque).

CONFLITS DE SOUVERAINETÉ EN MATIÈRE DE DROIT CRIMINEL

Etendue d'application de la loi pénale. — Législation
française et législations étrangères (Belgique, Allemagne, Angleterre, Hongrie). — Assistance réciproque
des Etats en matière de justice criminelle. — Applications diverses. — Extradition. — Idée générale. — Historique. Législation et traités. — *a*) Conditions auxquelles l'extradition est accordée en ce qui touche les
personnes et les faits. — *b*) Formes de l'extradition
pour l'Etat requérant et pour l'Etat requis. — *c*) Effets
de l'extradition. — Appendice. — De l'extradition en
Belgique, en Angleterre et aux Etats-Unis.

**CONFLITS DE SOUVERAINETÉ EN MATIÈRE DE DROIT PRIVÉ
OU DROIT INTERNATIONAL PRIVÉ**

Historique — Théorie des statuts. — Théories mo-
dernes. Rôle des lois et des traités. — Application
des principes aux principales matières.
1. Etat et capacité de la personne. — 2. Biens. —
3. Conventions et obligations. — 4. Rapports de famille. — 5. Successions *ab intestat*, donations entre-
vifs ou testamentaires. — 6. *a*) Compétence judiciaire
à l'égard des étrangers. — *b*) Effet des jugements rendus par les tribunaux étrangers.
B. INDIVIDU.
Ses droits. — Question de l'esclavage au point de vue
international. — Traite des nègres. — Moyens employés pour la réprimer. Conventions internationales.
— *De la nationalité.* — Importance de la distinction des
nationaux et des étrangers. — Diversité des législa-

tions sur la nationalité d'origine et la naturalisation.
— Conflits qui en résultent. — Conventions destinées
à les prévenir. — Conséquences d'un démembrement
de territoire sur la nationalité des habitants. — Etude
spéciale des traités de 1814 et 1815, 1860, 1871.

Rapports de l'Etat : — 1° Avec ses nationaux à l'étranger. — Autorité et protection. — Emigration. —
2° Avec les étrangers sur son territoire. — Admission.
— Asile.— Expulsion. — Extradition. — Condition des
étrangers au point de vue du droit public et privé. —
Traités d'établissement. — Situation des étrangers en
Turquie. — Capitulations. — Réforme judiciaire en
Egypte. — Des étrangers dans l'extrême Orient (Chine
et Japon).

II. — DES BIENS

TERRITOIRE. — Limites. — Conventions ayant pour
but de les fixer. — Modes d'acquisition. — Occupation
de territoires inhabités. — DE LA MER. — Liberté.
Historique. Conséquences. Droit de visite. — Traite
et piraterie. — *Détroits.* Dardanelles et Bosphore. —
Le Sund. — Canal de Suez. Projets de *neutralisation.*
— Mer territoriale. — *Des navires.* — Nationalité. —
Navires en pleine mer ou dans les eaux territoriales
étrangères. — Navires de guerre et navires de commerce.—Cérémonial maritime.— DES FLEUVES ET DES
RIVIÈRES. — Règles générales. — Acte final du congrès
de Vienne. — Rhin. — Escaut. — Elbe. — Pô. — Danube.

III. — DES OBLIGATIONS ET DES RAPPORTS CONVENTIONNELS

TRAITÉS. — Caractère obligatoire. — Négociation et
conclusion. — Ratification. — Droit de conclure des
traités.— Capacité de les conclure, de les ratifier et de
les mettre à exécution au point de vue constitutionnel. — Etude de la question en France, en Grande-
Bretagne, aux Etats-Unis, en Suisse et en Allemagne.

—Garantie des traités. — Durée. — Abrogation. — Objets divers des traités : politiques, économiques, administratifs. — Etude spéciale de quelques matières réglées par des traités : — Propriété littéraire. — Propriété industrielle. — Postes et télégraphes. — Chemins de fer. — Monnaies. — Poids et mesures.

Des Consulats. — Historique de l'institution. — Personnel consulaire. — Patente et *exequatur.* — Prérogatives des consuls. — Attributions administratives : rapports avec la marine militaire et la marine marchande; administration des successions. — Fonctions relatives à l'état civil. — Fonctions notariales. — Des consuls en Orient. — Prérogatives. — Juridiction civile et criminelle.

IV. — LITIGES INTERNATIONAUX

Solutions pacifiques. — Négociations directes. — Commissions internationales. — Médiation. — Conférences et congrès. — Arbitrage international. — Principales applications. — Historique détaillé de l'affaire de l'*Alabama.* — Mouvement dans les parlements et dans l'opinion publique depuis 1872. — *Solutions violentes.* — Représailles. — Embargo.

DE LA GUERRE. — Quand y a-t-il guerre? — Rébellion, guerre civile. — *Déclaration de guerre.* — Formes. — Effets immédiats : situation des sujets respectifs (expulsion, commerce avec l'ennemi); — traités. *Des opérations de la guerre.* — Tentative de réglementation internationale. — Conférence de Bruxelles de 1874. — Quels sont les belligérants ? Francs-tireurs. — Moyens d'attaque et de défense. — Surprises et stratagèmes. — Espionnage. — Sièges. — Bombardements. — Traitement des ennemis : prisonniers, blessés (convention de Genève). — *Rapports entre belligérants* — Parlementaires. — Conventions diverses ou cartels (suspension d'armes, armistice, capitulation, etc.). — *De l'occupation* et de ses effets sur les personnes, sur les biens de l'Etat ou des particuliers. — Réquisitions, et contributions.

DE LA GUERRE MARITIME. — Différence avec la guerre continentale. — Du sort de la propriété privée. — De la course. Historique. Abolition.

DE LA NEUTRALITÉ. — Idées générales. — Caractères divers que peut avoir la neutralité. — Droits et devoirs des neutres sur terre et sur mer. — Commerce avec l'ennemi. — Contrebande de guerre. Blocus. — Droit de visite. — Jugement des prises. — *Fin de la guerre.* — Traité de paix. — Clauses ordinaires.

§ 4. *Cours de droit coutumier.*

(M. CHAMBELLAN, professeur.)

266. — Le professeur expose — et il compare, quand il y a lieu, aux principes et aux règles posés dans le Code civil — les principes et les règles de Droit privé admis autrefois dans nos pays de coutumes, et dont les origines se trouvent dans le Droit romain, les coutumes germaniques, le Droit canonique, les institutions féodales, les usages et statuts provinciaux et municipaux : — principes et règles constatés, du treizième au seizième siècle, dans les écrits des coutumiers, les décisions judiciaires, le texte des coutumes ; — sensiblement modifiés durant les trois derniers siècles, et rapprochés autant que possible des données du Droit romain, par les Ordonnances de nos Rois, la jurisprudence des Parlements, les travaux des jurisconsultes.

ORDRE DES MATIÈRES

I. — DES PERSONNES

A. *De la jouissance et de la privation des droits civils.*

1. De la qualité de Français : comment elle s'acquiert, comment elle se perd. — 2. De la condition

civile des étrangers en France. — 3. De la sphère d'action des coutumes : Statut personnel, statut réel, statut mixte. — 4. Du domicile et de ses effets légaux sur l'état et la capacité des personnes. — 5. Des Français privilégiés au point de vue de la jouissance des droits civils : Clercs, Nobles, Bourgeois. — 6. Des individus ne jouissant pas des droits civils : 1º Absolument : Personnes ayant renoncé pour toujours au monde, Religieux profès de l'un et de l'autre sexe ; Individus condamnés à une peine capitale, Morts civilement ; — 2º Partiellement, à raison : de leur sexe, Femmes ; du vice de leur naissance, Bâtards ; de leur condition sociale, Serfs ; de leur religion, Juifs et Protestants, de condamnations judiciaires, Infâmes. — 7. Des personnes n'ayant pas le plein exercice des droits civils : femmes mariées, mineurs, prodigues, fous. — 1º Incapacité légale de la femme mariée. — 2º Incapacité légale du mineur. — Garde, tutelle, curatelle des mineurs. — Emancipation. — Majorité : roturière, féodale, pleine. — 3º Incapacité légale, interdiction et curatelle des prodigues et des fous. — 8. Action en nullité ou en rescision des actes faits par des incapables.

B. *Du mariage et de ses effets civils.*

9. Du mariage, considéré à la fois comme Contrat civil et comme Sacrement. — Intervention combinée du Droit civil et du Droit canonique dans la réglementation de la matière du mariage, notamment en ce qui concerne : 1º les Empêchements de mariage et les Dispenses ; 2º la Célébration du mariage ; 3º le jugement des Oppositions et celui des demandes en Cassation ou en Réhabilitation ; 4º le relâchement judiciaire du lien conjugal par la Séparation judiciaire d'habitation — 10. Effets civils du mariage. — 1º Obligations qui naissent du mariage ; — 2º Légitimation des enfants nés du commerce des deux époux antérieurement au mariage ; — 3º Puissance maritale ; — 4º Présomption légale de légitimité des enfants nés,

ou tout au moins conçus, pendant le mariage ; — 5º Puissance paternelle.

C. *Des personnes juridiques.*

11. 1º L'Etat (la Couronne) ; — 2º Les Communautés d'habitants ; — 3º Les corporations ; — 4º Les communautés religieuses et les établissements d'utilité publique ; — 5º Les communautés serviles.

II. — DES BIENS

A. *Distinction des biens.*

12. 1º *En eux-mêmes*, selon leur nature ou leur objet : Meubles, Immeubles, Cateux. — *Meubles* : corporels ; incorporels ; rentes constituées (dans certaines coutumes), créances et cédules. — *Immeubles réels* : 1º par leur nature ; 2º par leur objet. — *Immeubles fictifs* : 1º meubles corporels immobilisés ; 2º offices ; 3º rentes foncières (partout) ; 4º rentes constituées (dans la grande maiorité des coutumes). — 13. 2º *Au point de vue du droit féodal* : Immeubles engagés dans les relations seigneuriales : Fiefs, Censives. — Immeubles libres de toute relation seigneuriale : Alleux : franc-alleu, alleu noble. — 14. 3º *Au point de vue des droits de famille* : Immeubles acquêts, immeubles propres. — 15 *De la différence du régime juridique entre les meubles et les immeubles, particulièrement au point de vue* : 1º De la coutume qui les régissait ; — 2º De la possession et des actions possessoires ; — 3º Des formes et conditions du transport de la propriété entre-vifs, soit à titre onéreux, soit à titre gratuit ; — 4º De la prescription à l'effet d'acquérir ; — 5º Des sûretés des créanciers : Gage, vif et mort ; Antichrèse ; Hypothèques ; — 6º Des voies d'exécution : Saisies et Criées ; 7º De la prescription extinctive et libératoire.

B. *De la propriété foncière et de ses démembrements.*

16. *Tenures foncières perpétuelles :* 1º Tenure en fief : Seigneurie directe féodale, Seigneurie utile ; — 2 Tenure en censive : Seigneurie directe censière, domaine utile ; — 3º Bail à rente ; — 4º Emphytéose ; 5º Locatairie perpétuelle. — 17. *Tenures à temps :* 1º Bail à court terme ; — 2º Bail à long terme ; —3ºBail à vie ; —4º Bail emphytéotique. — 18. *Tenure perpétuelle, avec faculté de résolution pour le concédant :* Bail à domaine congéable. — 19. Usufruit. — 20. Servitudes prédiales. — 21. *Biens des personnes juridiques :* — 1º Domaine de la Couronne ; — 2º Domaines engagés ; — 3º Biens d'Eglise ; — 4º Biens des communautés d'habitants, des corporations, des communautés religieuses, des établissements d'utilité publique, des communautés serviles.

C. *De la transmission des biens à titre gratuit.*

22. Donations : 1º entre-vifs ; 2º à cause de mort. — 23. Successions : 1º légitimes ; 2º irrégulières. — 24. Testaments ; Substitutions. — 25. Pactes successoraux : renonciation à succession future ; institution contractuelle d'héritier.

D. *Des droits de famille sur les biens.*

26. Jouissance légale des père et mère. — 27. Bail des biens nobles appartenant à des mineurs. — 28. Droit des héritiers présomptifs d'une personne absente, de se faire envoyer en possession de ses biens. — 29. Retrait lignager. — 30. Légitime des enfants. — Réserve coutumière des lignagers. — Légitime coutumière.

E. *Du régime des biens entre époux.*

31. Communauté légale. — 32. Communauté conventionnelle. — 33. Continuation de communauté. —

34. Des régimes de non-communauté et de séparation de biens. — 35. Des coutumes d'exception : coutume de Reims; coutume de Normandie, dotalité normande; — 36. Douaire : 1° De la femme ; 2° des enfants. — 37. Préciput légal du survivant de deux conjoints nobles, communs en biens. — 38. Usufruit légal du survivant de deux époux communs en biens sur la part des conquêts recueillie par les enfants du mariage dans la succession du prédécédé, au cas où ces enfants décèdent sans postérité. — 39. Régime particulier des donations entre époux. — Don mutuel. — Edit des secondes noces. —40. Droit de succession du conjoint survivant.

Le programme général ci-dessus ne pouvant pas être développé en entier dans un cours annal de soixante leçons, chaque examen porte exclusivement sur les matières qui ont été expliquées durant l'année scolaire pendant laquelle l'étudiant a suivi le cours.

§ 5. *Cours d'histoire du droit romain et du droit français.*

(M. DE VALROGER, professeur.)

§ 1. *Gaule celtique.*

267. — Gaule indépendante. — Rome conquiert la Narbonnaise; César conquiert la Gaule chevelue. — Etat de la Gaule au temps de César.

§ 2. *Gaule romaine.*

I. — L'Empire dans sa grandeur. — Constitution politique. — Organisation du gouvernement central.— Unification du monde romain. — Régime provincial; Conventus de Lyon. Régime municipal. — Corps de métiers. — Les campagnes. — Système militaire. — Régime financier, — La justice. — Le droit romain en Gaule.

II. — Décadence de l'Empire. Ses causes. — Réorganisation de l'Empire par Dioclétien et Constantin.
Les deux empires d'Orient et d'Occident ; Leurs rapports. — L'Empire d'Occident d'après la *Notitia*. — Le Code Théodosien et ses Novelles.—Etat financier. — Les villes. — Les campagnes. — Remèdes impuissants. — Etat des personnes et des terres aux temps voisins de la chute de l'Empire.

§ 3. *Le Christianisme.*

Les persécutions au point de vue légal. — Constantin proclame la liberté des cultes. — Théodose décrète l'unité religieuse. — Constitution primitive de l'Eglise, selon les catholiques, selon les protestants.— Premiers monuments du droit canonique.— Rapports de l'Eglise avec l'Etat. — Juridiction ecclésiastique.

§ 4. *Les Barbares.*

Rome et les *Germains*. — Les grandes invasions.— Etablissement des Visigoths dans la Gaule ; Code Visigoth ; *Breviarium* d'Alaric. — Etablissement des Burgondes ; Loi Gombette ; Le Papien.
Fin de l'Empire d'Occident.

§ 5. *La Monarchie franque.*

I. — Etablissement de la monarchie franque. — Controverses sur son caractère et ses suites. — Conquêtes ultérieures des princes francs. — Charlemagne ; Nouvel Empire d'Occident.
II.— Monuments du droit de la monarchie franque. — Capitulaires. — Lois des différents peuples germains sujets des princes francs. — Le droit romain dans la Gaule franque, — Monuments de la pratique.
III. — Constitution politique. — Royauté. — Empire. — Champs de mars et de mai. — Organisation administrative, Comtés, Centaines, Vicomtés. — Du-

chés. — *Missi dominici.* — Que devint le régime municipal? — Chartes d'immunité.

IV. — L'Eglise dans la monarchie franque. — Droit canonique. Recueil de Denys le Petit. Les fausses décrétales. — Juridiction ecclésiastique.

V. — La justice laïque. — Personnalité primitive du droit. — Formation de coutumes locales.

VI. — Le droit coutumier dans son premier âge. — *A.* — Etat des personnes. — Esclaves. — Serfs de la glèbe. — Clients. — Antrustions, *Vassi.* — Etat des terres. Formation de la censive et du fief. — L'aleu.

B. — Institutions de famille. Autorité domestique. — Droit matrimonial. — Droit successoral. — VII. — Droit criminel. — *Faida.* — Compositions. — La pénalité afflictive. — VIII. — Procédure. — Preuve judiciaire. — Cojureurs. Ordalies. — Combat.

§ 6. *France féodale.*

I. — Démembrement de la monarchie franque par le traité de Verdun. Formation d'un royaume de France. — Règne fatal de Charles le Chauve. Constitution de la grande féodalité par l'hérédité des offices.

II. — Grandeur croissante de la famille capétienne. Avènement de Hugues Capet.

III. — Aperçu de l'état de la France aux dixième et onzième siècles.

IV. — Renaissance des douzième et treizième siècles. — 1. Emancipation des villes. — 2. Restauration du droit romain. — En Italie. — En France. — 3. Relèvement de la royauté.

V. — La France au treizième siècle. — Domaine royal. — Pays *hors l'obéissance du roi.* Grands feudataires quasi-souverains. — Formes de gouvernement. — Armée. — Finances. — Prévôts. — Baillis ou sénéchaux. — Conseil. — Parlement.

VI. — Le droit coutumier dans son second âge. — *A.* — Ses monuments : Chartes. — Décisions judiciaires. — Coutumiers. — Monuments du droit des pays voisins et des Etats fondés en Orient par les croisa

XIV. — Procédure civile. — Styles. — Articles épars dans les ordonnances. — Ordonnance de 1667.

XV. — Droit commercial. — Juridiction des foires. — Justice consulaire. — Origines italiennes de notre droit commercial. — Ordonnance de 1673.

Droit maritime.—Juridiction de l'amirauté.— Monuments du droit maritime. Droit rhodien. — Consulat de la mer. — Rôles d'Oléron. — Droit de Wisby. — Ordonnance de 1681.

XVI. — Droit criminel. — Point de Code pénal. — En quel sens les peines étaient arbitraires. — Procédure criminelle. — Ordonnances de 1539, de 1670. — Mouvement d'idées suscité par le livre de Beccaria.— Abolition de la torture.

XVII. — Enseignement du droit. — Les universités. — Edit de 1679. — Objets de l'enseignement. — 1. Droit canonique. — Autorité du *Corpus juris canonici* limitée par la discipline gallicane. — 2. Droit romain. — Ecole scolastique. — Ecole historique du XVIe siècle. — Droit français, enseigné seulement depuis l'édit de 1679.

Le professorat. — Les études. — Les grades.

XVIII. — Les grands jurisconsultes français.

N. B. Dans l'impossibilité d'approfondir en une année toutes les parties de ce programme, le professeur insiste particulièrement tantôt sur telle ou telle époque, tantôt sur tel ou tel ordre d'institutions; et il esquisse le reste, de manière à donner toujours une vue générale de l'ensemble.

—

SECTION II

COURS SPÉCIAUX FACULTATIFS

268. — Les cours spéciaux facultatifs sont : 1º le cours de droit constitutionnel; — le cours de droit commercial et industriel.

§ 1ᵉʳ. *Cours de droit constitutionnel.*

(M. Ch. LEFEBVRE, agrégé, chargé du cours.)

(1878-1879)

OBJET DU COURS :

HISTOIRE DES CONSTITUTIONS FRANÇAISES

(1789-1879)

I. — CONSTITUTION DE 1791

269. — Section I. — Travaux préparatoires. — Les deux premiers Comités de Constitution et le Comité de Révision. — Déclaration des Droits du 26 août 1789, — Loi d'organisation des Pouvoirs publics et principales lois constitutionnelles. — Le roi étranger à la discussion de la Constitution. — Section II. — Analyse de la Constitution de 1791. — § 1. Déclaration des droits et principes de 1789. — Principe de la Souveraineté du peuple. — Théories antérieures de Bossuet et de Jean-Jacques Rousseau. — Egalité devant la loi. — Inviolabilité de la propriété. — Libertés diverses. — Liberté individuelle. — Liberté du travail et de l'industrie, de conscience, des cultes et d'enseignement. — Liberté de la presse. — De réunion et d'association. — De pétition. — Notion, réglementation. application de ces principes d'après les lois de la Constituante. — § 2. Organisation des pouvoirs publics. — Plan de Mounier. — Exposition de ce plan. — Son rejet.

Principes de la Délégation et de la séparation des Pouvoirs :

1º Organisation du Pouvoir législatif. — Unité, indépendance, garanties de l'Assemblée. — Système électoral. — 2º Organisation du Pouvoir exécutif. — Système de la monarchie déléguée. — 3º Attributions respectives des deux Pouvoirs. — Initiative et vote des lois. — Sanction royale. — Droit de paix et de guerre. — Droits du Roi et de l'Assemblée à l'égard des Corps administratifs. — 4° Organisation du ministère et rôle des ministres dans la Constitution de 1791. — 5° Organisation du Pouvoir judiciaire. — Haute Cour nationale de justice. — § 3. Règles pour la révision de la Constitution. — Section III. — Histoire et fin de la Constitution de 1791. Appréciations diverses sur cette Constitution.

II. — CONSTITUTION DE 1793

Section I. — Travaux préparatoires. Projet de Constitution girondine. — Discussion et vote de la Constitution de 1793. — Section II. — Analyse de cette Constitution. — § 1. Déclaration des droits. — Traits particuliers de cette déclaration, —§ 2. Organisation des Pouvoirs publics. — 1° Souveraineté du peuple directement exercée. — Rôle des assemblées primaires. — 2° Corps législatif. — Unité d'Assemblée. — Son organisation, ses attributions. — Système électoral. — 3° Conseil exécutif, — Organisation. — Attributions. — Relations avec le Corps législatif. — 4° Justice civile et criminelle. — § 3. Règles posées pour la révision. — Section III. — Chute de la Constitution de 1793. — Ratification par le peuple et suspension immédiate. — Organisation du gouvernement révolutionnaire. — Principes de cette organisation.

III. — CONSTITUTION DE L'AN III

Section I. — Travaux préparatoires. — Décret du 13 fructidor sur la réélection des deux tiers. — Ratification par le peuple. — Section II. — Analyse de la Constitution de l'an III. — § 1. Déclaration des Droits et des Devoirs. — Caractères de cette Déclaration. — § 2. Organisation des Pouvoirs publics. — Principe de la Souveraineté. — Droits politiques et système électoral. — 1° Pouvoir législatif. — Division des deux

Chambres. — Organisation et attributions des deux Conseils. — Indépendance et garanties des Assemblées. — Renouvellement partiel. — 2° Pouvoir exécutif. — Organisation du Directoire. — Élection. — Renouvellement. — Attributions du Directoire. — Rôle des ministres. — Relations du Directoire avec les Conseils. — 3° Pouvoir judiciaire. — Haute Cour de justice. — § 3. Révision de la Constitution. — Section III. — Histoire et fin de la Constitution de l'an III. — 18 Fructidor an V. — 22 Floréal an VI. — 18 Brumaire an VIII. — Appréciations diverses sur la Constitution de l'an III.

IV. — CONSTITUTION DE L'AN VIII

Section I. — Travaux préparatoires. — Discours de Sieyès à la Convention en l'an III. — Plan de Sieyès pour la Constitution de l'an VIII. — Section II. — Analyse de la Constitution de l'an VIII. — § 1. Organisation des pouvoirs publics. — 1° Système électoral. — Listes de confiance. — 2° Sénat conservateur. — Organisation et attributions. — 3° Tribunat et Corps législatif. — Organisation et attributions. — 4° Pouvoir exécutif. — Rôle prépondérant du Premier Consul. — 5° Pouvoir judiciaire. — Section III. — Modifications apportées à la Constitution de l'an VIII. — Sénatus-Consulte du 22 ventôse an X pour le renouvellement du Corps législatif et du Tribunat. — Plébiscite et Sénatus-Consulte de thermidor an X. — Le Consulat à vie. — Plébiscite et Sénatus-Consulte de floréal an XII. — L'Empire. — Sénatus-Consulte du 19 août 1807. — Suppression du Tribunat. — Section IV. — Droits publics reconnus par la Constitution de l'an VIII. — Application des principes du Droit public pendant la période du Consulat et de l'Empire.

V. — HISTOIRE CONSTITUTIONNELLE DE 1814 A 1815

Constitution préparée par le Sénat. — 6 avril 1814. — Déclaration de Saint-Ouen du 2 mai 1814. —

Charte royale du 4 juin 1814. — Les Cent-Jours. — Acte additionnel du 22 avril 1815. — Caractères généraux de l'Acte additionnel. — Constitution élaborée par les Chambres des Cent-Jours. — Juillet 1815. — Rétablissement de la Charte.

VI. — CHARTE DE 1814

Section I. — Travaux préparatoires. — Section II. — Organisation des pouvoirs publics. — Esprit originaire de la Charte. — Rôle prépondérant du roi. — — Rôle des ministres. — Chambre des Pairs et Chambre des Députés. — Organisation et attributions. — Section III. — Développement du système de la Charte. — § 1. Législation. — Ordonnances pour l'organisation de la Pairie. — Chambre des Députés. — Loi électorale du 5 février 1817. — Loi du double vote du 18 juin 1820. — Loi du 9 juin 1826. — Renouvellement intégral et septennalité. — § 2. Coutume parlementaire. — Usage des Amendements. — Adresses. — Pétitions. — Le Ministère et les Chambres. — Question du régime parlementaire en 1816 et en 1830.

§ 3. Doctrine constitutionnelle. — Théorie de la Monarchie constitutionnelle, suivant Benjamin Constant. — Opinions diverses sur le principe de la Souveraineté.

VII. — CHARTE DE 1830

Section I. — Révolution de 1830 et révision de la Charte. — Section II. — Développement du système de la Charte. — § 1. Législation. — Loi électorale de 1831. — Suppression de l'hérédité de la Pairie (1831). — Loi de Régence (1842). — § 2 Coutume parlementaire. — Adresse. — Interpellations. — Enquêtes. — Pratique du régime parlementaire. — § 3. Doctrine constitutionnelle. — Idée de la Monarchie constitutionnelle et de la Souveraineté dans cette période. — — Section III. — Principes de Droit public et leur

application de 1814 à 1848. — Liberté de la Presse.
— Lois de 1819.

VIII. — CONSTITUTION DE 1848

Section I. — Application du Suffrage universel. —
Travaux préparatoires de la Constitution. — Section II. — Analyse de la Constitution de 1848. —
§ 1. Préambule. — Principes de Droit public. —
§ 2. Organisation des Pouvoirs publics. — 1° Pouvoir
législatif. — Unité et indépendance de l'Assemblée. —
Organisation et attributions. — 2° Pouvoir exécutif.
— Élection et attributions du Président de la République. — Rôle des Ministres. — 3° Pouvoir judiciaire.
— Haute Cour de justice. — § 3. Révision de la Constitution. — Section III. — Histoire et fin de la Constitution de 1848. — Loi du 31 mai 1850 sur le Droit
de suffrage.

IX. — CONSTITUTION DE 1852

Section I. — Proclamations de décembre 1851 et de
janvier 1852. — Retour au système de la Constitution
de l'an VIII. — Section II. — Analyse de la Constitution de 1852. — Organisation des Pouvoirs publics.
— Pouvoir exécutif. — Attributions. — Responsabilité
du Chef de l'Etat. — Suppression du régime parlementaire. — Sénat. — Organisation et attributions du
Sénat. — Corps législatif et Conseil d'Etat. — Section III. — Modifications à la Constitution de 1852. —
Sénatus-Consulte et Plébiscite de novembre 1852. —
L'Empire. — Sénatus-Consulte et Décrets qui étendent les attributions du Sénat et du Corps législatif.
— Section IV. — Plébiscite et Sénatus-Consulte de
mai 1870. — Caractères généraux. — Rétablissement
du régime parlementaire.

X. — HISTOIRE CONSTITUTIONNELLE DE 1870 A 1879

Section I. — Gouvernement de la Défense Nationale.
— Gouvernement de Monsieur Thiers. — Lois du

17 février 1871, du 31 août 1871 et du 13 mars 1873.
—Loi du 20 novembre 1873 confiant pour sept ans le Pouvoir Exécutif au maréchal de Mac Mahon. — Travaux préparatoires des Lois constitutionnelles de 1875. — Section II. — Analyse des Lois constitutionnelles de 1875. — Organisation des Pouvoirs publics. — I. — Pouvoir exécutif. — Organisation et attributions. — Rôle et responsabilité des Ministres. — II. — Pouvoir législatif. — Sénat. — Composition du Sénat. — Système électoral. — Renouvellement partiel. — Attributions du Sénat. — Chambre des Députés. — Système électoral, — Organisation et attributions de la Chambre des Députés — III. — Rapports des Pouvoirs publics. — IV. — Assemblée nationale. — Réunion et attributions de l'Assemblée nationale. — Nomination du Président de la République. — Révision de la Constitution.

§ 2. *Cours de droit commercial et industriel.*

(M. Ch. LYON-CAEN, agrégé, chargé du cours.)

Année scolaire 1878-1879

OBJET DU COURS :

LA LÉGISLATION DES CHEMINS DE FER

PREMIÈRE PARTIE

HISTORIQUE DU DÉVELOPPEMENT DU RÉSEAU DES CHEMINS DE FER FRANÇAIS

A. Période de 1823 à 1852.

270. — Gouvernement de la Restauration. — Premières concessions de chemins de fer. Leurs caractères généraux. Leur durée.

Gouvernement de Juillet. — Substitution du système

des concessions temporaires à celui des concessions perpétuelles. — Projets du ministère du 15 avril. — Discussions de 1837 et de 1838 à la Chambre des députés sur la construction et l'exploitation des chemins de fer par l'Etat ou par l'industrie privée. Rejet des deux projets du gouvernement. — Crise de 1839. — Loi du 11 juin 1842. — Plan général des grandes lignes du réseau. — Système des concessions *mixtes*. — Modification de la loi du 11 juin 1842 par la loi du 19 juillet 1845. — Courte durée d'un grand nombre de concessions. — Crise de 1847. — Républilque de 1848. — Aggravation de la crise. — Mise sous séquestre de plusieurs lignes. Rachat de la ligne de Paris à Lyon ; exploitation provisoire par l'Etat. — Proposition du gouvernement tendant à l'expropriation, au profit de l'Etat, de tous les chemins de fer.

B. *Période de 1852 à 1859.*

Second Empire. — Concessions de 99 ans. — Fusions. — Création des six grandes compagnies. — Adoption d'un modèle uniforme de cahier des charges. — Grand développement du réseau. — Concessions définitives et concessions éventuelles. — Concessions de 1857 faites sans le concours financier de l'Etat.

C. *Période de 1859 à 1879.*

Crise de 1858. — Conventions financières de 1859 avec les six grandes compagnies. — Système de la garantie d'intérêt. — Notions générales sur ce système. — Ancien et nouveau réseau. — Réseau spécial. — Revenu réservé, déversoir, clause du partage des bénéfices. — Modifications aux conventions financières de 1859 en 1863 et 1868. — Relèvement du crédit des six grandes compagnies. — Continuation constante du développement du réseau. — Compagnies secondaires. — Lignes décrétées et non concédées.

— Chemins de fer d'intérêt local. — Notions générales sur l'historique, le but de la loi du 12 juillet 1865 et ses principales dispositions. — Chemins de fer industriels. — Loi du 12 juillet 1865 (art. 8). — Grande distinction entre les chemins de fer d'intérêt local et les chemins de fer industriels.

République. — Traité de Francfort du 10 mai 1871. Loi du 17 juin 1873. Rachat à la compagnie de l'Est des lignes situées sur les territoires annexés à l'Allemagne. — Reprise du développement du réseau. — Principales concessions faites aux six grandes compagnies et à des compagnies secondaires. (Lois du 23 mars 1874, du 31 décembre 1875, etc.) — Loi du 14 juin 1878 autorisant le gouvernement à entreprendre des travaux de superstructure pour le compte de l'Etat. — Situation fâcheuse des compagnies secondaires et des compagnies d'intérêt local. — Loi du 18 mai 1878, sur le rachat de 2,615 kilomètres de chemins de fer. — Exploitation provisoire par l'Etat. (Arrêté ministériel du 25 mai 1878.) — Projets de grands travaux. — Projet de loi sur le classement des chemins de fer. — Projets de loi sur les chemins de fer d'intérêt local et sur les chemins de fer établis sur routes. — Questions législatives et économiques. — a. De la construction des chemins de fer par l'Etat ou par l'industrie privée. — b. De l'exploitation des chemins de fer par l'Etat ou par l'industrie privée. — c. La concentration des lignes ferrées entre les mains d'un petit nombre de compagnies puissantes vaut-elle mieux que leur diffusion entre un grand nombre de petites compagnies? De la concurrence en matière de chemins de fer.

SECONDE PARTIE

LOIS RELATIVES A L'ÉTABLISSEMENT DES CHEMINS DE FER

A. DE LA DÉCLARATION D'UTILITÉ PUBLIQUE

De l'autorité compétente pour déclarer l'utilité publique des chemins de fer. — Variations de la législalation (lois du 8 mars 1810, du 21 avril 1832, du 3 mai 1841). — Sénatus-consulte du 25 décembre 1852 (art. 12). — Loi du 12 juillet 1865. — Loi du 27 juillet 1870. — Législation actuelle. — Critiques de cette égislation. — Projets de réforme.

B. DES CONCESSIONS DE CHEMINS DE FER

§ 1. Des différents modes d'exécution des travaux publics. De la nature du contrat de concession.

§ 2. De l'autorité compétente pour faire les concessions de chemins de fer. — Distinction entre les chemins de fer d'intérêt général ou industriels et les chemins de fer d'intérêt local. — Chemins de fer d'intérêt général ou industriels. — L'autorité compétente pour faire la déclaration d'utilité publique l'est aussi pour faire la concession. — Chemins de fer d'intérêt local. — Pouvoirs respectifs du Conseil général et du préfet. — Réserve du droit de déclarer l'utilité publique au profit du gouvernement. Art. 46, § 12, de la loi du 10 août 1871 sur les Conseils généraux. Conflits entre le pouvoir central et les Conseils généraux. — Le gouvernement peut-il, quand une délibération d'un Conseil général, portant concession, n'a pas été attaquée et annulée dans les délais fixés par l'art. 47 de la loi du 10 août 1871, empêcher cette délibération de produire ses effets, en refusant de déclarer l'utilité publique ? — La déclaration d'utilité publique est-elle nécessaire, alors même que l'Etat n'accorde aucune subvention et que les terrains nécessaires à l'établissement d'une ligne d'intérêt local sont tous cédés à l'amiable ? — De l'impossibilité de donner une définition précise des chemins de fer d'intérêt local. Rejet des diverses définitions proposées. Utilité du projet de loi sur le classement des lignes d'intérêt général. Incorporation de lignes d'intérêt local dans le réseau d'intérêt général. Conséquences qui en résultent. Droits des départements ou des communes et des concessionnaires évincés.

§ 3. De la forme des concessions. — Des conces-

.sions directes ou de gré à gré et des concessions par voie d'adjudication publique. De l'objet du rabais dans les concessions de chemins de fer par adjudication. Restrictions apportées à la concurrence dans les adjudications de chemins de fer d'intérêt général. — Avantages et inconvénients de l'adjudication publique en matière de concessions de chemins de fer.

§ 4. A qui peuvent être faites les concessions. — Des compagnies concessionnaires. Des lois qui les régissent (art. 37 Code de commerce, loi du 24 juillet 1867). De la composition du capital des compagnies, spécialement des six grandes compagnies. Du capital-actions et du capital-obligations. Comparaison entre les actions et les obligations. Type généralement adopté pour les obligations de chemins de fer. Obligations à prime ; taux d'émission et capital nominal. Difficulté relative au taux de la collocation des obligations en cas de faillite de la compagnie débitrice. Question analogue en cas de rachat. Inconvénients de la disproportion entre le capital-actions et le capital-obligations. Abus et fraudes auxquels les émissions d'obligations ont donné lieu. Moyens employés ou proposés pour y remédier. Dispositions des décrets déclarant l'utilité publique des chemins de fer d'intérêt local.

§ 5. Des effets des concessions de chemins de fer et de leur durée. — Des droits et des obligations des concessionnaires. Distinction entre les concessions *complètes* et les concessions *mixtes*. De la double qualité des compagnies concessionnaires (entrepreneurs de travaux publics et entrepreneurs de transports) ; intérêt de la distinction au point de vue de la compétence, en cas de dommages causés à des tiers. — En quel sens les compagnies concessionnaires jouissent d'un monopole. — Peuvent-elles se livrer à un commerce ou à une industrie étrangère à l'exploitation de leurs lignes ? — De la cession des concessions. Nécessité d'une approbation. De quel pouvoir elle doit émaner. Des traités d'exploitation. De leurs différences avec les cessions de concessions. — De la nature du

droit des compagnies sur les lignes concédées. Jurisprudence administrative et judiciaire. Principales solutions pratiques consacrées par elle. Examen spécial
de la question de savoir si les chemins de fer peuvent
être grevés d'hypothèque. — De la durée des concessions. Historique. Avantages des longues concessions.
Effets de l'expiration des concessions; rapports de
l'Etat et des Compagnies. — Causes exceptionnelles
pouvant mettre fin aux concessions. De la déchéance
et de la mise sous séquestre. Du rachat. Du prix du
rachat. Art. 37 du cahier des charges et loi du 23 mars
1874. Principe de l'indivisibilité du rachat. Des principaux rachats opérés, spécialement des rachats effectués par la loi du 18 mai 1878. Des propositions de
rachat général. Etude de la question du rachat de tous
les chemins de fer. De l'exploitation par l'Etat, par l'industrie privée ou par des compagnies fermières. Notions générales sur la question du rachat dans les
principaux pays étrangers (Allemagne, Belgique, Italie).

§ 6. Des cahiers des charges. — De leur nature juridique. Des règles de compétence pour les contestations relatives aux clauses des cahiers des charges.
Les clauses du cahier des charges sont-elles sanction-
nées par les peines édictées par les art. 21 de la loi du
15 juillet 1845 et 79 de l'ordonnance du 15 novembre
1846?

§ 7. Des voies et moyens financiers employés pour
l'exécution des chemins de fer, soit d'intérêt général,
soit d'intérêt local.

Chemins de fer d'intérêt général. — Des conventions financières avec l'Etat. Du concours des départements et des communes. Des prêts ou avances, des
subventions en argent, des subventions en nature, du
système de la garantie d'intérêt. Motifs qui ont fait re-
jeter la prise d'actions par l'Etat. — Étude détaillée
des conventions financières entre l'Etat et les six
grandes compagnies relatives à la garantie d'intérêt.
Conventions de 1859, de 1863, de 1869 et de 1875.
Revenu réservé, déversoir, clause du partage des bénéfices. Des résultats du système de la garantie d'in-

térêt. Appréciation critique de ses avantages et de ses inconvénients. Du contrôle de la gestion financière des six grandes compagnies. — Chemins de fer d'intérêt local. — Concours financier de l'Etat, des départements et des communes (L. 12 juillet 1865, art. 3, 5 et 6). Système proposé par le nouveau projet de loi quant au concours financier de l'Etat.

C. DE L'EXPROPRIATION ET DE L'EXÉCUTION DES TRAVAUX DE CHEMINS DE FER

§ 1. Expropriation des terrains. Renvoi à la loi du 3 mai 1841. Application de cette loi à l'exclusion de la loi de 1836, sur les chemins vicinaux, même aux chemins de fer d'intérêt local. Motifs.

§ 2. Exécution des travaux. Système mixte de la loi de 1842. Système des concessions complètes. Questions de compétence.

§ 3. Contrôle et surveillance exercée par l'administration sur l'exécution des travaux. Distinction entre les lignes d'intérêt général et les lignes d'intérêt local.

D. DU CLASSEMENT DES CHEMINS DE FER DANS LA GRANDE VOIRIE

Classement des chemins de fer dans la grande voirie (L. 15 juillet 1845, art. 1) et dans le domaine public national, départemental ou communal. — Du régime des propriétés riveraines. Servitudes légales relatives aux chemins de fer. — Du bornage des chemins de fer. — Des impôts directs auxquels sont soumises les compagnies de chemins de fer.

TROISIÈME PARTIE

LOIS RELATIVES A L'EXPLOITATION DES CHEMINS DE FER

Grande distinction entre les chemins de fer exploités par des compagnies concessionnaires et les chemins de fer exploités par l'Etat.

I. — DE L'EXPLOITATION DES CHEMINS DE FER CONCÉDÉS A DES COMPAGNIES

§ 1. Règles générales sur le transport des marchandises et des personnes.

Des tarifs. Du principe de l'homologation. Du principe de l'égalité des tarifs. De l'autorité compétente pour homologuer les tarifs. Des pouvoirs du ministre des travaux publics ou du préfet et des droits des compagnies. — Des différentes espèces de tarifs. Du tarif maximum. — Des tarifs d'application. Tarifs généraux et spéciaux. Tarifs différentiels. Tarifs de transit. Tarifs d'exportation. Tarifs communs. Tarifs internationaux. — Caractère juridique des tarifs homologués. Contestations diverses relatives aux tarifs. Compétence judiciaire et administrative. — Traités particuliers et tarifs d'abonnement. Motifs de leur suppression. — Critiques dirigées contre les tarifs de chemins de fer. — Des frais accessoires (frais d'enregistrement, de magasinage, etc.). — Du factage, du camionnage, des traités de correspondance et de réexpédition. — Des obligations imposées aux compagnies dans l'intérêt de certains services publics.

§ 2. Du transport des marchandises par chemins de fer.

1. Des obligations des expéditeurs et des compagnies au départ. Déclarations d'expédition. Lettres de voiture. Récépissés. — Transports en port payé et en port dû. — Débours, transports contre remboursement. — De l'industrie du groupage.

2. Des obligations des compagnies quant aux délais de transport. — Distinction entre les délais d'expédition, de transport proprement dit et de livraison. Règles générales sur les délais.

3. Des obligations des compagnies et des destinataires à l'arrivée. — De l'obligation de donner avis de l'arrivée au destinataire. Existe-t-elle pour les marchandises livrables en gare ? — Obligations du desti-

nataire de prendre livraison des marchandises livrables en gare, de payer les droits de magasinage. Du factage ou du camionnage d'office.

4. De la responsabilité des compagnies en cas de perte ou d'avaries des marchandises et en cas de retard dans le transport. — Double rôle rempli par les compagnies comme voituriers et comme commissionnaires de transport. Intérêt de la distinction. — Des fausses déclarations sur la valeur et sur la nature des marchandises. De leurs conséquences en cas de perte. Sont-elles réprimées par la loi pénale? — Cas dans lesquels les compagnies ne sont pas responsables de la perte, des avaries ou du retard. Vice propre, cas fortuit, force majeure. Règles sur la preuve. Distinctions à faire selon que le transport doit être effectué sur le réseau d'une seule ou de plusieurs compagnies. — Du laissé pour compte. — En cas de retard, le droit à une indemnité est-il subordonné à la preuve d'un préjudice? — Quand plusieurs compagnies ont coopéré au transport des marchandises, quelle est celle qui peut être poursuivie? — Des restrictions apportées à la responsabilité des compagnies. Tarifs spéciaux pour les chargements en vrac ou dans des wagons découverts. Effets de l'application de ces tarifs. — Des tarifs spéciaux avec clause de non-responsabilité. Ont-ils pour effet de décharger de toute responsabilité la compagnie? Effets restreints de ces tarifs quant à la charge de la preuve, selon la jurisprudence de la Cour de cassation. — A qui l'action en responsabilité pour perte, avaries ou retard appartient-elle?

5. De la fin de non-recevoir de l'art. 105 C. de comm. Conditions auxquelles elle s'applique. Actions auxquelles elle est ou non applicable. — De la prescription de l'art. 108 du Code de commerce. S'applique-t-elle au cas de retard? De son point de départ. Difficulté relative à ce point de départ, quand plusieurs compagnies ont participé au transport des marchandises.

6. De la compétence *ratione materiæ* et *ratione personæ* en matière de contestations relatives au trans-

port de marchandises par chemins de fer. De l'application de l'art. 420 du Code de procédure civile.

7. Des impôts sur le transport des marchandises. — Droits de timbre sur les récépissés et les lettres de voiture. — Impôt sur les transports par grande vitesse. Demandes de suppression. — Suppression, en 1878, de l'impôt sur les transports de marchandises par petite vitesse établi en 1874.

8. Notions générales sur la diversité des lois des principales nations du continent relatives au transport par chemins de fer. Inconvénients de cette diversité dans le cas où le transport doit être effectué successivement par les compagnies de plusieurs Etats. Projet de la conférence de Berne sur le transport international par chemins de fer.

§ 3. Du transport des personnes et des bagages.

§ 4. Des obligations des concessionnaires relativement aux embranchements et prolongements concédés soit à d'autres compagnies, soit à des propriétaires de mines ou d'usines. Explication des articles 61 et 62 du cahier des charges.

§ 5. Notions générales sur la police des chemins de fer.

II. — DE L'EXPLOITATION DES CHEMINS DE FER DE L'ÉTAT

Examen du décret du 25 mai 1878. Assimilation avec les chemins de fer exploités par les compagnies. Question de compétence relative aux actions en responsabilité.

APPENDICE

DES CHEMINS DE FER SUR ROUTES ET TRAMWAYS

Absence d'une loi spéciale sur la matière. Jurisprudence administrative sur la nécessité de l'intervention du pouvoir central pour la concession et sur le retour à l'Etat, après l'expiration de la durée de la conces-

sion et sur le retour à l'Etat, après l'expiration de la
de la durée de la concession. Critique de cette jurisprudence. Analyse du projet de loi sur les chemins de
fer sur routes, soumis au Sénat en avril 1878.

Année scolaire 1879-1880

271. OBJET DU COURS :

LA PROPRIÉTÉ INDUSTRIELLE, ARTISTIQUE ET LITTÉRAIRE

PREMIÈRE PARTIE

DE LA PROPRIÉTÉ INDUSTRIELLE

CHAPITRE PREMIER

DES BREVETS D'INVENTION

A. De la nature du droit des inventeurs. — Systèmes
divers proposés pour la rémunération des inventeurs :
Récompenses nationales, licences obligatoires, brevets
d'invention. — *B*. Histoire de la législation française.
— Ancien régime. Corporations. Règlement de métiers. Privilèges. Déclaration du 25 décembre 1762.
— Législation intermédiaire. Loi du 7 janvier 1791.
Loi du 25 mai 1791. Système général de ces deux lois.
Critiques dirigées contre elles. — Décret du 20 septembre 1792 relatif aux plans de finances. Art. 357
de la constitution de l'an III. Projets de réforme des
lois de 1791 soumis au conseil des Cinq-Cents. — Arrêté du 5 vendémiaire an IV. — Décret de Berlin du
25 novembre 1791. — Commissions chargées de révi-
ser les lois de 1791, nommées en 1828 et 1836. —
— *C*. Législation actuelle. — Loi du 5 juillet 1844.
Arrêté du gouvernement du 21 octobre 1848. — Projet de réforme de 1858.
§ 1. Des conditions exigées pour que les inventions

soient brevetables. — 1° Invention ou découverte
2° Caractère industriel. Les inventions se rattachant
à l'agriculture sont-elles brevetables? 3° Produit industriel nouveau, moyen nouveau, application nouvelle de moyens connus pour obtenir un produit ou
un résultat connu. Des résultats nouveaux. Sont-ils
brevetables? De la distinction entre l'application nouvelle et l'emploi nouveau. 4° Nouveauté. Art. 31, loi
de 1844. 5° Invention non contraire aux lois, à l'ordre
public et aux bonnes mœurs. — Inventions déclarées
non brevetables par des textes formels. Compositions
pharmaceutiques et remèdes. Plans de finances.

§ 2. Des formalités de la délivrance des brevets. De
la publicité des inventions brevetées. Du principe du
non-examen préalable. Des personnes qui peuvent
obtenir des brevets. — De la demande de brevet. De la
description ou spécification. De la règle selon laquelle
la demande de brevet doit être limitée à un seul obj.
principal. Des pouvoirs du ministre du commerce.
Dans quels cas et pour quelles causes une demande
de brevet peut être rejetée. Conséquences du princi
de non-examen préalable. Examen critique de ce principe. Systèmes des principales lois étrangères. — Communication des descriptions au public. Proclamation
au Bulletin des lois des brevets délivrés. Publicati
des descriptions. Dépôt au Conservatoire des arts
métiers. — De la soustraction frauduleuse d'une invention. Droit de revendication de l'inventeur. Subr
gation au breveté. — Des inventions faites par d
ouvriers, des employés, des fonctionnaires.

§ 3. Des droits des brevetés et de leurs obligatio
De la durée des brevets. De la cession des brevets.
Principe de la territorialité des brevets. — Droit
clusif d'exploitation. Droit de vente. Droit spé
quant aux perfectionnements. Droit de céder le bre
vet. — Obligation d'exploiter. Obligation de payer une
taxe. Son montant, son mode de paiement. Différ
systèmes admis quant à la taxe dans les principa
pays étrangers. — Durée des brevets. Option laissée
breveté. Critique du système de la loi de 1844. Po

de départ de la durée des brevets. De leur prolongation. — Causes diverses qui peuvent mettre fin aux brevets. — Effets de l'expiration des brevets. Difficultés concernant le nom de l'invention brevetée. — De la cession des brevets. Formes de la cession. Enregistrement. Sanction de cette formalité. Que faut-il entendre par le mot *tier* dans l'article 20 de la loi du 5 juillet 1844? Effets de la cession d'un brevet. — Des concessions de licence. Différences au point de vue de la forme et des effets, avec les cessions. — De la vente forcée des brevets. — De la copropriété des brevets. Des brevets appartenant à une société. — Des droits de l'usufruitier d'un brevet.

§ 4. Des perfectionnements et des certificats d'addition. — *A*. Des perfectionnements et additions ayant pour auteur le breveté. — Des certificats d'addition. Différences avec les brevets. Taxe. Lien avec le brevet principal. A qui les certificats d'addition profitent. — Des brevets obtenus pour des perfectionnements ou additions. Différences avec les certificats d'addition.

B. Des perfectionnements et additions apportés par des tiers à une invention brevetée. — Art. 19, loi du 5 juillet 1844. Difficulté en cas de prolongation du premier brevet. — Droit de préférence du breveté primitif durant la première année de son brevet. — Des perfectionnements de perfectionnements. Le breveté jouit-il pour eux d'un droit de préférence pendant un an?

§ 5. Des questions de droit international relatives aux brevets d'invention. Des droits des étrangers en France. De l'importation des inventions étrangères. Des questions relatives aux expositions internationales. — Assimilation des étrangers aux nationaux. — Des brevets d'importation sous l'empire de la loi de 1791. Rejet de ces brevets par la loi de 1844. Droit pour les inventeurs brevetés à l'étranger de se faire délivrer des brevets en France. Solidarité entre les brevets obtenus en pays étranger et les brevets français. Le brevet français tombe-t-il en cas de nullité ou

de déchéance du brevet pris à l'étranger ? — De la
défense d'introduire en France des objets fabriqués à
l'étranger semblables à ceux que le brevet garantit. De
la déchéance pour introduction. Loi du 31 mai 1856.
Introduction en transit. Introduction dans un entrepôt. — Expositions nationales ou internationales. —
Défaut de nouveauté. Loi du 23 mai 1868. Certificats
provisoires de garantie. — De l'introduction par un
tiers d'objets fabriqués à l'étranger dans les locaux
d'une exposition internationale érigés en entrepôt.

§ 6. Des nullités et des déchéances. — Différence
entre les nullités et les déchéances. — Distinction
entre les nullités et les déchéances relatives et abso-
lues. — Des causes de nullité des brevets et des certificats d'addition. — Des causes de déchéance des brevets et des certificats d'addition. — Des personnes qui
peuvent invoquer la nullité ou la déchéance. Du droit
du ministère public. — Des tribunaux compétents pour
statuer sur les nullités et sur les déchéances. — Effets
des jugements prononçant la nullité ou la déchéance.
— Des nullités et des déchéances opposées par voie
d'exception. — De l'autorité de la chose jugée sur les
questions de déchéance et de nullité.

§ 7. De la contrefaçon des inventions brevetées. —
Des faits constitutifs de la contrefaçon et des faits assimilés à la contrefaçon. — A qui appartient le droit
de poursuite. Des personnes qui peuvent être pour-
suivies. — Des tribunaux compétents. — Du mode de
constatation de la contrefaçon. De la description et de
la saisie des objets contrefaits. — De la répression de
la contrefaçon et des faits y assimilés au point de vue
pénal et au point de vue civil.

Appendice. — Critique de la loi de 1844. Projet de
loi de 1858. Comparaison de la loi de 1844 avec les
principales lois étrangères. Propositions du Congrès
de la propriété industrielle de 1878.

CHAPITRE II

DES DESSINS ET MODÈLES INDUSTRIELS

Ce qu'on désigne sous le nom de dessins et de modèles industriels. Distinction entre les dessins industriels et les dessins artistiques, les modèles industriels et les objets d'art. — Droits et obligations des auteurs de dessins industriels. De leur durée. Du dépôt. Des causes de nullité et de déchéance. Des droits des étrangers en France. Traités entre la France et les pays étrangers. Loi du 26 novembre 1873. — Silence des lois françaises sur les modèles industriels. Comment et par quelle loi leur contrefaçon est-elle réprimée? Systèmes divers. Jurisprudence. — Analyse du projet de loi sur les dessins et modèles industriels adopté par le Sénat en 1879.

CHAPITRE III

DES MARQUES DE FABRIQUE ET DE COMMERCE
NOM COMMERCIAL

§ 1. Des marques de fabrique et de commerce. — De la nature du droit des fabricants et des commerçants sur leurs marques. De l'importance de la protection des marques. — *A*. Historique de la législation avant et depuis la Révolution de 1789. — *B*. Législation actuelle. Loi du 23 juin 1857. Loi du 26 novembre 1873. — 1. Des caractères légaux des marques. — 2. Du dépôt des marques, de ses formes et des effets qui y sont attachés. — 3. Questions de droit international. De la protection des marques étrangères en France et des marques françaises en pays étranger. — 4. Des différents délits portant atteinte aux droits des propriétaires de marques. Des juridictions appelées à connaître des actions auxquelles les marques donnent lieu. — 5. Du surcroît de garantie résultant de la loi du 26 novembre 1873 pour les propriétaires de marques. — 6. Des tromperies commises au préjudice des acheteurs à l'aide de marques de fabrique et de commerce. — 7. Des dispositions légales sur les marques obligatoires et de leur sanction.

§ 2. Du nom commercial. — 1. Noms apposés comme marques protégés par loi du 28 juillet 1824. Noms des fabricants et des localités. *Quid* des noms des commerçants? *Quid* des noms des artistes? — 2. Faits réprimés comme portant atteinte au droit des propriétaires de marques nominales. — 3. Tribunaux compétents pour connaître des actions auxquelles ces faits peuvent donner naissance. Peines applicables. 4. — Droits des étrangers. Les noms des fabricants étrangers et des localités étrangères sont-ils protégés en France? Loi du 27 novembre 1873. — 5. Différences entre les règles régissant les marques emblématiques et celles qui s'appliquent au nom commercial. — Appendice. — Analyse de la proposition de loi sur le nom commercial déposée au Sénat en 1879. — Notions générales sur les lois concernant les marques et le nom commercial dans les principaux Etats.

CHAPITRE IV

DE LA CONCURRENCE DÉLOYALE

Qu'entend-on par concurrence déloyale? Comment es articles 1382 et 1383 C. civ. servent à compléter les lois relatives à la proprieté industrielle. — 1. Des principaux faits de concurrence déloyale. (Spécialement de l'usurpation du nom, de l'enseigne d'autrui, de fausses qualités, de l'usurpation de récompenses décernées dans des expositions ou des concours publics). — 2. De l'action en dommages-intérêts dite en concurrence déloyale. Des tribunaux compétents pour en connaître. — 3. Des droits des étrangers en matière de concurrence déloyale.

SECONDE PARTIE

DE LA PROPRIÉTÉ LITTÉRAIRE ET ARTISTIQUE

De la nature du droit des auteurs et des artistes. Est-ce un véritable droit de propriété ou tout au moins un droit ayant sa source dans le droit naturel? — § 1. De la propriété littéraire. — 1. Historique de la législation française avant et depuis 1789. — 2. De la durée des droits des auteurs. De leur transmission. Droits du conjoint survivant. Questions transitoires se rattachant à la prolongation de la durée des droits des auteurs. — Œuvres posthumes. — 3. Œuvres littéraires autres que les œuvres dramatiques. Quelles œuvres peuvent faire l'objet du droit de propriété littéraire. Compilations. Œuvres non écrites. (Discours, leçons, etc.) Traductions. — Qui doit être considéré comme auteur. Œuvres composées par ordre de l'Etat. — Droits renfermés dans la propriété littéraire. Droit exclusif de reproduction. Droit de poursuite contre les contrefacteurs. Droit de cession. Droit de traduction. Appartient-il à l'auteur? Solution donnée à cette question dans les traités. — Du droit de l'auteur sur le titre de son ouvrage. Distinction entre les titres nécessaires et les titres arbitraires. — 5. Du dépôt des œuvres littéraires et de ses effets. — 6. De la contrefaçon et du plagiat. De l'adaptation. — 7. Des ouvrages dramatiques. Distinction entre le droit de reproduction et le droit de représentation. Intérêt de la distinction. De la cession des droits des auteurs dramatiques. Caractères de la représentation illicite. — 8. Des œuvres musicales. Du droit exclusif de reproduction et du droit d'exécution. De l'exécution illicite. Caractères de la publicité nécessaire. — Loi du 16 mai 1866. Cette loi déroge-t-elle aux principes généraux concernant les œuvres musicales?

§ 2. De la propriété artistique. — Historique de la législation. — Nature du droit de l'artiste. Distinction entre le droit de l'artiste sur l'œuvre originale et le droit exclusif de reproduction. En cas de cession de l'œuvre originale, le droit de reproduction passe-t-il à l'acquéreur, à défaut de convention contraire? — Du dépôt. Pour quelles œuvres il est exigé. Pour quelles œuvres il ne l'est pas. De ses effets. — De la contrefaçon. Arts du dessin et arts plastiques. — Questions relatives aux œuvres photographiques.

§ 3. De la protection internationale de la propriété littéraire et artistique. — Décret du 28 mars 1852. Traités internationaux.

§ 4. Notions générales sur les lois relatives à la propriété littéraire et artistique en Allemagne, en Autriche, en Belgique, en Espagne, en Suisse, en Italie.

CHAPITRE XV

DE LA DISCIPLINE

SOMMAIRE. — *Inscriptions fausses.* — *Défaut de déclaration en cas de mort ou de changement de résidence du correspondant.* — *Défaut de déclaration ou fausse déclaration, en cas de changement de résidence de l'étudiant ou de ses parents.* — *Troubles dans les cours (V. n° 71).* — *Cartes prêtées.* — *Outrages aux mœurs ou au gouvernement.* — *Insubordination.* — *Refus d'approbation aux certificats d'aptitude.* — *Réitération des épreuves.* — *Refus du diplôme.* — *Restitution des droits, en cas de punitions académiques ou disciplinaires.*

§ 1er. *Inscriptions fausses.*

272. — Tout étudiant, convaincu d'avoir pris sur le registre une inscription pour un autre étu-

diant, perdra toutes les inscriptions prises par lui, soit dans la Faculté où le délit a été commis, soit dans toute autre (1). Le fait de prendre une inscription pour un autre constitue un faux, et est passible des peines portées par le Code pénal.

§ 2. *Défaut de déclaration en cas de mort ou de changement de résidence du correspondant.*

273. — En cas de mort ou de départ de la personne par laquelle il aura été présenté en prenant sa première inscription, l'étudiant sera tenu d'en présenter une autre ; faute par lui de le faire, toutes les inscriptions qu'il aura prises depuis le décès ou le départ de la personne domiciliée par laquelle il avait été présenté, pourront être annulées (2).

§ 3. *Défaut de déclaration ou fausse déclaration en cas de changement de résidence de l'étudiant ou de ses parents.*

274. — Nous avons vu (V. n° 36) que l'étudiant est tenu de déclarer, en s'inscrivant, sa résidence réelle, et, s'il vient à en changer, d'en faire une nouvelle déclaration. Chaque étudiant est tenu, en outre, de faire connaître le domicile actuel de ses père et mère ou tuteur. Toute fausse déclaration ou tout défaut de déclaration en cas de changement pourra être puni de l'an-

______

(1) Statut du 9 avril 1825, art. 2.
(2) Statut du 9 avril 1825, art. 6 et 7.

nulation des inscriptions prises depuis ledit changement (1).

§ 4. *Cartes prêtées.*

275. — Tout étudiant qui aura donné à une autre personne, soit du même cours, soit d'un autre cours, soit étrangère à la Faculté, sa carte d'inscription ou l'autorisation qu'il aura reçue, encourra la perte d'une ou de plusieurs inscriptions, ou même son exclusion de la Faculté, si cette transmission a servi à produire du désordre. — Tout auditeur bénévole qui aura prêté sa carte d'admission en sera privé, et sera exclu du cours pendant l'année au moins (2).

§ 5. *Outrages aux mœurs ou au gouvernement.*

276. — Il y aura, selon la gravité des cas, à prononcer *l'exclusion à temps, ou pour toujours*, de la Faculté ou de toutes les Facultés contre l'étudiant qui aurait, par ses discours ou par ses actes, outragé les mœurs ou le gouvernement, qui aurait pris une part active à des désordres, ou qui aurait tenu une conduite notoirement scandaleuse. La peine, dans ce cas, sera prononcée par le conseil académique, sauf l'appel au conseil supérieur de l'instruction publique.

Les étudiants qui auront été exclus d'une Fa-

---

(1) Statut du 9 avril 1825, art. 6 et 7.
(2) Statut du 9 avril 1825, art. 21.

culté ne pourront être admis dans aucune autre sans une autorisation ministérielle (1).

§ 6. *Insubordination.*

277. — Tout manque de respect, tout acte d'insubordination d'un étudiant envers un professeur sera puni de la perte d'une ou de deux inscriptions. En cas de récidive, la punition sera *l'exclusion de la Faculté*, pendant six mois au moins et deux ans au plus. Elle sera prononcée par la Faculté, sauf recours au conseil académique (2).

§ 7. *Refus d'approbation aux certificats d'aptitude.*

278. — Les recteurs dans les départements, et, à Paris, les doyens de Faculté, sont autorisés à refuser leur approbation aux certificats d'aptitude délivrés aux jeunes gens qui leur seraient connus, soit par des mœurs vicieuses, soit par une conduite turbulente à l'intérieur ou à l'extérieur de l'école (3).

§ 8. *Réitération des épreuves.*

279. — Si le ministre le juge utile au maintien de la discipline, il peut faire recommen cer

(1) Statut du 9 avril 1825, art. 35 et 39.
(2) Statut du 9 avril 1825, art. 29.
(3) Statut du 9 avril 1825... art. 34.

les examens pour l'obtention des grades. Dans ce cas, le second examen est gratuit (1).

§ 9. *Refus du diplôme.*

280. — Nous avons vu (n° 169) que le ministre de l'instruction publique pouvait, dans l'intérêt de l'ordre public ou de la morale publique, refuser le diplôme, après avis du conseil supérieur de l'instruction publique (2).

§ 10. *Restitution des droits en cas de punitions académiques ou disciplinaires.*

281. — Dans les différents cas où un étudiant encourt, par mesure disciplinaire, la perte d'une ou de plusieurs inscriptions, les droits qu'il avait versés pour ces inscriptions lui sont restitués (V. n° 198) (3).

———

CHAPITRE XVI

RENSEIGNEMENTS DIVERS UTILES AUX ÉTUDIANTS

SOMMAIRE. — *Conférences de discussion.* — *Journaux judiciaires.*—*Principales revues de droit.*—*Séances*

(1) Décret du 17 mars 1808, art. 58; décret du 17 février 1809, art. 7.
(2) Décret du 26 décembre 1875.
(3) Ordonnance du 5 juillet 1820, art. 21.

académiques (Institut de France, Académie française, Académie des Inscriptions et Belles-Lettres.
Académie des Sciences. — Académie des Beaux-
Arts. — Académie des Sciences morales et politi-
ques). — Cabinets de lecture. — Bibliothèque et salle
de travail. — Archives nationales. — Bibliothèque
nationale. — Bibliothèque Sainte-Geneviève. — Bi-
bliothèque Mazarine. — Bibliothèque de l'Arsenal.
— Bibliothèque de la Sorbonne. — Bibliothèque de
la ville de Paris. — Bibliothèque de l'Ecole des
Beaux-Arts. — Bibliothèque de l'Ecole des mines.
— Bibliothèque du Conservatoire de musique. —
Bibliothèque du Conservatoire des arts et métiers.
— Bibliothèque du Muséum d'histoire naturelle. —
Expositions et musées. — Musées du Louvre, du
Luxembourg, de Versailles. — Ecole des Beaux-
Arts. — Musée des Thermes et de l'hôtel de Cluny.
— Musée de Saint-Germain. — Musée monétaire.
— Muséum d'histoire naturelle. — Musée d'artille-
rie. — Musée minéralogique et géologique. — Con-
servatoire des arts et métiers. — Exposition an-
nuelle de peinture, de gravure et de sculpture. —
Manufactures de l'Etat. — Manufacture de Sèvres.
— Manufacture des Gobelins. — Manufacture des
tabacs. — Monuments publics et promenades. — Catacombes. — Hôtel des Invalides. — Imprimerie nationale. — Jardin de l'hôtel de Cluny. — Jardin des
Plantes. — Jardin d'acclimatation. — Notre-Dame.
— Observatoire. — Prisons. — Sainte-Chapelle. —
Visite dans les égouts. — Des concerts. — Concerts
du Conservatoire de musique. — Concerts populaires. — Concerts des Champs-Elysées. — Concerts
du Châtelet. — Concerts militaires. — Concerts de
charité. — Matinées littéraires. — Conférences scientifiques et littéraires — Hôtel des ventes mobilières.
— Ventes publiques de livres. — Caisse d'épargne.
— Vaccinations gratuites. — Concordance du calendrier républicain avec le calendrier grégorien.
— Objets perdus par MM. les étudiants.

§ 1ᵉʳ. *Conférences de discussion.*

282. — Il existe un grand nombre de conférences dans lesquelles les étudiants s'exercent à la parole. Nous citerons en premier lieu la *Conférence Molé* et la *Conférence Labruyère*, dont les travaux sont publiés mensuellement. Parmi les autres nous mentionnerons la *Conférence Beccaria*, la *Conférence Pothier*, la *Conférence Daguesseau*, la *Conférence Bugnet*, la *Conférence Vergniaud*, etc. Pour être admis dans l'une de ces conférences, il faut être agréé par elle, sur la présentation de deux de ses membres, acquitter un droit d'entrée et payer une cotisation mensuelle.

282 *bis*. — Les conférences d'étudiants en droit, dont vingt-cinq membres sont inscrits pour l'un des cours de l'*Ecole libre des sciences politiques*, ont, une fois par semaine, pour leurs réunions, la jouissance d'une des salles de cours de l'Ecole (V. nº 258, *note*).

§ 2. *Journaux judiciaires* (1).

283. — Les principaux journaux judiciaires sont :

1º *La Gazette des Tribunaux*, paraissant tous les jours, excepté le lundi. — Paris et les départements. — Un an, 72 fr.; 6 mois, 36 fr.; 3 mois, 18 fr. — Rue Harlay-Palais, 2.

(1) La librairie Marescq aîné, 20, rue Soufflot, se charge gratuitement des abonnements aux journaux judiciaires. (*Note de l'éditeur.*)

2° LE DROIT, *Journal des Tribunaux*. paraissant tous les jours, excepté le lundi. — *Paris.* — Un an, 56 fr.; 6 mois, 28 fr.; 3 mois, 14 fr. — *Départements* — Un an, 64 fr.; 6 mois, 32 fr.; 3 mois, 16 fr. — Bureaux, place Dauphine, 24.

§ 3. *Principales revues de droit* (1).

284. — *Revue critique de législation et de jurisprudence.* — Paraît tous les mois. Prix, 15 fr.

Revue de droit international et de législation comparée. — Paraît tous les deux mois. Abonnements pour la France et l'Italie. Prix, 15 fr.

Revue générale du droit, de la législation et de la jurisprudence en France et à l'étranger. Prix, 16 fr.

Revue pratique de droit français, par MM. Demangeat, Mourlon, Charles Ballot, Rivière, Daniel de Folleville. Marescq aîné, 20, rue Soufflot. Prix, 15 fr.

§ 4. *Séances académiques.*

I. INSTITUT DE FRANCE

(Quai Conti, 23.)

285. — Les académies réunies tiennent une séance publique le 25 octobre.

(1) Là librairie Marescq aîné, 20, rue Soufflot, se charge gratuitement des abonnements aux différentes Revues de droit et de jurisprudence. (*Note de l'éditeur.*)

2. ACADÉMIE FRANÇAISE

286. — La séance publique annuelle a lieu en août.

3. ACADÉMIE DES INSCRIPTIONS ET BELLES-LETTRES

287. — La séance publique annuelle a lieu en juillet.

4. ACADÉMIE DES SCIENCES

288. — La séance publique annuelle a lieu à la fin de décembre.

5. ACADÉMIE DES BEAUX-ARTS

289. — La séance publique annuelle a lieu le premier samedi d'octobre.

6. ACADÉMIE DES SCIENCES MORALES ET POLITIQUES

290. — La séance publique annuelle a lieu au mois d'avril.

§ 5. *Cabinets de lecture.*

291. — Parmi les principaux cabinets de lecture du quartier latin, nous recommandons à MM. les étudiants :

1º Le cabinet littéraire de Mademoiselle Maria Morel, rue Casimir Delavigne, 10, où ils trouveront toutes les nouveautés littéraires et scientifiques, et des collections rares et précieuses de journaux et de revues;

2º Le cabinet Cadart, rue de la Sorbonne, 6 ;

3º Le cabinet Douet, rue Monsieur-le-Prince, 49 ;

4º Le cabinet Emile Morin, fondé en 1796 (25,000 *volumes. — On y trouve tous les journaux et revues*). — Rue des Saints-Pères, 33.

§ 6. *Bibliothèques et salles de travail.*

.1 ARCHIVES NATIONALES

(Rue des Francs-Bourgeois, 60.)

292. — Une salle de travail est ouverte au public, chaque jour, les dimanches et fêtes exceptés, de *dix* heures à *trois* heures, pour les communications sans déplacement. Les demandes de renseignements et d'expéditions doivent être adressées au directeur général, par lettres ou en personne, de dix heures du matin à trois heures de relevée. Les expéditions et les recherches sont soumises à des droits fixés par un décret du 22 mars 1856.

2. BIBLIOTHÈQUE NATIONALE

(Rue Richelieu, 58.)

293. — La Bibliothèque nationale est divisée en quatre départements, savoir : 1º les *imprimés;* 2º les *manuscrits;* 3º les *médailles;* 4º les *estampes.* — Les communications cessent, dans tous les départements, à partir de trois heures. — On doit déposer, en entrant, les parapluies et les cannes ; mais ce dépôt est entièrement gratuit.

294. — Il y a une *salle publique de lecture*, dont l'entrée est rue Colbert, n° 3, et une *salle de travail*, dont l'entrée est rue Richelieu.

295. — SALLE PUBLIQUE DE LECTURE. — L'entrée de cette salle est ouverte au public, tous les jours, même les dimanches, de 10 heures à 4 heures, pour toute personne âgée de *seize ans accomplis*.

296. — SALLE DE TRAVAIL. — Cette salle est ouverte, tous les jours, de 10 heures à 4 heures, excepté les dimanches et fêtes, et pendant le temps compris entre le dimanche de la Passion et le lundi de Pâques inclusivement. On n'est admis dans cette salle qu'avec une carte. Pour obtenir cette carte, il suffit d'en faire la demande par lettre affranchie à l'administrateur général, en lui faisant connaître la nature des travaux auxquels on veut se livrer.

Dans ces deux salles, chaque lecteur reçoit en entrant un bulletin qu'il doit représenter à la sortie, revêtu d'un timbre attestant que les livres communiqués ont été rendus au bureau. Il faut un laissez-passer pour sortir avec des papiers, livres, etc.

297. — Les étudiants en droit, préparant leur doctorat, peuvent être admis au prêt sur la *présentation d'un certificat du doyen qu'ils sont licenciés en droit*, et après avoir prouvé leur solvabilité.

298. — On n'est admis dans ces départements

que sur la présentation d'une carte délivrée par le conservateur,

3. BIBLIOTHÈQUE SAINTE-GENEVIÈVE

(Place du Panthéon.)

299. — Cette Bibliothèque est très riche en ouvrages de jurisprudence. Elle est ouverte le matin, de 10 heures à 3 heures de relevée, et le soir, de 6 heures à 10 heures. Elle est fermée les dimanches et fêtes, et, pendant les vacances, du 1ᵉʳ septembre au 15 octobre.

4. BIBLIOTHÈQUE MAZARINE

(Au palais de l'Institut.)

300. — Cette bibliothèque est ouverte tous les jours, de 10 heures à 4 heures. Elle est fermée, pendant les vacances, du 15 juillet au 1ᵉʳ septembre.

5. BIBLIOTHÈQUE DE L'ARSENAL

(Rue de Sully, 1.)

301. — La bibliothèque de l'Arsenal est ouverte tous les jours non fériés, de 10 heures à 3 heures. Elle est fermée, pendant les vacances, du 15 août au 1ᵉʳ octobre.

6. BIBLIOTHÈQUE DE LA SORBONNE

(Rue de Sorbonne, 15.)

302. — Ouverte tous les jours, de 10 heures

à 3 heures, et fermée du 5 juillet au 20 août, cette bibliothèque renferme, entre autres ouvrages intéressant les étudiants en droit, un *fac-similé*, reproduit par la photographie, du palimpseste de Vérone (*Institutes de Gaius*).

7. BIBLIOTHÈQUE DE LA VILLE DE PARIS

(A l'hôtel Carnavalet, rue Sévigné, 23.)

3o3.—Cette bibliothèque, spécialement relative à l'histoire de Paris, est ouverte tous les jours, de 10 heures à 4 heures, et en été, jusqu'à 5 heures. — Les vacances ont lieu du 15 août au premier lundi d'octobre. On n'est admis que sur la présentation d'une carte délivrée par le préfet de la Seine.

8. BIBLIOTHÈQUE DE L'ÉCOLE DES BEAUX-ARTS

(Rue Bonaparte, 14.)

3o4. — Cette bibliothèque est ouverte tous les jours non fériés, en hiver, de midi à 4 heures, et du 1er mars au 31 octobre, de midi à 5 heures. Elle est fermée du 1er août au 1er octobre. Les cartes d'admission doivent être demandées au secrétaire de l'Ecole ou au bibliothécaire.

9. BIBLIOTHÈQUE DE L'ÉCOLE DES MINES

(Boulevard Saint-Michel, 60 et 62.)

3o5. — Cette bibliothèque est ouverte tous les jours, excepté les dimanches et fêtes, de 11 heures à 3 heures, aux personnes autorisées par le directeur de l'Ecole.

10. BIBLIOTHÈQUE DU CONSERVATOIRE NATIONAL DE MUSIQUE

(Rue du Faubourg-Poissonnière, 15.)

306. — La bibliothèque de musique qui fait partie de cet établissement est ouverte au public, tous les jours, depuis 10 heures jusqu'à 4 heures (les dimanches, les jours de fêtes et le temps des vacances exceptés).

11. BIBLIOTHÈQUE DU CONSERVATOIRE DES ARTS ET MÉTIERS

(Rue Saint-Martin, 292.)

307. — Cette bibliothèque est ouverte tous les jours, excepté le lundi, de 10 heures à 3 heures; et, à l'exception du dimanche et du lundi, de 7 heures 1/2 à 10 heures du soir.

12. BIBLIOTHÈQUE DU MUSÉUM D'HISTOIRE NATURELLE

(Au Jardin des Plantes.)

308. — La bibliothèque est ouverte aux lecteurs de 10 heures à 3 heures, tous les jours, les dimanches et fêtes exceptés.

§ 7. *Expositions et musées.*

1. MUSÉES DU LOUVRE, DU LUXEMBOURG ET DE VERSAILLES

309. — Les musées du Louvre, du Luxembourg et de Versailles sont ouverts au public tous les jours de la semaine, le lundi excepté, de 7 heures du matin à 5 heures du soir, du

1ᵉʳ avril au 3o septembre, et de 10 heures du matin à 4 heures du soir, du 1ᵉʳ octobre au 31 mars. Le public est admis, en toute saison, le dimanche, de 10 heures du matin à 4 heures du soir.

2. ÉCOLE DES BEAUX-ARTS

(Rue Bonaparte, 14.)

310. — Il y a tous les ans, au mois de septembre, une exposition publique des ouvrages envoyés par les pensionnaires de l'Académie de France à Rome.

3. MUSÉE DES THERMES ET DE L'HOTEL DE CLUNY

(Rue du Sommerard, 24.)

311. — Cet établissement est ouvert au public, les dimanches et fêtes, de 11 heures à 4 heures. Le public est admis tous les jours de la semaine, les lundis exceptés, avec des billets délivrés à la direction du musée, sur demande écrite.

4. MUSÉE DE SAINT-GERMAIN

(ANTIQUITÉS GALLO-ROMAINES)

312. — Ce musée est ouvert à l'étude tous les jours, le lundi excepté, de 10 heures et demie à 4 heures, et au public le mardi, le jeudi et le dimanche, de 11 heures et demie à 4 heures.

5. MUSÉE MONÉTAIRE

313. — Les salles d'exposition sont ouvertes

au public les mardis et vendredis, de midi à 3 heures. On peut visiter les ateliers au moyen d'une permission spéciale délivrée par le directeur de l'administration des monnaies ou par le directeur de la fabrication.

6. MUSÉUM D'HISTOIRE NATURELLE

(Jardin des Plantes.)

314. — Les galeries d'anatomie, d'anthropologie, de zoologie, de botanique, de minéralogie, de géologie, sont ouvertes au public le dimanche, de midi à 4 heures, et les mardis et jeudis, de 2 à 5 heures, depuis le 1er février jusqu'au 30 novembre, et de 2 heures jusqu'à la nuit, pendant les mois de décembre et de janvier. Elles sont ouvertes aux personnes munies de cartes, les mardis, jeudis et samedis, depuis 11 heures jusqu'à 2.

7. MUSÉE D'ARTILLERIE

(A l'hôtel des Invalides.)

315. — Le public est admis les mardis, jeudis et dimanches, de midi à 3 heures, du 1er octobre au 1er avril, et de midi à 4 heures, du 1er avril au 1er octobre.

8. MUSÉE MINÉRALOGIQUE ET GÉOLOGIQUE

(A l'Ecole des mines, boulev. Saint-Michel, 60 et 62

316. — Le public est admis les mardis, jeudis et samedis, de 11 heures à 3 heures.

9. CONSERVATOIRE DES ARTS ET MÉTIERS

(Rue Saint-Martin, 292.)

317. — Les salles et galeries de collections sont ouvertes au public les dimanches, mardis et jeudis, depuis 10 heures jusqu'à 4 heures. Les autres jours le prix d'entrée est de un franc par personne, de 10 heures à 3 heures.

10. EXPOSITION ANNUELLE DE PEINTURE ET DE SCULPTURE

318. — Cette exposition, qui a lieu tous les ans, du 1er mai au 20 juin, au *Palais de l'Industrie (Champs-Elysées)*, est visible tous les jours, de 10 heures à 6 heures, excepté le lundi, où elle n'est ouverte qu'à midi. Le prix d'entrée est de un franc. Le dimanche l'entrée est gratuite.

§ 8. *Manufactures de l'Etat.*

1. MANUFACTURE DE PORCELAINE

(A Sèvres.)

319. — Le public est admis à visiter, de midi à 4 heures, du 1er octobre au 31 mars, et de midi à 5 heures, du 1er avril au 30 septembre, le musée et les galeries, tous les jours, dimanches et fêtes compris; les ateliers, les lundis, jeudis et samedis avec carte.

2. MANUFACTURE NATIONALE DES GOBELINS ET DE LA SAVONNERIE

(Avenue des Gobelins, 40.)

320. — Le public est admis à visiter l'éta-

blissement le mercredi et le samedi de chaque semaine, de 1 heure à 3 heures.

3. MANUFACTURE DES TABACS

(Quai d'Orsay, 63.)

321. — Le public est admis tous les jours, sur la présentation d'une permission du régisseur.

§ 9. *Monuments publics et promenades.*

1. CATACOMBES

322. — Les billets pour visiter les catacombes aux époques réglementaires doivent être demandées à l'ingénieur en chef des mines, inspecteur général des carrières, à l'hôtel de ville.

2. HOTEL DES INVALIDES

323. — On peut visiter l'hôtel tous les jours, excepté le dimanche, de 11 heures à 5 heures, avec un passeport ou une permission du gouverneur. Le Tombeau et le Dôme sont ouverts au public les lundis, mardis, jeudis et vendredis, de midi à 3 heures, et les autres jours, de 1 heure à 4 heures, avec une permission du gouverneur. L'entrée a lieu par la place Vauban.

3. IMPRIMERIE NATIONALE

(Rue Vieille-du-Temple, 87.)

324. — On peut visiter l'Imprimerie nationale

avec des billets délivrés par le directeur, sur demande écrite.

4. JARDIN DE L'HOTEL DE CLUNY

325. — Le jardin est ouvert tous les jours, de 11 heures à 4 heures. On entre par la porte de l'hôtel.

5. JARDIN DES PLANTES

(Place Walhubert et rue Geoffroy-Saint-Hilaire.

326. — La ménagerie est ouverte tous les jours, de 11 heures du matin jusqu'à 4 heures, en hiver, et jusqu'à 5 heures en été. L'intérieur de la ménagerie est ouvert de 1 heure à 4 heures aux personnes munies d'une permission. Pour visiter les serres, il faut une autorisation spéciale. L'Ecole de botanique n'est ouverte que du 1er mars au 1er septembre, de 6 heures à 9 heures du matin, et de 3 heures à 6 heures de l'après-midi, et seulement aux personnes munies d'une carte. Les demandes de cartes doivent être adressées, par lettres affranchies, au directeur du Muséum ou à l'un des professeurs.

6. JARDIN D'ACCLIMATATION

(Au bois de Boulogne, près la porte Maillot.)

327. — Le prix d'entrée est de 1 franc par semaine, pour le jardin et les serres; 5o centimes pour le jardin seulement, et 5o centimes pour les serres. Il y a concert le jeudi et le dimanche d'avril à octobre.

7. NOTRE-DAME

328. — Le trésor est visible tous les jours, de midi à 4 heures, moyennant une carte d'entrée délivrée pour 50 centimes. L'entrée des tours a lieu moyennant 20 centimes par personne.

8. OBSERVATOIRE

329. — On peut le visiter avec une permission du directeur.

9. PRISONS

330. — On ne peut visiter les prisons qu'avec une permission spéciale délivrée par le préfet de police, *sur demande motivée*. Les principales prisons sont : le *Dépôt de la préfecture (lieu de détention provisoire)*; la *Maison d'arrêt cellulaire* (boulevard Mazas, 23); la *Conciergerie (maison de justice)*; le *Dépôt des condamnés* ou *Grande Roquette* (rue de la Roquette, 168); la *prison des jeunes détenus* ou *Petite Roquette* (rue de la Roquette, 143); la *maison d'arrêt de Sainte-Pélagie* (rue du Puits-de-l'Hermite, 14); la *prison de la Santé* (rue de la Santé, 42) ; *la maison d'arrêt et de correction de Saint-Laʒare* (faubourg Saint-Denis, 107).

A la *Conciergerie* on montre le *cachot de Marie-Antoinette*, le *cachot de Robespierre*, et la *salle des Girondins*.

10. SAINTE-CHAPELLE

(Au Palais de Justice.)

331. — Le public est admis tous les jours,

excepté les dimanches et fêtes, de 11 heures à 4 heures, sur la présentation d'un passeport ou d'une carte de visite.

☞. VISITE DANS LES ÉGOUTS.

332. — Cette visite a lieu une fois par mois. Des cartes sont délivrées par le directeur des eaux et des égouts à la préfecture de la Seine.

§ 10. *Des concerts.*

1. CONCERTS DU CONSERVATOIRE DE MUSIQUE
(Rue du Faubourg-Poissonnière, 11.)

333. — Ces concerts commencent le deuxième dimanche de janvier, et se continuent de quinzaine en quinzaine jusqu'au mois d'avril. Les loges, stalles d'orchestre et de galeries sont louées par abonnement. Pour les billets de pourtour et d'amphithéâtre, le bureau de location est ouvert le 20 octobre.

2. CONCERTS POPULAIRES
(Au Cirque d'hiver, boulevard du Temple.)

334. — Ces concerts ont lieu tous les dimanches, pendant l'hiver, à 2 heures. Prix des places : Parquet, 5 fr., en location; places numérotées, 3 fr.; secondes, 1 fr. 25 ; troisièmes, 75 c.

3. CONCERTS DES CHAMPS-ÉLYSÉES
(Près du Palais de l'Industrie.)

335. — Ces concerts ont lieu tous les soirs,

pendant l'été, de 8 heures à 11 heures. Le prix d'entrée est de 1 franc par personne. Le vendredi (*fête de nuit*) le prix est porté à 2 francs.

4. CONCERTS DU CHATELET

336. — Ces concerts, organisés par l'Association artistique, ont lieu, au théâtre du Châtelet, tous les dimanches d'hiver, pendant l'après-midi. Les prix des places sont de 4 fr., 3 fr., 2 fr., 1 fr. 50 c., 1 fr., 75 c.

5. CONCERTS MILITAIRES

337. — Ces concerts ont lieu, en été, à des heures et à des jours qui varient chaque année, aux jardins des Tuileries, du Luxembourg, du Palais-Royal, et au Jardin d'acclimatation. Dans ce dernier jardin, ils ont lieu d'avril en octobre, le jeudi et le dimanche.

6. CONCERTS DE CHARITÉ

338. — Des concerts de charité ont lieu en hiver, presque tous les jours, dans les *salles Pleyel* (rue Rochechouart, 22); — *Herz* (rue de la Victoire, 38); — *Erard* (rue du Mail, 13).

§ 11. *Matinées littéraires.*

339. — Les matinées littéraires, inaugurées en 1869 par M. Ballande, ont lieu au *Troisième Théâtre-Français* (boulevard du Temple, n° 41) tous les dimanches, à 1 heure 1/2, du mois d'octobre au mois de mai. Chaque représentation est

précédée d'une conférence. — Le *Théâtre-Français* et l'*Odéon* donnent également, tous les dimanches d'hiver, des représentations diurnes pour lesquelles les prix des places sont diminués.

§ 12. *Conférences scientifiques et littéraires.*

(Boulevard des Capucines, 39.)

339 *bis*. — Les conférences scientifiques et littéraires du boulevard des Capueines ont lieu à 8 heures 1/2 du soir. Le bureau est ouvert à 8 heures. Les prix des places sont : AU BUREAU : *Premières*, 2 francs; *secondes*, 1 franc. EN LOCATION : *Premières*, 3 francs ; *secondes*, 1 fr. 50 c. — Le bureau de location est ouvert de midi à 5 heures 1/2.

§ 13. *Hôtel des ventes mobilières.*

340. — Les ventes mobilières aux enchères publiques (mobiliers, tableaux, etc.), volontaires ou forcées, ont lieu dans l'*Hôtel des Ventes*, rue Drouot, 5.

§ 14. *Ventes publiques de livres.*

341. — Les ventes publiques de livres ont lieu ordinairement le soir dans la *salle Sylvestre*, rue des Bons-Enfants.

§ 15. *Caisse d'Epargne.*

342. — La Caisse centrale (*rue du Coq-Hé-*

ron, 9) est ouverte tous les jours de 10 heures à 1 heure. — Il y a des succursales dans toutes les mairies (excepté aux mairies du 1ᵉʳ et du 2ᵉ arrondissement qui sont desservies par la *Caisse centrale*). Ces succursales sont ouvertes le dimanche et le lundi.

Les versements sont reçus depuis 1 franc et ne peuvent excéder 300 francs par semaine. Aucun déposant ne peut avoir à son compte plus de 1,000 francs. L'intérêt réglé tous les ans est ajouté au capital pour produire des intérêts. Les remboursements partiels sont effectués à vue, et les remboursements totaux sur demande préalable. La caisse achète d'office et sans frais 10 francs de rente à tout déposant dont le compte excède 1,000 francs, trois mois après la capitalisation des intérêts qui a lieu au 31 décembre de chaque année.

§ 16. *Vaccinations gratuites.*

343. — Des vaccinations gratuites ont lieu à l'Académie de médecine, rue des Saints-Pères, 49, les mardis et samedis à midi 1/2.

§ 17. *Concordance du calendrier républicain avec le calendrier grégorien.*

344. — Un grand nombre de lois et de décrets de l'époque révolutionnaire étant encore en vigueur, nous croyons utile de donner ici quelques notions sur la concordance du calendrier républicain avec le calendrier grégorien (1).

(1) Nous empruntons ces notions aux *Codes fran-*

CONCORDANCE DES MOIS

1er vendémiaire	22 septembre.
1er brumaire	22 octobre.
1er frimaire	21 novembre.
1er nivôse....	21 décembre.
1er pluviôse	20 janvier.
1er ventôse	20 février.
1er germinal.......	22 mars.
1er floréal	21 avril.
1er prairial	21 mai.
1er messidor	20 juin.
1er thermidor	20 juillet.
1er fructidor......................	19 août.

CONCORDANCE DES ANNÉES

An II........... ...	1793	An IX..........	1800
An III......... ...	1794	An X...........	1801
An IV........... ...	1795	An XI..........	1802
An V....	1796	An XII....	1803
An VI......... ...	1797	An XIII........ ...	1804
An VII......... ...	1798	An XIV....	1805
An VIII	1799		

N. B. Dans le calendrier républicain, l'année se divise en douze mois, le mois en trois décades (1).

çais de MM. Rivière, Faustin Hélie, et Paul Pont, publiés par la maison Marescq aîné, 20, rue Soufflot. (V. n° 345.)

(1) La décade se compose de 10 jours : primidi, duodi, tridi, quartidi, quintidi, sextidi, septidi, octidi, nonidi, décadi.

A chaque décadi correspond le nom d'un instrument d'agriculture; à chaque quintidi, le nom d'un animal utile; aux autres jours, le nom d'un produit minéral ou végétal.

Il y a cinq jours complémentaires à la fin de l'année (30 fructidor-17 septembre) et six tous les quatre ans (1).

L'ère commence le 22 septembre 1792, date de la proclamation de la République.

§ 17. *Objets perdus par MM. les étudiants.*

345. — MM. les étudiants doivent s'adresser au secrétariat pour réclamer les objets perdus par eux à la bibliothèque, et dans les amphithéâtres ou salles d'examens.

CHAPITRE XVII

BIBLIOTHÈQUE DE L'ÉTUDIANT (2)

SOMMAIRE. — *Codes français et lois usuelles — Code civil. — Droit romain. — Droit pénal et instruction criminelle. — Procédure civile. — Droit commercial. — Droit administratif. — Économie politique. —*

(1) La période de quatre ans, au bout de laquelle il faut ajouter un jour complémentaire (ou sans-culottide) s'appelle la *Franciade.* La quatrième année de la Franciade est bissextile.

(2) Les différents ouvrages que nous annonçons ici sont marqués au prix fort; mais la librairie Marescq aîné a l'habitude de faire une forte remise à MM. les étudiants. Indépendamment de cette remise, le présent *Guide* sera donné en prime à tout étudiant qui fera un achat de *trente francs de livres au comptant.* *Note de l'éditeur.*)

Droit féodal et coutumier. — Histoire du droit. — Thèses. — Répétitions de droit et d'économie politique. (V. n° 365.)

§ 1er. *Codes français et lois usuelles.*

345 *bis.* — RIVIÈRE, FAUSTIN et PAUL PONT, grand in-8°, 5e édition . . 25 fr.
Les mêmes, *format de poche.* . . 6 »
Reliure en demi-chagrin : 3 fr. pour l'in-8°; 1 fr. pour l'in-32.

ON VEND SÉPARÉMENT :

Dans le format in-8°.

Les 6 Codes en 1 vol. 12 50
Les Lois usuelles. 12 50
Le Code civil . . . . 5 »
Le Code de procédure civile. . . 3 5
Le Code de commerce . . . . . 3 »
Les Codes d'instruction criminelle et
pénal. . . . . 5 »
Le Code forestier. 1 50

Dans le format in-32.

Les 5 Codes en 1 vol. 3 50
Les Lois usuelles. 3 50
Le Code civil. 1 50
Le Code de procédure civile . . . 1 50
Le Code de commerce. 1 50
Les Codes d'instruction criminelle et
pénal 1 50
346. — TEULET. — Edition mise au courant par Ruben de Couder, in-8°.. . 15 »
Les mêmes, *format de poche.* . . . 6 »

§ 2. *Code civil.*

347. — MOURLON. — *Répétitions écrites sur les trois examens du Code civil.* 10° édition, revue et mise au courant par M. Demangeat, conseiller à la Cour de cassation. 3 forts volumes in-8°. . . . . 37 fr. 50
Chaque volume se vend séparément   12 fr. 50

348. — VALETTE, professeur à la Faculté de droit de Paris. — *Cours de Code civil,* tome I, 1re année. — Titre préliminaire et livre 1er 1 vol. in-18 jésus . . . . 8 fr.
— *De la propriété et de la distinction des biens (commentaire des titres I et II du livre II du Code civil).* — 1 vol. in-8° raisin . . 6 fr.
— *(Sous presse.) Œuvres posthumes de M. Valette.* 2 vol. *(avec un portrait de l'auteur).*

349. — ACOLLAS (Emile). — *Manuel de Droit civil,* commentaire philosophique et critique du *Code Napoléon,* contenant l'exposé complet des systèmes juridiques. 2e édition, 3 forts vol. in-8°, accompagnés d'un appendice et de tables analytiques très détaillées ; ces dernières forment, dans leur corrélation avec le Manuel, un véritable dictionnaire des matières du droit civil.. . . . . 40 fr.
Chaque volume se vend séparément   12 »
Le volume d'appendice et de tables se vend également à part. . . . . . . 4 fr.

350. — LAURENT. — *Principes de droit civil,* 33 vol. in-8°. 3e *édit.* Chaque volume se vend séparément . . . . 9 fr.
— *Cours élémentaire de Droit civil français,* 4 vol. in-8°. . . . . 36 fr.

351. — Demante et Colmet de Santerre. — *Cours analytique de Code Napoléon*, sept volumes parus. — Prix de chaque vol.   7 fr. 50

352. — Marcadé et Paul Pont. — *Explication théorique et pratique du Code civil.* 12 vol. in-8° . . . .   108 fr.

353. — Arntz. — *Cours de Droit civil français*, 4 vol. in-8°. . . . .   36 fr.

§ 3. *Droit romain.*

354. — Demangeat. — *Cours élémentaire de droit romain*, 2 vol. in-8° . . . .   20 fr.

355. — Maynz. *Cours de droit romain*, 3 vol. in-8°. . . . .   35 fr.

356. — Ruben de Couder. — *Résumé des Répétitions écrites sur le Droit romain*, 5e édition, 1 vol. in-12. . . . .   6 fr.

357. — Pellat. — *Manuale juris synopticum*, in-8° . . . .   5 fr.

358. — Corpus Juris civilis (*edente Galisset*) relié avec onglets. . . . . . .   25 fr.

359. — Jolly. — *Résumé synoptique des Institutes de Justinien*, 7 tableaux. .   5 fr.

360. — Namur. — *Cours d'Institutes et d'Histoire du Droit romain*, 3e édit., 1 vol. in-8°   16 fr.

361. — Ihering. — *L'Esprit du droit romain dans les diverses phases de son développement, traduit par de Meulenaere, 4 vol. in-8°*   40

362. — Mainz. — *Traité des obligations d'après le droit romain.* 1 vol. grand in-8°.   10

§ 4. *Droit pénal et instruction criminelle.*

363. — CARRARA. — *Programme du Cours de Droit criminel fait à l'Université de Pise.* Partie générale. Traduction par Paul Baret. 1 vol. in-8º. . . . . 8 fr.

364. — ORTOLAN. — *Éléments de droit pénal,* 4ᵉ édition, revue par Bonnier, 1875, 2 vol. in-8º. . . . . 18 fr.

365. — ALFRED DIEUDONNÉ. — *Répétitions de droit criminel* (Codes pénal et d'instruction criminelle). 2ᵉ édition, entièrement refondue et mise au courant des lois nouvelles. 1 vol. in-18 jésus. . . . . 6 fr.

RÉPÉTITIONS DE DROIT ET D'ÉCONOMIE POLITIQUE

par

ALFRED DIEUDONNÉ
avocat à la Cour d'appel

30, RUE MONSIEUR-LE-PRINCE, 30 (près l'Odéon)
(au premier)

§ 5. *Procédure civile.*

366. — F. MOURLON. — *Répétitions écrites sur le Code de procédure civile* (matières de l'examen), contenant l'exposé des principes géné-

raux, leurs motifs et la solution des questions théoriques, suivies d'un Formulaire, 4e édition (nouveau tirage, 1878). 1 vol. in-8º.   10 fr.

367. — P. RAMBAUD. — *Procédure civile par demandes et réponses*, comprenant les matières du deuxième examen, suivie de tableaux synoptiques et d'un formulaire. 1875, 1 vol. in-18 jésus. . . . .   5 fr.

§ 6. *Droit commercial.*

368. — H.-F. RIVIÈRE. — *Répétitions écrites sur le Code de commerce*, 7º édition, revue, corrigée, augmentée et suivie d'un Formulaire, 1875. 1 vol. in-8º. . . . .   12 fr.

369. — P. RAMBAUD. — *Droit commercial par demandes et réponses.* 1874. 1 vol. in-18 jésus, 5 fr.

§ 7. *Droit administratif.*

370. — L. CABANTOUS. — *Répétitions écrites sur le Droit public et administratif.*— 5e édition revue et mise au courant par M. Liégeois, professeur à la Faculté de droit de Nancy. 1 vol. in-8º. 12 fr.

§ 8. *Economie politique.*

371. — EMILE WORMS. — *Exposé élémentaire de l'économie politique à l'usage des écoles,* par M. Emile Worms, professeur d'économie politique à la Faculté de droit de Rennes, correspondant de l'Institut, avec une introduction de M. Emile Levasseur, membre de l'Institut, 1 vol. in-18 jésus. . . . .   6 fr.

§ 9. *Droit féodal et coutumier.*

372. — MALECOT ET BLIN. — Précis de droit
féodal et coutumier, 1 vol. . . .   6 fr.

§ 10. *Histoire du droit.*

373. — MINIER. — *Précis historique du droit
français.* Introduction à l'étude du droit. 1
vol. in-8°. . . . .   9 fr.
374. — H. DE FRESQUET. — *Précis d'histoire des
sources du droit français*, depuis les Gaulois
jusqu'à nos jours. 1 vol. in-12. . .   3 fr. 50

§ 11. *Thèses.*

375. — BERRIAT SAINT-PRIX. — *Guide pour les
thèses*, 1 vol. in-18. . . . .   3 fr.

NOTA. — On trouve à la librairie Marescq
aîné, rue Soufflot, 20, un grand assortiment de
thèses de licence et de doctorat. (*Note de l'éditeur.*)

TITRE II

Des Facultés de province

376. — Nous donnons, dans cette seconde partie de notre *Guide Manuel*, les renseignements spéciaux aux diverses Facultés de province, tels que *sessions d'examens, conférences, concours*, etc.

Il y a actuellement, en province, *onze* Facultés de droit. Ce sont les Facultés d'Aix, de Bordeaux, de Caen, de Dijon, de Douai, de Grenoble, de Lyon, de Nancy, de Poitiers, de Rennes, de Toulouse. En outre, une Faculté va être créée à Montpellier.

CHAPITRE Ier

FACULTÉ D'AIX

Année scolaire 1879-1880

Sommaire. — *Ouverture du registre des inscriptions et des cours. — Ordre, jours et heures des cours. — Des sessions d'examens. — Matières des examens de doctorat. — Thèses. — Concours. — Bibliothèque. — Secrétariat.*

§ 1er. *Ouverture du registre des inscriptions et des cours* (1).

377.— Le registre des inscriptions sera ouvert du 20 octobre au 15 novembre, et par exception jusqu'au 20 pour les étudiants reçus bacheliers ès lettres dans la session de novembre; les 2 janvier, 1er avril et 1er juillet, et clos irrévocablement les 15 des mêmes mois. Les cours commenceront le 15 novembre et se poursuivront jusqu'au mois d'août. Ils auront lieu aux jours et heures indiqués ci-après.

§ 2. *Ordre, jours et heures des cours.*

378.   PREMIÈRE ANNÉE

Droit romain. M. Bry, professeur, *mardi, jeudi, samedi,* à 8 heures.
Code civil. M. Carles, *lundi, mercredi, vendredi,* à 9 h. 1/2.
Législation criminelle. M. de Pitti-Ferandi, *mardi, jeudi, samedi,* à 9 h. 1/2.

379.   DEUXIÈME ANNÉE

Droit romain. M. Jourdan (Edouard), chargé du cours *mardi, jeudi, samedi,* à 9 h. 1/2.

______

(1) Nous avons emprunté les renseignements relatifs à cette Faculté à l'excellent *Programme de la Faculté de droit d'Aix.* (Aix. Achille Makaire, 50 c.)

Code civil. M. Pison, professeur, *mardi, jeudi, samedi,* à 8 heures.

Procédure civile. M. Naquet, professeur, *lundi, mercredi, vendredi,* à 8 heures.

Économie politique. M. Jourdan (Alfred), doyen, *lundi, mercredi, vendredi,* à 9 h. 1/2.

380.   TROISIÈME ANNÉE

Code civil. M. Grellaud, professeur, *mardi, jeudi, samedi,* à 8 heures.

Droit commercial. M. Laurin, professeur, *lundi, mercredi, vendredi,* à 8 heures.

Droit administratif. M. Gautier, professeur, *les mêmes jours,* à 9 h. 1/2.

Conférences facultatives (pour les trois années) : MM. Édouard Jourdan et Massigli.

Cours complémentaires. Trois cours complémentaires seront ouverts cette année sur : l'*Histoire du droit,* le *Droit maritime,* le *Droit a'enregistrement.* Une affiche postérieure indiquera les jours et heures.

§ 3. *Des sessions d'examens.*

381. — Pour être admis aux examens, il faut un certificat d'assiduité délivré par les professeurs des cours que l'on suit.

Les sessions d'examens ont été fixées de la manière suivante :

La première, du 15 au 28 novembre ;
La deuxième, du 10 au 30 janvier ;
La troisième, du 15 au 29 avril ;
La quatrième, du 15 juillet au 14 août.

Cette dernière est divisée en deux parties dont la seconde commence le 1er août et finit le 14. On n'est pas admis à subir un premier ou un second examen de licence, ni aucune épreuve de doctorat dans la seconde partie de la quatrième session. — Les étudiants qui désireront subir des examens ou soutenir une thèse, devront consigner les droits et se faire inscrire au secrétariat de la Faculté, *huit jours* avant l'ouverture de chaque session, et *quinze jours* avant si, dispensés de l'assiduité, ils ne résident pas à Aix.

§ 4. *Matières des examens de doctorat.*

382. — Le premier examen de doctorat comprend les Institutes et les titres des Pandectes expliqués par les professeurs.

Le deuxième examen porte sur la totalité du Code civil, le droit commercial et le droit administratif.

§ 5. *Thèses.*

383.—Les thèses sont de format in-8⁰ pour la licence et le doctorat. Trente exemplaires de la thèse de licence doivent être déposés à la Faculté *deux jours francs* avant la soutenance. Cette dernière thèse doit se terminer par 12 positions, dont 4 en droit romain, 4 en droit civil, 2 en droit criminel, 2 en droit administratif.

§ 6. *Concours.*

384. — Chaque année, la Faculté distribue des prix et des mentions honorables, d'après le résultat d'un concours qui a lieu : 1⁰ entre les élèves de première et de deuxième année, sur

les fonds alloués par le conseil général des Bouches-du-Rhône ; 2º entre les élèves de troisième année ; 3º entre les élèves de quatrième année aspirant au doctorat, et les docteurs reçus, soit dans le courant de l'année, soit l'année précédente.

385. — Sont admis à concourir :

Pour les prix de première et de deuxième année :

Les étudiants qui se sont fait inscrire à cet effet, après avoir pris la dernière inscription de leur année respective.

Pour les prix de troisième année :

Les élèves qui, ayant pris leur neuvième inscription au mois de novembre précédent, auraient, par une autorisation spéciale, subi leur quatrième examen. Toutefois les susdits candidats ne seront admis au concours qu'autant que le total des boules qu'ils auront obtenues dans leurs différents examens offrirait la majorité de boules blanches.

Question choisie pour le futur concours des docteurs en 1879-1880 :

DU CHÈQUE AU POINT DE VUE ÉCONOMIQUE
ET LÉGISLATIF.

Les mémoires doivent être déposés avant le 15 juillet 1880.

§ 7. *Bibliothèque.*

386. — La bibliothèque de la Faculté est ouverte tous les jours, moins le samedi, le ma-

tin de 8 à 11 heures en toutes saisons, et dans l'après-midi de 2 à 5 heures en hiver, de 3 à 6 en été.

§ 8. *Secrétariat.*

387. — Le secrétariat est ouvert tous les jours non fériés de 9 à 11 heures du matin, et de 2 à 5 heures du soir.

CHAPITRE II

FACULTÉ BE BORDEAUX

Année scolaire 1879-1880

Sommaire. — *Du registre des inscriptions. — Ordre jours et heures des cours. — Sessions d'examens. — Concours.*

§ 1er. *Du registre des inscriptions.*

388. — Le registre des inscriptions sera ouvert le 2 novembre, le 2 janvier, le 1er avril et le 1er juillet. L'inscription doit être prise dans la première quinzaine. Les cours commenceront le 17 novembre. Ils auront lieu dans l'ordre suivant.

§ 2. *Ordre, jours et heures des cours.*

389.　　　　PREMIÈRE ANNÉE

Droit civil. M. Saignat, professeur, *mardi, jeudi, samedi*, salle n° 1, à 8 h. 1/2.

Histoire du droit. M. Vigneaux, professeur, *mercredi,
vendredi,* salle n⁰ 2, à 8 h. 1/2.
Droit criminel. M. Marandout, agrégé, chargé du
cours, *mardi, jeudi, samedi,* salle
n⁰ 1, à 10 heures.
Droit romain. M. Cuq, agrégé, chargé du cours, *lundi,
mercredi, vendredi,* salle n° 2, à
10 heures.

390.   DEUXIÈME ANNÉE

Droit romain. M. Couraud, doyen, *mardi, jeudi, samedi,* salle n⁰ 3, à 8 h. 1/2.
Code civil. M. Deloynes, professeur, *lundi, mercredi,
vendredi,* salle n° 1, à 8 h. 1/2.
Procédure civile. M. Lecocq, professeur, *mardi, jeudi,
samedi,* salle n° 2, à 10 heures,
Economie politique. M. Gide, agrégé, chargé du cours,
lundi, mercredi, vendredi, salle n° 3,
à 10 heures.

391.   TROISIÈME ANNÉE.

Code civil. M. Baudry-Lacantinerie, professeur, *lundi,
mercredi, vendredi,* salle n⁰ 3, à
8 h. 1/2.
Droit commercial. M. Ribéreau, professeur, *mardi,
jeudi, samedi,* salle n° 2, à 8 h. 1/2.
Droit maritime. M. Levillain, agrégé, chargé du cours,
mardi, jeudi, samedi, salle n⁰ 3, à
10 heures.
Droit administratif. M. Barckhausen, professeur,
lundi, mercredi, vendredi, salle n⁰ 2,
à 10 heures.

392.   QUATRIÈME ANNÉE

Droit civil. M. Baudry-Lacantinerie, professeur, *samedi,* à 4 heures.

Droit commercial. M. Ribéreau, professeur, *samedi*, à 3 heures.
Droit des gens. M. Larnaude, agrégé, chargé du cours, *lundi* et *mercredi*, à 3 heures.
Histoire du droit. M. Vigneaux, professeur, *mercredi* et *vendredi*, à 8 h. 1/2.
Pandectes. M. Chevallier.

CONFÉRENCES FACULTATIVES de MM. les agrégés pour la préparation aux examens de licence et de doctorat.

- Ire année. — M. Marandout.
- 2e année. — M. Cuq.
- 4e année. — M. Levillain.
- Doctorat. — M. Cuq.

§ 3. *Sessions d'examens.*

393. — Il y aura cinq sessions d'examens et actes publics pendant l'année scolaire 1879-1880.

La première, du 20 au 29 novembre 1879;
La deuxième, du 10 au 31 janvier 1880;
La troisième, du 20 au 30 avril 1880;
Le quatrième, du 15 au 31 juillet 1880;
La cinquième, du 1er au 14 août 1880.
Les droits d'examens doivent être versés au plus tard la veille du jour de l'épreuve.

§ 4. *Concours.*

394. — Des concours sont ouverts entre les étudiants de première et de seconde année, entre les étudiants de troisième année, et entre les docteurs et les aspirants au doctorat qui réunissent les conditions exigées par les arrêtés ministériels du 15 avril 1861 et du 24 décembre 1866. En outre, une médaille d'or de 200 francs, votée par le conseil municipal, est décernée, dans la

séance solennelle de rentrée, à la meilleure des
thèses de doctorat présentées dans l'année à las
Faculté. La condition indispensable pour par-
ticiper à ce concours est d'avoir subi devant la
Faculté de droit de Bordeaux les trois épreuves
du doctorat.

CHAPITRE III

FACULTÉ DE CAEN

Année scolaire 1879-1880

SOMMAIRE. — *Ouverture du registre des inscriptions et
des cours. — Tableau des cours. — Des appels. —
Interruption dans les études. — Des conférences. —
Sessions d'examens. — Consignation des droits. —
Dispositions relatives aux thèses. — Secrétariat.*

§ 1er. *Ouverture du registre des inscriptions et des cours.*

395. — Pour le premier trimestre de l'année
scolaire, le registre des inscriptions sera ouvert
à partir du *deux* novembre ; il sera clos le
quinze. Mais les étudiants qui n'auront été reçus bacheliers ès lettres qu'après le *quinze* novembre, seront exceptionnellement admis à
prendre leur inscription jusqu'au *vingt* dudit
mois. Pour les *deuxième, troisième* et *quatrième*
trimestres, le registre des inscriptions continuera
d'être ouvert depuis le *premier* jusqu'au *quin-*

ʒième jour inclusivement des mois de janvier, avril et juillet. Pour être admis à prendre une nouvelle inscription, chaque étudiant doit justifier des certificats d'assiduité à tous les cours prescrits pour l'année d'études à laquelle il appartient. En vertu d'un arrêté pris par la Faculté, le 27 août 1840, les étudiants doivent, pour obtenir le certificat d'assiduité, *remettre au professeur de chaque cours leurs cahiers d'analyse.*

396. — L'ouverture des cours aura lieu le 15 novembre 1879.

§ 2. *Tableau des cours.*

397.   PREMIÈRE ANNÉE

Code civil. { M. Bayeux, professeur. M. Guillouard, agrégé, *suppléant.* } { *jeudi, vendredi, samedi,* salle n. 1, à 9 h. 1/4. }

Droit romain. M. Cauvet, professeur, *lundi, mardi mercredi,* salle n. 1, à 11 heures.

Droit criminel. M. Vaugeois, professeur, *les mêmes jours,* salle n. 1, à 8 heures.

398.   DEUXIÈME ANNÉE

Code civil. M. Demolombe, doyen, *jeudi, vendredi, samedi,* salle n. 1, à 11 heures.

Procédure civile. M. Carel, professeur, *les mêmes jours,* salle n. 1, à 8 heures.

Droit romain. M. Laisné-Deshayes, agrégé, *lundi, mardi, mercredi,* salle n. 1, à 9 h. 1/4.

Economie politique. M. Villey, agrégé, *lundi, mercredi,* salle n. 2, à 3 h. 1/4.

399. TROISIÈME ANNÉE

Code civil. M. Jouen, professeur, *jeudi, vendredi, samedi,* salle n. 2, à 9 h. 1/2.
Droit commercial. M. Feuguerolles, professeur, *les mêmes jours,* salle n. 2, à 8 heures.
Droit administratif. M. Toutain, professeur, *lundi, mardi, mercredi,* salle n. 2, à 8 h. 1/4.

400. PREMIÈRE, DEUXIÈME ET TROISIÈME ANNÉES

Leçons préparatoires aux examens. M. Bayeux, professeur, 1re année, *lundi,* 2e année, *mardi,* 3e année, *mercr.* salle n. 1, à 1 h.

401. TROISIÈME ANNÉE ET DOCTORAT

Histoire du droit français, mercredi et *vendredi,* salle n. 2, à 3 h. 1/4.
De la vente et de la prescription, mardi et *jeudi,* salle n. 2, à 3 h. 1/4.

Les étudiants suivront, en outre, deux cours de droit français, à leur choix, et un cours de droit romain.

§ 3. *Des appels.*

402. — L'étudiant qui n'aura pas répondu à l'appel de son nom, le nombre de fois fixé par les règlements, n'obtiendra pas le certificat d'assiduité, et ne pourra dès lors être admis aux examens, *qu'en vertu d'une délibération spéciale de la Faculté.*

Celui qui répondrait pour un autre encourra la perte d'une inscription.

℥ 4. *Interruption dans les études.*

403.— Les étudiants qui ont interrompu leurs études ne peuvent être admis à les continuer *sans une autorisation de la Faculté.* Pour l'obtenir, ils doivent, dans une demande présentée au doyen, indiquer les motifs d'interruption, et justifier des inscriptions prises antérieurement, ainsi que des certificats d'assiduité aux cours pour lesquels ces inscriptions ont été prises.

§ 5. *Des conférences.*

404. — Les conférences sont ouvertes le 25 novembre. MM. les étudiants sont invités à s'inscrire sur le registre qui est destiné à recevoir les noms des élèves des conférences, en même temps qu'ils prendront au secrétariat de la Faculté leur inscription du mois de novembre.

§ 6. *Sessions d'examens.*

405. — La Faculté a fixé, ainsi qu'il suit, les sessions d'examens de l'année scolaire 1879-1880 :

La 1re session aura lieu du 18 au 30 novembre;
La 2e — — du 10 au 25 janvier;
La 3e — — du 25 avril au 10 mai;
La 4e — — du 5 au 25 juillet;
La 5e — — du 26 juill. au 25 août.

§ 7. *Consignation des droits.*

406. — Les étudiants qui veulent subir des examens ou soutenir des thèses, doivent consigner les droits et se faire inscrire au secrétariat, *dix jours* avant l'ouverture de chaque session.

§ 8. *Dispositions relatives aux thèses.*

407. — Les aspirants à la licence devront remettre, *cinq jours* avant la soutenance de l'acte public, un exemplaire de leur thèse, *format grand in-*8°, à M. le recteur de l'Académie; un exemplaire à chacun des membres de la Faculté; quatre exemplaires au secrétariat; enfin trente exemplaires à l'appariteur, pour être distribués, au moment de la soutenance de l'acte.

Les aspirants au doctorat devront se conformer aux prescriptions ci-dessus indiquées, et déposer, en outre, au secrétariat trente exemplaires de leur thèse.

§ 9. *Secrétariat.*

408. — Le bureau du secrétariat est ouvert tous les jours, depuis onze heures du matin jusqu'à trois heures du soir, rue Bosnières, 19.

CHAPITRE IV

FACULTÉ DE DIJON

Année scolaire 1879-1880

SOMMAIRE. — *Ouverture du registre des inscriptions et des cours.* — *Tableau des cours.* — *Sessions d'examens.* — *Concours de doctorat.* — *Concours de première et de deuxième année.* — *Concours littéraire entre les étudiants de la Faculté de droit.* — *Secrétariat.* — *Bibliothèque.*

§ 1ᵉʳ. *Ouverture du registre des inscriptions et des cours.*

409. — Le registre des inscriptions sera ouvert le 3 novembre et clos le 15, et, par exception, jusqu'au 20, pour les étudiants reçus bacheliers ès lettres dans la session de novembre. Pour les autres trimestres, le registre sera ouvert, le 2 janvier, le 1ᵉʳ avril, le 1ᵉʳ juillet et clos le 15 des mêmes mois.

Les cours de la Faculté s'ouvriront le lundi 17 novembre.

§ 2. *Tableau des cours.*

410.   PREMIÈRE ANNÉE

Code civil. M. Villequez, professeur, *lundi, mercredi, vendredi,* à 8 h. 1/2 du matin.

Droit romain. M. Renardet, professeur, *mardi, jeudi, samedi,* à 8 h. 1/2 du matin.
Code pénal. M. Beauchet, agrégé, *lundi, mercredi, vendredi,* à 1 heure.

411. DEUXIÈME ANNÉE

Code civil. M. Guenèe, professeur, *mardi, jeudi, samedi,* à 8 h. 1/2 du matin.
Droit romain. M. Lacomme, doyen, sénateur, suppléé par M. Bonneville, agrégé, *lundi, mercredi, vendredi,* à 8 h. 1/2 du matin.
Procédure civile. M. Duverdier de Suze, professeur, *mardi, jeudi, samedi,* à 1 heure.
Economie politique. M. Mongin, agrégé, *lundi, mercredi, vendredi,* à 1 h. 1/2.

412. TROISIÈME ANNÉE

Code civil. M. Mouchet, professeur, *lundi, mercredi, vendredi,* à 1 heure.
Droit public administratif. M. Gaudemet, professeur, *mardi, jeudi, samedi,* à 8 h. 1/2.
Droit commercial. M. Bailly, agrégé, *les mêmes jours,* à 1 heure.

413. QUATRIÈME ANNÉE

Histoire du droit. M. Villequez, professeur, *mardi,* à 3 heures.
Pandectes. M. Renardet, professeur, *vendredi,* à 3 heures.
Droit civil approfondi. M. Mouchet, professeur, *jeudi,* à 4 heures.
Droit des gens. M. Bonneville, agrégé, *samedi,* à 3 heures.
Législation industrielle. M. Desserteaux, agrégé, *lundi,* à 3 heures.

§ 3. *Sessions d'examens.*

414. — Il y a, dans l'année, cinq sessions ordinaires : la première, du 14 au 28 novembre ; la deuxième, du 15 au 29 janvier ; la troisième, du 11 au 28 avril ; la quatrième, du 15 au 29 juillet ; la cinquième commencera le 2 août.—La Faculté pourra faire passer des thèses de doctorat dans l'intervalle des sessions. Aucune épreuve de doctorat ne pourra être subie après le 29 juillet. Tous les élèves qui doivent subir un examen ou une thèse dans une session doivent consigner *huit jours francs* au moins avant l'ouverture de ladite session ; pour celle d'août, au plus tard le 15 juillet. Les *certificats de fréquence* doivent être déposés *trois jours francs* avant l'examen. Les thèses de licence doivent être déposées *trois jours francs*, et celles de doctorat, *huit jours francs* avant la soutenance.

§ 4. *Concours de doctorat.*

415. — Question choisie pour sujet du concours de l'année 1879-1880 :

DE QUELLE MANIÈRE LES DIVERS SUCCESSEURS UNIVERSELS, A TITRE UNIVERSEL OU A TITRE PARTICULIER, SONT OU PEUVENT ÊTRE TENUS DES DETTES.

§ 5. *Concours de première et de deuxième année.*

416.—Le concours entre les élèves de première

et de deuxième année pour les prix annuels données par le conseil général de la Côte-d'Or, aura lieu dans la première quinzaine d'août. La seule condition pour être admis est d'avoir pris depuis le mois de novembre précédent les quatre inscriptions de première ou de seconde année dans la Faculté.

§ 6. *Concours littéraire entre les étudiants de la Faculté de droit.*

417. — Par décision ministérielle du 4 mai 1875, il est ouvert à la Faculté des lettres un concours littéraire entre les étudiants de la Faculté de droit. Quatre prix, deux de cent francs et deux de cinquante francs, seront distribués entre les lauréats.

§ 7. *Secrétariat.*

418. — Le secrétariat est ouvert au public tous les jours non fériés, de une heure à deux heures; pendant le temps des inscriptions, de une heure à quatre heures ; et le jour de la clôture du registre, de neuf heures du matin à onze, et de une heure à neuf heures du soir.

§ 8. *Bibliothèque.*

419. — La bibliothèque de la Faculté est ouverte aux étudiants tous les jours non fériés, de une heure à quatre heures, et de sept à neuf heures du soir.

CHAPITRE V

FACULTÉ DE DOUAI

Année scolaire 1879-1880

Sommaire. — *Des inscriptions.* — *Des cours.* — *Des sessions d'examens.* — *Des concours.* — *Bibliothèque.*

§ 1er. *Des inscriptions.*

420. — Le registre des inscriptions pour le premier trimestre de l'année 1879-1880 sera ouvert le 20 octobre et clos le 15 du mois de novembre. Les étudiants qui auront été reçus bacheliers ès lettres dans la session de novembre auront jusqu'au 20 de ce mois pour s'inscrire. Pour les autres trimestres, le registre sera ouvert le 2 janvier, le 1er avril, le 1er juillet. Il sera clos le 15 des mêmes mois ou le 16 si le 15 est un jour férié.

§ 2. *Des cours.*

421. — Les cours commenceront le 15 novembre. Ils auront lieu aux jours et heures ci-après indiqués :

PREMIÈRE ANNÉE

Droit romain. M. Michel, agrégé, chargé du cours, *lundi, mercredi, vendredi*, à 8 h. 1/4 (2e *amph.*).

Code civil. M. Feder, professeur, *les mémes jours,* à 10 h. 1/4 (2ᵉ *amph.*).

Législation criminelle. M. X..., chargé du cours, *mardi, jeudi, samedi,* à 10 h. 1/4 (2ᵉ *amph.*).

DEUXIÈME ANNÉE

Droit romain. M. Drumel, professeur, député. M. Poisnel-Lantilliere, agrégé, chargé du cours, *les mémes jours,* à 10 h. 1/4 (1ᵉʳ *amph.*).

Code civil. M. D. de Folleville, professeur, délégué dans les fonctions de doyen, *les mémes jours,* à 8 h. 1/4 (1ᵉʳ *amph.*).

Procédure civile. M. Estoublon, agrégé, chargé du cours, *lundi, mercredi, vendredi,* à 1 h. 1/4 (1ᵉʳ *amph.*).

Economie politique. M. Faure, agrégé, chargé du cours, *mercredi, vendredi,* à 3 heures (1ᵉʳ *amph.*).

TROISIÈME ANNÉE

Code civil. M. Blondel, conseiller d'Etat, professeur, doyen.

— M. Danjon, agrégé, chargé du cours, *lundi, mercredi, vendredi,* à 8 h. 1/4 (1ᵉʳ *amph.*).

Droit commercial. M. Beauregard, agrégé, chargé du cours, *mardi, jeudi, samedi,* à 8 h. 1/4 (1ᵉʳ *amph.*).

Cours complémentaire de Code civil. M. Bastid, chargé du cours, *samedi,* à 10 h. 1/4 (*salle d'examens*).

QUATRIÈME ANNÉE

Conférences sur les Pandectes. M. Michel, agrégé, *lundi,* à 3 heures (1ᵉʳ *amph.*).

Cours d'histoire du droit romain et du droit francais. M. Beauregard, agrégé, *mardi,* à 3 h. (1ᵉʳ *amph.*).

*Cours du droit des gens et des législations comparées
de l'Angleterre, de la Belgique et de
la France. M. de Folleville, professeur,
jeudi, à 3 h. (1ᵉʳ amph.).*
*Cours sur une matière approfondie de droit français.
M. Faure, agrégé, jeudi, à 1 h. 1/2
(1ᵉʳ amph.).*
*Cours sur l'enregistrement dans ses rapports avec le
droit civil. M. Feder, professeur, mardi,
à 1 h. (1ᵉʳ amph.).*

§ 3. *Sessions d'examens.*

422. — Les sessions d'examens sont fixées de
la manière suivante : la première, du 16 au 30
novembre ; la deuxième, du 10 au 31 janvier ;
la troisième, du 1ᵉʳ au 30 avril ; la quatrième, du
20 juin au 7 juillet ; la cinquième, du 20 juillet
au 14 août. — Les thèses de doctorat peuvent
être soutenues dans l'intervalle des sessions.

Les droits doivent être consignés *cinq jours*
au moins avant l'ouverture de la session.

§ 4. *Concours.*

423. — Tous les étudiants de première et
deuxième année peuvent prendre part au concours de leur année : il en est de même des étudiants inscrits pour le certificat de capacité. Les
étudiants de troisième année ne sont admis à
concourir qu'autant qu'ils ont obtenu, dans leurs
quatre examens de baccalauréat et de licence,
majorité de boules blanches.

Les docteurs qui auront soutenu leur thèse
devant la Faculté et les aspirants au doctorat

qui auront pris des inscriptions, et remplissant d'ailleurs les conditions déterminées par les règlements, seront admis à concourir pour *les médailles* et *prix* à distribuer en novembre 1880. Le sujet choisi pour l'année scolaire 1879-1880 est le suivant : *Situation juridique de la femme en droit commercial.* Une affiche spéciale indiquera l'époque à laquelle les mémoires devront être déposés.

Des médailles, des prix et des mentions honorables seront distribués dans la séance solennelle de rentrée du mois de novembre 1880. Les médailles et les prix de première et de deuxième année seront remis au nom des *conseils généraux du Nord, du Pas-de-Calais, de l'Aisne, des Ardennes et de la Somme,* à la libéralité desquels ils sont dus.

Les conseils généraux contribuent aussi aux prix de troisième année et de doctorat.

§ 5. *Bibliothèque.*

424. — Outre la bibliothèque de la ville, riche en collections d'ouvrages sur l'ancienne jurisprudence, une bibliothèque spéciale est ouverte aux étudiants, dans le local de la Faculté de droit, tous les jours, à l'exception des dimanches et jours de fêtes légales, de dix heures du matin à cinq heures de l'après-midi, et de sept à neuf heures du soir.

CHAPITRE VI

FACULTÉ DE GRENOBLE

Année scolaire 1879-1880

SOMMAIRE. — *Des inscriptions. — Ouverture des cours. — Ordre, jours et heures des cours. — Sessions d'examens. — Concours. — Conférences pour l'agrégation. — Bibliothèque.*

§ 1er. *Des inscriptions.*

425. — Les inscriptions doivent être prises, pour le premier trimestre de l'année scolaire, du 20 octobre au 15 novembre. Toutefois, les jeunes gens qui obtiennent le diplôme de bachelier ès lettres à la session de novembre sont autorisés à s'inscrire jusqu'au 20 de ce mois. — L'inscription doit être renouvelée dans la première quinzaine de chaque trimestre (du 2 au 15 janvier, du 1er au 15 avril, et du 1er au 15 juillet).

§ 2. *Ouverture des cours.*

426. — L'ouverture des cours aura lieu le lundi 17 novembre prochain. Ils se feront dans le nouveau *Palais des Facultés*, rue du Général Marchand, aux jours et heures ci-après indiqués :

427.   COURS ORDINAIRE

PREMIÈRE ANNÉE

Droit romain. M. Pierron, agrégé, *lundi, mercredi, vendredi,* à 8 h. 1/2.
Code civil. M. Trouiller, professeur, *mardi, jeudi, samedi,* à 8 h. 1/2.
Législation criminelle. M. Guétat, *mardi, jeudi, samedi,* à 4 h. du soir.

DEUXIÈME ANNÉE

Droit romain. M. Tartari, agrégé, *lundi, mercredi, vendredi,* à 10 h.
Code civil. M. Vigié, professeur, *mardi, jeudi, samedi,* à 2 h.
Procédure civile. M. Valabrègue, professeur, *lundi, mercredi, vendredi,* à 8 h. 1/2.
Economie politique. M. Rambaud, *mardi, jeudi, samedi,* à 4 h. du soir.

TROISIÈME ANNÉE.

Code civil. M. Testoud, professeur, *lundi, mercredi, vendredi,* à 8 h. 1/2.
Droit commercial. M. Gueymard, professeur, *mardi, jeudi, samedi,* à 4 h. du soir.
Droit administratif. M. Lamache, professeur, *mardi, jeudi, samedi,* à 10 h.

428.   COURS COMPLÉMENTAIRES

Cours sur les banques et les opérations de banque. M. Gueymard, *lundi,* à 5 h. du soir.
Cours approfondi de Code civil. M. Trouiller, *vendredi,* à 4 h. du soir.

Cours de législation industrielle et d'économie politique. M. Lamache, *mercredi*, à 5 h. 1/4 du soir.

Cours de législation notariale. M. Vigié, *mercredi*, à 7 h. du soir.

Cours d'histoire du droit. M. Guétat, *mercredi*, à 4 h. du soir.

Cours approfondi de procédure civile. M. Valabrègue, *jeudi*, à 5 h. 1/4 du soir.

Cours d'enregistrement. M. Testoud, *vendredi*, à 7 h. du soir.

Cours de Pandectes. M. Tartari, *samedi*, à 5 h. 1/4 du soir.

Nota. Les heures sont différentes pour le deuxième semestre.

§ 4. *Sessions d'examens.*

429.— Il y aura six sessions d'examens et actes publics pendant l'année scolaire 1879-1880.

1º Du 27 au 31 octobre 1879, *exclusivement réservée aux volontaires d'un an;* — 2º du 17 au 30 novembre 1879;—3º du 15 au 31 janvier 1880; — 4º du 15 au 29 avril 1880; — 5º du 12 au 26 juillet 1880; — 6º du 2 au 14 août 1880.— Les étudiants doivent consigner les droits et se faire inscrire au secrétariat, *huit jours* avant l'ouverture de chaque session.

§ 5. *Concours.*

430. — Des concours pour des prix sont ouverts entre les élèves de première et de seconde année. Par une délibération du 14 avril 1876, le

conseil municipal de Grenoble, en concourant à la fondation des cours complémentaires, dont les uns s'adressent aux aspirants docteurs et les autres aux jeunes gens qui se destinent à l'enregistrement, au notariat ou au commerce, a bien voulu attacher à ces cours des prix spéciaux, annuellement décernés. La chambre des notaires donne aussi un prix spécial pour les clercs de notaire suivant les cours de notariat et d'enregistrement.

§ 6. *Conférences pour l'agrégation.*

431.— MM. les aspirants à l'agrégation pourront faire dans des conférenees hebdomadaires, présidées par MM. les professeurs, les leçons, argumentations et autres exercices des cours.

§ 7. *Bibliothèque.*

432. — MM. les étudiants trouveront, dans le local même de la Faculté de droit, une bibliothèque composée d'ouvrages de droit, de sciences et de littérature. Cette bibliothèque leur est ouverte de *midi* à *quatre heures* et pendant la soirée. Elle a reçu depuis quelque temps des développements très considérables dans toutes les branches du droit.

CHAPITRE VII

FACULTÉ DE LYON

Année scolaire 1879-1880

SOMMAIRE. — *Du registre des inscriptions.* — *Des cours.* — *Cours complémentaires.* — *Sessions d'examens.* — *Examens de doctorat.* — *Concours.* — *Bibliothèque.* — *Secrétariat.*

§ 1er. *Du registre des inscriptions.*

433. — Le registre des inscriptions sera ouvert le 20 octobre et clos le 15 novembre pour le premier trimestre de l'année scolaire, et pour les trois trimestres suivants, dans la première quinzaine des mois de janvier, avril et juillet.

Les cours commenceront le samedi 15 novembre. Ils auront lieu aux jours et heures ci-après indiqués.

§ 2. *Des cours.*

434. **PREMIÈRE ANNÉE**

Droit romain. M. Flurer, professeur, *mardi, jeudi, samedi*, salle n° 2, à 9 h. 1/2 du matin.
Code civil. M. Mabire, professeur, *lundi, mercredi, vendredi*, salle n° 1, à 9 h. 1/2 du m.
Droit criminel. M. Garraud, professeur, *mardi, jeudi, samedi*, salle n° 1, à 8 h. du matin.
Conférences facultatives. M. Cohendy, deux fois par semaine.

420. DEUXIÈME ANNÉE

Droit romain. M. Appleton, professeur, *lundi, mercredi, vendredi,* salle n° 2, à 8 h. du matin.

Code civil. M. Caillemer, doyen, *mardi, jeudi, samedi,* salle n° 1, à 9 h. 1/2 du matin.

Procédure civile. M. Brémond, professeur, *lundi, mercredi, vendredi,* salle n° 3, à 9 h. 1/2 du matin.

Economie politique. M. Rougier, professeur, *mardi, jeudi, samedi,* salle n° 2, à 8 h. du m.

Conférences facultatives. M. Cohendy, agrégé, deux fois par semaine.

421. TROISIÈME ANNÉE

Code civil. M. Morin, chargé du cours, *mardi, jeudi, samedi,* salle n° 3, à 9 h. 1/2 du matin.

Droit commercial. M. Thaller, professeur, *mardi, jeudi, samedi,* salle n° 3, à 9 h. 1/2.

Droit administratif. M. Enou, *lundi, mercredi, vendredi,* salle n° 2, à 9 h. 1/2.

Conférences facultatives. M. Hanoteau, agrégé, deux fois par semaine.

422. QUATRIÈME ANNÉE

Conférences sur les Pandectes (De la litis contestatio). M. Hanoteau, agrégé, *vendredi,* salle n° 1, à 4 h. 1/2 du soir.

Code civil approfondi (De l'absence). M. Mabire, professeur, *mardi,* salle n° 1, à 4 h. 1/2 du soir.

Législation industrielle. M. Audibert, agrégé, *vendredi,* salle n° 1, à 8 h. du soir.

Droit constitutionnel. M. Audibert, *lundi, jeudi,* salle n° 2, à 8 h. du soir.

Droit coutumier. M. Cohendy, agrégé, *samedi,* salle n° 1, à 4 h. 1/2.

Histoire du droit (les ordonnances royales). M. Cail-
    lemer, doyen, *lundi*, salle n° 1, à 4 h. 1/2.

Conférences facultatives. { 1er examen. M. Hanoteau, agrégé, / 2e examen. M. Audibert, agrégé, } deux fois par semaine.

§ 3. *Cours complémentaires.*

Législation notariale et enregistrement. M. Garraud,
    professeur, *lundi*, salle n° 1, à 8 h. du s.
*Droit international privé (conflit des lois françaises
    et étrangères).* M. Appleton, profes-
    seur, *mercredi*, salle n° 1, à 8 h. du s.
Procédure civile (Des saisies immobilières). M. Bré-
    mond, professeur, *jeudi*, salle n° 1, à
    8 h. du soir.
Législation financière. M. Flurer, professeur, *mardi*,
    salle n° 1, à 8 h. du soir.
Législation commerciale comparée. M. Thaller, pro-
    fesseur, *mercredi*, salle n° 1, à 4 h. 1/2.

§4. *Sessions d'examens.*

438. — Il y aura, pendant l'année scolaire
1879-1880, cinq sessions d'examens, savoir :

La première, du 15 au 29 novembre 1879 ;
La seconde, du 10 au 26 janvier 1880 ;
La troisième, du 12 au 24 avril 1880 ;
La quatrième, du 10 au 26 juillet 1880 ;
La cinquième, du 2 au 14 août 1880.

439. — Les étudiants qui désirent subir des
examens, ou soutenir une thèse, doivent se faire
inscrire au secrétariat de la Faculté, *dix jours*
au moins avant l'ouverture de la session. Ils devront consigner les droits avant l'examen.

§ 5. *Examens de doctorat.*

440. — Le deuxième examen de doctorat roule sur le Code civil en entier, l'histoire du droit, le droit constitutionnel ou le droit industriel au choix du candidat. Ces choix doivent être indiqués au secrétariat en s'inscrivant pour l'examen. Il est déposé au secrétariat un programme indiquant les matières sur lesquelles le candidat sera interrogé à cet examen.

§ 6. *Concours.*

441. — Les mémoires pour le concours de doctorat devront être déposés au secrétariat de la Faculté avant le 1er juillet 1880. — Le sujet choisi, par M. le ministre, pour le concours de 1880 est ainsi formulé : *Etude sur la juridiction de la chambre du conseil.*

442. — Grâce à la libéralité des conseils généraux, il est ouvert, chaque année, au mois de juillet : 1° entre les *étudiants de première année* un concours sur un sujet de droit romain ou de législation criminelle, et un concours sur un sujet de droit civil; 2° entre les étudiants de deuxième année un concours sur un sujet de droit français et un concours sur un sujet de procédure civile.

443. — Un concours est également ouvert entre les aspirants au notariat, auditeurs du cours de législation notariale et d'enregistrement. Les prix de ce concours sont décernés au nom de la chambre de discipline des notaires de Lyon. Enfin, il existe

un concours entre les auditeurs du cours d'économie politique : les prix sont décernés au nom de la Société d'économie politique de Lyon.

§ 7. *Bibliothèque.*

444. — La bibliothèque est ouverte aux étudiants, tous les jours non fériés, de deux heures à cinq heures et demie, et de huit heures à neuf heures et demie du soir.

§ 8. *Secrétariat.*

445. — Le bureau du secrétariat est ouvert tous les jours non fériés, de deux heures à cinq heures ; pendant le temps des inscriptions les étudiants y sont également admis de neuf heures à onze heures du matin.

CHAPITRE VIII

FACULTÉ DE NANCY

Année scolaire 1879-1880

Sommaire. — *Du registre des inscriptions. — Ouverture des cours. — Tableau des cours. — Sessions d'examens. — Concours. — Bibliothèque.*

§ 1ᵉʳ. *Du registre des inscriptions.*

446.— Le registre des inscriptions sera ouvert

le mardi 21 octobre et clos le samedi 15 novembre, sauf pour les bacheliers ès lettres reçus dans la session de novembre, qui seront admis à s'inscrire jusqu'au 20 du même mois. Le registre sera ouvert : pour le second trimestre, le 2 janvier; pour le troisième, le 1er avril, et pour le quatrième, le 1er juillet. Il sera clos les 15 des mêmes mois.

§ 2. *Ouverture des cours.*

447. — Les cours et les conférences de la Faculté commenceront le lundi 17 novembre aux jours et heures ci-après.

§ 3. *Tableau des cours.*

448   PREMIÈRE ANNÉE

Droit romain. M. Dubois, professeur, *mardi, jeudi, samedi,* à 2 h. 3/4.
Introduction à l'étude du droit. M. Jalabert, doyen, *les mêmes jours,* à 8 h. 1/4.
Droit criminel. M. P. Lombard, agrégé, *lundi, mercredi, vendredi,* à 8 h. 1/4.

CONFÉ-RENCES. { 1° *Droit romain et droit criminel.* M. Garnier, agrégé, *jeudi,* à 1 1/2 du soir.
2° *Code civil.* M. P. Lombard, agrégé, *mercredi,* à 1 h. 1/2.

449.   DEUXIÈME ANNÉE

Droit romain. M. Lederlin, professeur.
    — M. May, chargé du cours, *mardi, jeudi, samedi,* à 8 h.
Code civil. M. Blondel, professeur, *lundi, mercredi, vendredi,* à 9 h.

Procédure civile. M. Chavegrin, agrégé, *mardi, jeudi,*
    samedi, à 9 h. 3/4.
Économie politique. M. Garnier, agrégé, *lundi, mer-*
    credi, vendredi, à 8 h. 1/4.

CONFÉ-
RENCES.
1° *Code civil.* M. May, agrégé, *mardi,* à
    5 heures.
2° *Procédure civile.* M. May, agrégé, *ven-*
    dredi, à 5 heures.

450.   TROISIÈME ANNÉE

Code civil. M. Binet, professeur, *mardi, jeudi, samedi,*
    à 9 h. 3/4.
Droit commercial. M. P. Lombard, professeur, *lundi,*
    mercredi, vendredi, à 8 h. 1/4.
Droit administratif. M. Liégeois, professeur, *les*
    mêmes jours, à 2 h. 1/2.

CONFÉ-
FENCES.
1° *Code civil.* M. Garnier, agrégé, *mardi,* à
    1 h. 1/2.
2° *Droit commercial et droit administratif*
    M. P. Lombard, agrégé, *jeudi,* à 1 h. 1/4.

451.   QUATRIÈME ANNÉE

Cours de Pandectes. M. Lederlin, professeur, *mardi,*
    jeudi, samedi, à 9 h. 1/2.
Droit des gens. M. A. Lombard, professeur, *samedi,*
    à 5 heures.
Histoire du droit romain et du droit français.
    M. Blondel, professeur, *jeudi,* à 5 h.
Droit français étudié dans ses origines féodales et
    coutumières. M. Lederlin, professeur,
    vendredi, à 5 heures.
Droit civil approfondi dans ses rapports avec l'enre-
    gistrement. M. Dubois, professeur,
    lundi, à 5 heures.
Droit constitutionnel. M. Jalabert, doyen, *mercredi,*
    à 5 heures.
Conférence préparatoire au 1er examen de doctorat.
    M. Gardeil, agrégé, *mardi,* à 1 h. 1/2.

Conférence préparatoire au 2ᵉ examen de doctorat.
M. Chavegrin, agrégé, *mercredi*, à
1 h. 1/2.

§ 4. *Sessions d'examens.*

452. — Les sessions d'examens sont fixées de
la manière suivante : 1º la première, du 26
octobre au 25 novembre; la seconde, du 12 au
24 janvier; la troisième, du 15 mars au 10 avril;
la quatrième, du 24 au 29 mai ; la cinquième, du
14 au 24 juillet; la sixième, du 1ᵉʳ au 14 août.
— Les thèses de doctorat peuvent être soutenues dans l'intervalle des sessions. Les droits
doivent être consignés au secrétariat *trois
jours* au moins avant l'ouverture de la session.

§ 5. *Concours.*

453. — Des médailles, des prix et des mentions honorables sont distribués dans la séance
solennelle de rentrée à la suite de concours établis entre les docteurs et les aspirants au doctorat, et entre les étudiants de chacune des trois
années de licence. Les médailles de doctorat, les
médailles et les prix de troisième année sont
donnés par l'Etat, ceux de deuxième et de première année sont remis au nom des conseils
généraux de Meurthe-et-Moselle, de la Meuse et
des Vosges, à la libéralité desquels ils sont
dus.

§ 6. *Bibliothèque.*

454. — La bibliothèque de la ville de Nancy

est ouverte aux étudiants tous les jours de la semaine, le matin, dans l'après-midi et pendant la plus grande partie de la soirée.

CHAPITRE IX

FACULTÉ DE POITIERS

Année scolaire 1879-1880

SOMMAIRE. — *Du registre des inscriptions. — Cours ordinaires. — Cours complémentaire. — Conférences. — Sessions d'examens. — Concours. — Bibliothèque.*

§ 1er. *Du registre d'inscriptions.*

455. — L'ouverture des cours aura lieu le 15 novembre, à 8 heures 1/2 du matin. Le registre des inscriptions sera ouvert le 3 et clos le 15 novembre, à 6 heures du soir, sauf prorogation jusqu'au 20, pour les étudiants reçus bacheliers ès lettres dans la session de novembre. Pour les autres trimestres, le registre sera ouvert du 2 au 15 janvier, du 1er au 15 avril, et du 1er au 15 juillet exclusivement.

§ 2. *Cours ordinaires.*

456.   PREMIÈRE ANNÉE

Droit romain. — M. Pervinquière, professeur, suppléé par M. Petit, agrégé, *mardi, jeudi, samedi,* à midi 1/2, salle n. 2.

Code civil. M. Thézard, professeur, *lundi, mercredi,*
vendredi, à 8 h. 1/2 du m., salle n. 2.
Droit criminel. M. Normand, professeur, *mardi, jeudi,*
samedi, à 8 h. 1/2 du m., salle n. 2.

457. DEUXIÈME ANNÉE

Droit romain. M. Bonnet, agrégé, *lundi, mercredi,*
vendredi, à midi 1/2, salle n. 2.
Code civil. M. Arnault de la Ménardière, professeur,
mardi, jeudi, samedi, à 8 h. 1/2 du m.,
salle n. 1.
Procédure civile. M. Parenteau-Dubeugnon, professeur, *lundi*, à 8 h. 1/2 du m. ; *jeudi, samedi*, à midi 1/2, salle n. 3.
Économie politique. M. Ducrocq, doyen, *mercredi,*
vendredi, à 8 h. 1/2 du m., salle n. 3.

458. TROISIÈME ANNÉE

Code civil. M. Le Courtois, professeur, *lundi, mercredi, vendredi*, à 8 h. 1/2 du m., salle
n. 1.
Code de commerce. M. Arthuys, professeur, *mardi,*
jeudi, samedi, à midi 1/2, salle n. 2.
Droit administratif. M. Ducrocq, doyen, *mardi, jeudi,*
samedi, à 8 h. 1/2 du m., salle n. 3.

QUATRIÈME ANNÉE

459. — Les aspirants au doctorat doivent suivre au moins un des cours de droit romain, deux
cours de Code civil et les conférences de Pandectes qui leur sont affectées. Ces conférences
sont faites par M. Bonnet, *agrégé*, pour le premier trimestre, et par M. Petit, *agrégé*, pour le
second trimestre, le mercredi, à 2 heures 1/2
(salle n° 3).

§ 3. *Cours complémentaire.*

Histoire du droit. M. Barrilleau, agrégé, *mercredi, vendredi*, à midi 1/2, salle n. 1.

§ 4. *Conférences.*

460. — Les conférences facultatives sont faites par MM. Bonnet, Petit et Barrilleau, *agrégés.*

§ 5. *Sessions d'examens.*

461. — Il y a, dans l'année scolaire, cinq sessions d'examens, savoir : 1º du 10 au 25 novembre; 2º du 10 au 25 janvier; 3º du 10 au 15 avril; 4º du 10 au 25 juillet; 5º du 1er au 14 août. Les étudiants doivent consigner les droits et se faire inscrire au secrétariat *huit jours* au moins avant l'ouverture de la session, et pour la session d'août, avant le 20 juillet. — La thèse de licence ne peut être soutenue dans la même session que le deuxième examen de licence.

§ 6. *Concours.*

462. — Il y a, dans la Faculté de Poitiers, *pour tous les étudiants*, des concours pour des prix et médailles. Les étudiants de *première année*, ayant quatre inscriptions, et de *seconde année*, ayant huit inscriptions, sont admis au concours de l'année à laquelle ils appartiennent. Les étudiants de *troisième année*, pour être admis au double concours qui leur est destiné, doivent

avoir subi leur quatrième examen, et avoir
obtenu, dans leurs différents examens, majorité
de blanches. Les lauréats de ce concours reçoivent des médailles d'argent et de bronze, et des
ouvrages d'une valeur de 100 francs pour les
premiers prix et de 50 francs pour les seconds.
Le sujet du concours de doctorat est rendu public par voie d'affiches qui font connaître le délai dans lequel les mémoires doivent être déposés au secrétariat. Les mémoires jugés dignes
de la première médaille d'or par la Faculté sont
adressés à l'Académie de législation de Toulouse,
chargée de décerner une médaille d'honneur au
meilleur mémoire de doctorat couronné dans les
Facultés de droit de l'Etat (V. n° 224).

§ 7. *Bibliothèque.*

463. — La bibliothèque de la Faculté et celle
de la ville, placées dans les bâtiments de l'Ecole
de droit, sont à la disposition des étudiants.

CHAPITRE X

FACULTÉ DE RENNES

Année scolaire 1879-1880

Sommaire. — *Registre des inscriptions. — Des cours.
— Sessions d'examens. — Dispositions relatives aux
examens. — Concours. — Bibliothèque.*

§ 1ᵉʳ. *Du registre des inscriptions.*

464. — Le registre d'inscriptions sera ouvert du 25 octobre au 15 novembre. — Toutefois, les étudiants qui auront été reçus bacheliers ès lettres dans la session de novembre auront jusqu'au 20 de ce mois pour s'inscrire. Pour les autres trimestres, les inscriptions doivent être prises dans les quinze premiers jours de janvier, avril et juillet.

§ 2. *Des cours.*

465. — Les cours commenceront le 10 novembre. Ils auront lieu (sauf modifications ultérieures) aux jours et heures ci-après désignés.

466.   PREMIÈRE ANNÉE

Droit romain. M. Bodin, doyen, *mardi, jeudi, samedi,*
        à 8 h. 1/4, salle n. 2.
Code civil. M. Ripert, agrégé, *mardi, jeudi, samedi,*
        à 2 h. 1/4, salle n. 2.
Droit criminel. M. Jarno, agrégé, *lundi, mercredi,*
        vendredi, à 2 h. 1/2, salle n. 2.

467.   DEUXIÈME ANNÉE

Droit romain. M. Vignerte, agrégé, *lundi, mercredi,*
        vendredi, à midi 1/2, salle n. 2.
Code civil. M. Guérard, professeur, *mardi, jeudi, ven-*
        dredi, à 2 h. 1/4, salle n. 1.
Procédure civile. M. de Caqueray, professeur, *mardi,*
        jeudi, samedi, à 8 h. 1/4, salle n. 3.
Economie politique. M. Worms, professeur, corres-
        pondant de l'Institut, *lundi, vendredi,*
        à 8 h. 1/4, salle n. 2.

468. Troisième année

Code civil. M. Durand, professeur.
— M. Chatel, suppléant, *lundi, mercredi,
vendredi*, à 8 h. 1/4, salle n. 1.
Droit commercial. M. Eon, professeur, *mardi, jeudi,
samedi*, à 8 h. 1/4, salle n. 1.
Droit administratif. M. Marie, professeur, *lundi, mercredi, vendredi*, à 3 h., salle n. 1.

469. Quatrième année

Pandectes. M. Bodin, doyen (D. L. XIII, tit. 7, *De
pigneratitia actione*), *samedi*, à 4 h.,
salle n. 2.
Histoire du droit. M. Ripert, agrégé (*Histoire externe*),
mercredi, à 4 h., salle n. 2.
Droit coutumier. M. de Caqueray, professeur (*Des
rentes*), *mardi*, à 4 h., salle n. 2.
Droit constitutionnel. M. Guérard, professeur, *lundi*,
à 4 h., salle n. 2.
Droit commercial et industriel. M. Eon, professeur
(*Du contrat de transport*), *vendredi*, à
4 h., salle n. 2.

§ 3. *Sessions d'examens.*

470. — Les examens auront lieu du 15 au 30
novembre ; du 10 au 30 janvier ; dans la semaine
qui précédera le dimanche de la Passion (mais
seulement pour les thèses et épreuves de doctorat, les thèses de licence, et pour les étudiants
qui, n'ayant pas été reçus à l'un de leurs précé-
dents examens, ne pourraient prendre leur
sixième ou leur *dixième* inscription); du 15 au
30 mai, et du 15 juin au 31 août, pourvu toutefois
que la liste de ces examens remplisse chaque

session *sans intervalle.* — *A la dernière session de chaque année scolaire, les épreuves de doctorat n'auront pas lieu après le mois de juillet.*

Les étudiants qui doivent passer un examen ou une thèse doivent se faire inscrire au secrétariat *dix jours avant le commencement de chaque session*, consigner les droits et se faire fixer un jour.

§ 4. *Dispositions relatives aux examens.*

471. — Chaque année le programme du cours de *droit administratif* est déposé au secrétariat et mis à la disposition des étudiants. — Les certificats d'assiduité, nécessaires pour être admis aux examens, seront refusés à ceux qui n'auront pas suivi les cours exactement. — Tout candidat dont l'ajournement aura été prononcé à la suite d'une épreuve ne pourra se présenter de nouveau à l'examen avant *deux mois révolus,* s'il n'a obtenu du recteur de l'Académie une abréviation de délai.

§ 5. *Concours.*

472. — A la fin de l'année scolaire, des concours concernant chaque partie de l'enseignement en vue de la licence ont lieu à la Faculté entre les étudiants. Le *concours général,* entre les étudiants de toutes les Facultés de l'Etat, institué par le décret du 27 janvier 1869, a lieu dans les premiers jours du mois d'août.

§ 6. *Bibliothèque.*

473. — La bibliothèque de l'Académie est ou-

verte tous les jours, excepté les dimanches et
fêtes, de 1 heure à 4 heures et de 7 heures à
9 heures du soir.

CHAPITRE XI

FACULTÉ DE TOULOUSE

Année scolaire 1879-1880

SOMMAIRE. — *Du registre des inscriptions. — Cours
ordinaires.—Cours complémentaires.—Conférences.
— Sessions d'examens. — Prix municipaux. — Bibliothèque.*

§ 1er. *Du registre des inscriptions.*

474. — L'ouverture des cours aura lieu le
17 novembre 1879. Le registre des inscriptions
sera ouvert le 27 octobre et clos le 15 novembre,
à 6 heures du soir, sauf prorogation jusqu'au 20
pour les étudiants reçus bacheliers ès lettres
pendant la session de novembre. Pour les autres
trimestres, le registre sera ouvert du 2 au 15 janvier, du 5 au 20 avril et du 1er au 15 juillet inclusivement.

§ 2. *Cours ordinaires.*

475.   PREMIÈRE ANNÉE

Droit romain. M. Paget, agrégé, *lundi, mercredi, vendredi,* à 8 heures 30 du matin.

Code civil. M. Huc, professeur, *mardi, jeudi, samedi,*
à 1 heure du soir.
Droit criminel. M. Molinier, professeur, *lundi, mercredi, vendredi,* à 1 heure.

476. DEUXIÈME ANNÉE

Droit romain. M. Deloume, professeur, *mardi, jeudi,
samedi,* à 9 h. 45 du matin.
Code civil. M. Campistron, agrégé, *lundi, mercredi,
vendredi,* à 1 heure.
Procédure civile. M. Bonfils, professeur, doyen, *lundi,
mercredi, vendredi,* à 8 h. 30 du matin.
Economie politique. M. Arnault, professeur, *mardi,
jeudi, samedi,* à 8 h. 30 du matin.

477. TROISIÈME ANNÉE.

Code civil. M. G. Bressoles, professeur, *lundi, mercredi, vendredi,* 1 h. du soir.
Droit commercial. M. Dufour, professeur, doyen honoraire, *mardi, jeudi, samedi,* à 1 h.
du soir.
Droit administratif. M. Rozy, professeur, *mardi,
jeudi, samedi,* à 9 h. 30 du matin.

478. QUATRIÈME ANNÉE

Cours de Pandectes. M. Massol, professeur, *jeudi,
samedi,* à 2 h. 30 du soir.
*Droit français étudié dans ses origines féodales et
coutumières.* M. Ginoulhiac, professeur,
lundi, mercredi, vendredi, à 2 h. 30 du
soir.
Droit des gens. M. Laurens, agrégé, *lundi, vendredi,*
à 10 h. du matin.

§ 3. *Cours complémentaires.*

Cours approfondi de Code civil. M. Huc, *jeudi, samedi,* à 4 h. 30 du soir.

Droit rural. M. Deloume, *mardi, jeudi,* à 5 h. du soir.
*Procédure sur les voies d'exécution contre les débi-
teurs.* M. Bonfils, *mercredi, vendredi,*
à 5 h. du soir.
Enregistrement, hypothèque, notariat. M. Arnault,
mardi, jeudi, à 8 h. du soir.

§ 4. *Conférences.*

479. — Les conférences facultatives, établies
en vertu des décrets des 22 août 1854 et 18 mars
1859, sont faites deux fois par semaine par
MM. les agrégés. Elles donnent lieu à des concours dont les lauréats reçoivent en prix des ouvrages de droit. — Indépendamment de ces conférences, des exercices spéciaux préparatoires à
divers concours généraux, et particulièrement au
concours d'agrégation et à celui de la magistrature, sont organisés sous la direction de MM. Dufour, Molinier, Massol et Ginoulhiac.

§ 5. *Sessions d'examens.*

480. — Première session. Le lundi 3 et le mardi
4 novembre 1879 (*réservée aux jeunes gens
obligés de contracter un engagement conditionnel d'un an*).

Deuxième session. — Du jeudi 13 novembre au
samedi 13 décembre 1879.

Troisième session. – Du lundi 12 janvier au samedi 14 février 1880.

Quatrième session. — Du lundi 19 avril au jeudi
20 mai 1880.

Cinquième session. — Mois de juillet.

Sixième session. — Mois d'août

481. — Nota. Les examens ne peuvent être passés en dehors de ces sessions sans autorisation du recteur. — Les aspirants au doctorat sont néanmoins admis à soutenir leur thèse hors session ; mais ils ne jouissent de cette faveur que *jusqu'au* 1ᵉʳ *août*, terme de rigueur.

482. — Tous les étudiants doivent être inscrits *huit jours* avant l'ouverture des sessions et avoir consigné au moins la veille du jour fixé pour leur examen. Ceux qui ne l'auront pas fait seront de droit renvoyés à la session suivante.

§ 6. *Prix municipaux.*

483. — Le conseil municipal de la ville de Toulouse, plein de sollicitude pour l'enseignement supérieur et voulant encourager les études juridiques, a institué, dans sa séance du 24 décembre 1878, en faveur des étudiants de la Faculté de droit, les récompenses suivantes :

1° Un prix de 300 francs, en faveur de l'étudiant qui aura obtenu une nomination au *concours général de licence en droit* de toutes les Facultés de France.

2° Un prix de 300 francs, en faveur de l'étudiant qui aura obtenu une médaille d'or au *concours annuel de doctorat.*

3° Un prix de 300 francs, en faveur de l'auteur de la meilleure thèse de doctorat présentée dans le courant de l'année scolaire.

4° Une bourse de 2,500 francs, pour entretenir à l'*Ecole libre des sciences politiques*, à Paris, un jeune docteur qui aura été choisi comme auteur de la meilleure composition faite sur trois sujets mis au concours : *un de droit*

civil ; un de droit des gens ; un de droit admi-
nistratif.

484.—Pour être admis à ce concours, il faut :
1º avoir été reçu docteur en droit dans un délai
maximum de deux ans avant l'époque de l'ouverture du concours ; 2º avoir fait, au moins,
toutes ses études de doctorat (inscriptions et
examens) à la Faculté de droit de Toulouse;
3º avoir obtenu, dans les diverses épreuves de
doctorat, au moins les deux tiers des boules
blanches (12 sur 16).

Deux ajournements à une quelconque des
épreuves du doctorat entraînent, de plein droit,
l'exclusion du concours. Les concours ont lieu
annuellement du 1er au 15 juillet. Les candidats
doivent se faire inscrire au secrétariat de la Faculté, au plus tard le 14 juillet, avant quatre
heures.

§ 7. *Bibliothèque.*

485. — La bibliothèque de la Faculté est ouverte, tous les jours non fériés, à MM. les étudiants, de 11 heures du matin à 4 heures du
soir.

TITRE III

Concours et examens pour les diverses administrations publiques.

———◆———

486. —.Un grand nombre d'étudiants se destinant à entrer dans les diverses administrations publiques, nous croyons devoir donner ici le programme détaillé des concours qui y donnent accès et les conditions d'admission à ces concours.

SOMMAIRE. — Concours des attachés à la chancellerie et aux parquets. —.Concours pour la nomination des auditeurs de deuxième classe au conse l d'Etat. — Concours pour la nomination des auditeurs de première classe au conseil d'Etat. — Programme du concours pour l'auditorat à la Cour des comptes. — Concours pour l'admission dans le corps du commissariat de la marine. — Concours pour l'emploi d'élève commissaire de la marine. — Examen pour l'admission au grade d'aide commissaire de la marine. — Concours pour l'admiss on aux places d'attachés du ministère de l'intérieur. — Programme de l'examen pour les emplois de rédacteur ou comptable au ministère de l'intérieur. — Examen pour les candidats au grade d'élève consul. — Examen pour l'admission aux places d'attachés surnuméraires à la direction des consulats et affaires commerciales du ministère des affaires étrangères. — Concours pour l'administration de l'enregistrement et des domaines. — Programme de l'examen pour l'emploi de commis surnuméraire au ministère des finances. — Examen pour l'emploi d'adjoint à l'inspection des finances. — Examen des candidats au titre de commis rédacteur dans les bureaux de la préfecture de la Seine et des mairies de Paris.

—

CHAPITRE Ier

CONCOURS DES ATTACHÉS A LA CHANCELLERIE ET AUX PARQUETS

SOMMAIRE. — *Division des attachés en deux classes. — Mode de nomination. — Conditions d'admission au concours. — Programme du concours. — Epreuves écrites. — Epreuves orales. — Matières des épreuves orales.*

§ 1er. *Division des attachés en deux classes et mode de nomination.*

487. — Les attachés à la chancellerie sont nommés au concours. Les attachés aux parquets sont divisés en deux classes. Les attachés de première classe sont nommés au concours; les attachés de deuxième classe sont choisis parmi les docteurs en droit et les licenciés qui ont subi avec succès les deux examens de doctorat. Nul ne peut être attaché à un parquet que sur la présentation ou de l'agrément du chef de ce parquet. Il n'est admis aux parquets de la cour d'appel de Paris et du tribunal de première instance de la Seine que des attachés de première

classe. Dans les parquets autres que ceux de la cour d'appel de Paris et du tribunal de première instance de la Seine, les attachés de deuxième classe peuvent obtenir le titre d'attachés de première classe en se présentant aux concours. Les attachés, soit de première, soit de deuxième classe, ne peuvent rester en fonctions plus de trois ans dans chacune de ces classes.

§ 2. *Conditions d'admission au concours.*

488. — Il est ouvert chaque année, à Paris, dans la première semaine de décembre, un concours auquel peut être admis tout docteur en droit présenté par un premier président, un procureur général ou le bâtonnier d'un barreau près une cour d'appel, ou qui, à défaut de présentation, justifie d'un des titres suivants : attaché de deuxième classe à un parquet ; lauréat de l'Institut ou des Facultés de droit de l'Etat ; admissible à l'agrégation des mêmes Facultés ; licencié ès lettres. Les candidats se font inscrire au secrétariat général du ministère de la justice ou au parquet de la cour d'appel de leur ressort, avant le 1er septembre. Le garde des sceaux apprécie s'ils réunissent les conditions morales qui doivent être exigées des aspirants à la magistrature et arrête la liste de ceux qu'il admet à concourir. Un arrêté, publié au *Journal officiel* un mois à l'avance, fixe le jour de l'ouverture du concours. Le même arrêté indique le nombre des places à donner. Le jury d'examen classe, par ordre de mérite, les candidats dont les épreuves ont été satisfaisantes. Le garde des sceaux nomme les attachés et les répartit entre

les services de la chancellerie et les parquets où il existe des places réglementaires d'attachés de première classe. Parmi les candidats promus à la première classe, ceux qui étaient attachés de deuxième classe à un parquet rentrent de plein droit, s'ils le demandent, avec leur titre nouveau, au parquet auquel ils appartenaient, lors même qu'il n'existerait pas à ce parquet de place réglementaire d'attaché de première classe.

§ 3. *Programme du concours.*

489. — Il y a des épreuves écrites et des épreuves orales. Les épreuves orales sont publiques.

490. — EPREUVES ÉCRITES. — Les épreuves écrites consistent en deux compositions, l'une sur une question de droit civil, l'autre sur une question de droit criminel ou de procédure civile. Le sujet, commun à tous les candidats, est tiré au sort entre trois sujets choisis, séance tenante, par le jury. Il est dicté aux candidats qui doivent le traiter en *six heures*, sans pouvoir consulter d'autres livres qu'un Code non annoté. Lors du dépôt de la composition sur le bureau, le juge surveillant place en tête un numéro d'ordre à côté du nom et des prénoms des candidats. Ce numéro est répété sur le manuscrit. Les têtes des compositions sont détachées et réunies sous une enveloppe cachetée, laquelle n'est ouverte qu'après l'examen et le jugement.

491. — EPREUVES ORALES. — A la suite des épreuves écrites, la liste des candidats admis aux épreuves orales est dressée par ordre alphabé-

tique. L'ordre dans lequel les candidats subissent chacune des deux épreuves orales est indiqué par un tirage au sort. La première épreuve orale consiste dans un exposé fait par le candidat sur une question tirée au sort et empruntée à l'une des matières du concours. Cette question, contenue dans une enveloppe cachetée sur laquelle le président et les candidats apposent leurs signatures, est remise à celui-ci une heure avant le commencement de son épreuve. L'exposé ne dure pas plus d'une demi-heure. La seconde épreuve orale ne peut être subie le même jour que la première ; elle consiste en une interrogation d'une heure par les membres du jury sur les matières du concours.

492. — MATIÈRES DES ÉPREUVES ORALES. — Les épreuves orales portent : 1° sur le droit civil et commercial et sur la procédure, spécialement sur les attributions du ministère public en matière civile ; sur les faillites et les banqueroutes ; sur les saisies immobilières, les ordres et les contributions ; 2° sur le droit criminel, spécialement sur la police judiciaire, l'instruction, les cours d'assises ; 3° sur l'organisation judiciaire de la France, les devoirs des magistrats, la discipline judiciaire ; 4° sur les principes généraux du droit public et administratif, spécialement sur la séparation des pouvoirs, les conflits positifs et négatifs.

CHAPITRE II

CONCOURS POUR LA NOMINATION DES AUDITEURS DE DEUXIÈME CLASSE AU CONSEIL D'ÉTAT.

SOMMAIRE. — *Conditions d'admission. — Matières des épreuves. — Nature et mode des épreuves. — Programme de l'examen de droit administratif.*

§ 1er. *Conditions d'admission.*

493. — Le concours est annoncé au *Journal officiel* deux mois avant son ouverture. Les aspirants doivent se faire inscrire au secrétariat du conseil d'Etat dans les *vingt jours* à partir de l'insertion de l'arrêté au *Journal officiel*, et y déposer les pièces justificatives des conditions ci-après énumérées. Ils ont aussi la faculté de se faire inscrire et de produire leurs pièces au secrétariat de la préfecture de leur résidence, dans le même délai. Nul ne peut se faire inscrire en vue du concours : 1º s'il n'est Français, jouissant de ses droits ; 2º s'il a, au 1er janvier de l'année du concours, moins de 21 ans ou plus de 25 ans; 3º s'il ne produit, soit un diplôme de licencié en droit, ès sciences ou ès lettres, obtenu dans une des Facultés de l'Etat, soit un diplôme de l'Ecole des chartes, soit un certificat attestant qu'il a satisfait aux examens de sortie de l'Ecole polytechnique, de l'Ecole nationale des mines, de l'Ecole nationale des ponts et chaussées, de l'Ecole centrale des arts et manufactures, de l'Ecole forestière, de l'Ecole spéciale militaire

ou de l'Ecole navale, soit un brevet d'officier dans les armées de terre et de mer.

§ 2. *Matières des épreuves.*

494. — Les épreuves du concours portent : 1º sur les principes du droit politique et constitutionnel français ; 2º sur les principes généraux du droit des gens ; 3º sur les principes généraux du droit civil français et sur l'organisation judiciaire de la France ; 4º sur les éléments de l'économie politique ; 5º sur l'organisation administrative et sur les matières administratives indiquées dans le programme joint au décret du 14 octobre 1872, et reproduit ci-après.

§ 3. *Nature et mode des épreuves.*

495. — Il y a une épreuve préparatoire et des épreuves définitives. L'épreuve préparatoire consiste en une composition par écrit sur un sujet relatif à la législation administrative. Le sujet de la composition, commun à tous les candidats, est tiré au sort entre trois sujets choisis, séance tenante, par le jury, et mis sous enveloppe cachetée. Les candidats ne peuvent s'entr'aider dans leur travail, ni se procurer d'autres secours que les lois françaises. Le temps accordé pour la composition est de *six heures.*

Les épreuves définitives consistent en une épreuve par écrit et une épreuve orale. Pour l'épreuve par écrit les candidats font une composition sur un sujet tiré au sort, comme il est dit plus haut. Ce sujet est donné vingt-quatre heures avant la composition. — L'épreuve orale dure trois quarts d'heure. Elle consiste : en une exposition de principes faite sur une matière tirée au sort ; 2° en un examen. L'exposition ne doit pas durer plus d'un quart d'heure. Le sujet de l'exposition, contenu dans une enveloppe cachetée, est remis au candidat une heure avant le commencement de son épreuve.

§ 4. *Programme de l'examen de droit administratif.*

496. — I. — Organisation, attributions et mode de procéder de l'administration préposée aux soins des intérêts de l'Etat. Agents et conseils qui composent la hiérarchie administrative. — Organisation, attributions et mode de procéder des agents et conseils préposés à la gestion des intérêts locaux dans les départements et les communes. Rapports de ces autorités avec l'autorité centrale. — Organisation spéciale à l'Algérie et aux colonies. — Organisation, attributions et mode de procéder des diverses juridictions administratives. — Du principe de la séparation des pouvoirs, notamment de l'indépendance de l'autorité administrative à l'égard de l'autorité judiciaire. Conflits d'attributions positifs et négatifs. Des poursuites dirigées contre les agents du gouvernement.

II. — Du budget de l'Etat. Comment il est préparé, voté, modifié et réglé. Principes généraux de la comptabilité publique. De l'établissement et de la liquidation des dettes de l'Etat. Du recouvrement des créances de l'Etat. — Des diverses ressources de l'Etat. — Des impôts directs, leur assiette et leur recouvrement. Des impôts indirects ; notions générales sur leur assiette. Des monopoles. Des produits de la gestion des biens de l'Etat. De la dette publique. De la caisse d'amortissement. Des pensions civiles. Des pensions de l'armée de terre. Des pensions servies sur les fonds de la caisse des Invalides de la marine.

III. — De la monnaie. — Des divers systèmes relatifs à l'étalon monétaire. — De la théorie des monnaies d'appoint, et conditions qui les distinguent des monnaies courantes.

IV. — Des charges et des ressources des départements. — Des charges et des ressources des communes. Des biens communaux. Des immeubles affectés aux services publics communaux, notamment des églises, presbytères et cimetières.

V. — Du régime des cultes. — Rapports de l'Etat avec les différents cultes au point de vue spirituel et au point de vue temporel. Administration, charges et ressources des établissements publics institués pour l'exercice du culte catholique. Règles spéciales aux congrégations religieuses. Administration des établissements publics institués pour l'exercice des cultes protestants reconnus et du culte israélite.

VI.—Du régime de l'instruction publique. Enseignement supérieur, secondaire, primaire. Droits des citoyens. Pouvoirs de l'autorité publique. Des dépenses imposées à l'Etat, aux départements et aux communes pour l'organisation de l'instruction publique à ses différents degrés. Etablissements publics et d'utilité publique qui se rattachent au service de l'instruction publique. Leur administration.

VII. — De l'assistance publique. Constitution et administration des hôpitaux, hospices, bureaux de bienfaisance. Règles spéciales aux aliénés et aux enfants assistés. Des établissements d'utilité publique institués en vue de l'assistance ou de la prévoyance.

VIII. — Règles relatives au mode d'exécution des travaux publics. Des marchés ou entreprises. Des concessions de travaux. Des préjudices causés aux propriétaires par l'exécution des travaux publics. — Dommages proprement dits. Extraction de matériaux et occupation de terrains. Expropriation pour cause d'utilité publique.

IX. — Routes nationales et départementales. Établissement des routes. Droits et charges de l'Etat et des départements. Obligations et droits des riverains. De l'alignement et des autres services imposés aux riverains. Police de la grande voirie. Police du roulage.

X. — Chemins de fer. Divers modes d'exécution de ces chemins. Droits et obligations de l'Etat et des compagnies concessionnaires. Exécution des travaux. Servitudes imposées aux riverains. Règles générales de l'exploitation. Chemins de fer d'intérêt local. Création et exploitation.

XI. — Voirie urbaine. Droits et charges des communes. Obligations et droits des riverains. Police. Chemins vicinaux. Leur établissement. Ressources spéciales au moyen desquelles ils s'exécutent. Obligations et droits des riverains. Police. Chemins publics ruraux. — Différence de leur condition légale et de celle des chemins vicinaux.

XII. — Du rivage de la mer. Conservation, délimitation, administration, police du rivage. Concession des lais et relais de mer et du droit d'endigage. Des ports maritimes. Règles spéciales de police de ces ports.

XIII. — Cours d'eau navigables et flottables. Leur condition légale. Ses conséquences. Droits des propriétaires riverains. Concessions de prises d'eau pour la mise en mouvement des usines et pour l'irrigation des terres. Obligations des riverains, notamment en ce qui concerne le chemin de halage. Police des cours d'eau navigables et de la navigation. Canaux de navigation. Canaux exploités par l'Etat. Canaux concédés. Exploitation. Obligations des riverains. Police spéciale de la navigation sur les canaux. Des cours d'eau flottables à bûches perdues. Régime spécial de ces cours d'eau. Des cours d'eau non navigables ni flottables. Leur condition légale. Droit des riverains. Etablissement de barrages et de prises d'eau pour les usines et pour l'irrigation. Curage. Règles de police.

XIV. — De la pêche dans la mer, dans les cours d'eau navigables, dans les cours d'eau non navigables et dans les étangs. Droits de l'Etat et des particuliers. Police de la pêche.

XV. — Des associations syndicales. — Organisation et mode de procéder de ces associations. Travaux qu'elles peuvent accomplir d'après la loi du 21 juin 1865. Moyens de suppléer à leur inaction pour le desséchement des marais et l'endiguement des cours d'eau.

XVI. — Des mines, minières et carrières.

XVII. — Du régime forestier. — Du régime des bois et forêts appartenant aux particuliers. Du reboisement des montagnes.

XVIII. — Des institutions établies dans l'intérêt de l'agriculture et de l'industrie : 1° Comices agricoles. Concours. Haras. 2° Chambres de commerce. Chambre consultative des arts et manufactures. Etablissements exploités par les chambres de commerce.

XIX. — Des ateliers dangereux, insalubres et incommodes. Des machines à vapeur.

XX. — De la police sanitaire.

XXI. — Des sources d'eaux minérales. Protection et exploitation de ces sources.

XXII. — Force publique. — Organisation de l'armée de terre et de mer. Recrutement. Inscription maritime. Etat des officiers. Places fortes et fortifications. Servitudes imposées à la propriété pour la défense du territoire. Régime de la zone forestière. Travaux mixtes.

XXIII. Prises maritimes.

XXIV. — De la naturalisation des étrangers. Droits du gouvernement à l'égard des étrangers.

XXV. — Des changements de noms.

CHAPITRE III

CONCOURS POUR LA NOMINATION DES AUDITEURS DE PREMIÈRE CLASSE AU CONSEIL D'ÉTAT

SOMMAIRE. — *Conditions d'admission.* — *Nature des épreuves.* — *De l'épreuve écrite.* — *De l'épreuve orale.*

§ 1er. *Conditions d'admission.*

497. — Le concours est annoncé par un arrêté du président du conseil d'Etat, lequel arrêté est porté à la connaissance des auditeurs de deuxième classe par une lettre du secrétaire général. Le délai entre la notification de cet arrêté et l'ouverture du concours est d'un mois. Les auditeurs de deuxième classe qui veulent se présenter au concours doivent se faire inscrire au secrétariat du conseil d'Etat, cinq jours au moins avant l'ouverture du concours.

§ 2. *Nature des épreuves.*

498. — DE L'ÉPREUVE ÉCRITE. — L'épreuve écrite consiste dans un rapport exposant la législation et la jurisprudence sur une question importante de droit administratif. Le sujet, commun à tous les candidats, est tiré au sort entre trois sujets, choisis, séance tenante, par le jury. Le temps accordé pour la composition est de six heures.

499. — DE L'ÉPREUVE ORALE. — L'épreuve

orale dure trois quarts d'heure. Elle consiste :
1° en une exposition de principes faite sur une
matière tirée au sort ; 2° en un examen. L'exposition peut porter sur toutes les matières indiquées dans le programme annexé au décret du
14 octobre 1872, relatif au concours pour la nomination aux places d'auditeur de deuxième
classe. Elle ne dure pas plus d'un quart d'heure.
L'examen porte sur les matières qui rentrent
dans les attributions de la section à laquelle le
candidat appartient. Toutefois si le candidat n'est
pas resté six mois dans cette section, il est interrogé sur les matières rentrant dans les attributions de la section à laquelle il appartenait antérieurement.

CHAPITRE IV

PROGRAMME DU CONCOURS POUR L'AUDITORAT A LA
COUR DES COMPTES

SOMMAIRE. — *Conditions d'admission.* — *Matières des
épreuves.*

§ 1er. *Conditions d'admission.*

500. — Il faut être âgé de 21 ans au moins et
de 28 ans au plus, et être *licencié en droit.*

§ 2. *Matières des épreuves.*

501. — Les épreuves consistent dans une composition écrite et un examen oral. L'examen

porte : 1° sur l'organisation et les attributions du conseil d'Etat, de la Cour des comptes, des Conseils de préfecture ; 2° sur les règles et les formes de la comptabilité publique, tant en deniers qu'en matières ; 3° sur la législation relative à l'établissement et au règlement des budgets de l'Etat, des départements, des communes et des établissements publics ; 4° sur les règles d'après lesquelles doivent être justifiées les recettes et les dépenses ; 5° sur les calculs arithmétiques.

CHAPITRE V

CONCOURS POUR L'ADMISSION DANS LE CORPS DU COMMISSARIAT DE LA MARINE

Sommaire. — *Mode de recrutement.* — *Concours pour l'emploi d'élève-commissaire.* — *Conditions d'admission.* — *Nature des épreuves.* — *Examen pour l'admission au grade d'aide-commissaire.* — *Programme de l'examen.*

§ 1ᵉʳ. *Mode de recrutement.*

502. — Le recrutement du corps du commissariat de la marine a lieu par l'admission de jeunes gens, âgés de moins de 23 ans, et pourvus du diplôme de licencié en droit. Nommés d'abord à l'emploi *d'élève-commissaire,* comportant une solde annuelle de 1,780 fr., ils font un stage de *deux années* dans un port militaire, où un cours spécial d'administration est institué pour

eux. A l'expiration de leur stage, les élèves-commissaires sont admis à concourir pour le grade *d'aide-commissaire*. Un concours a lieu tous les ans au ministère de la marine, du 1er au 17 octobre, pour des emplois d'élève-commissaire de la marine.

§ 2. *Concours pour l'emploi d'élève-commissaire.*

503. — Conditions d'admission. — Tout candidat doit joindre, à l'appui d'une demande, adressée au ministre : 1º sa thèse pour la licence en droit et son diplôme de licencié, ou un certificat en tenant lieu ; 2º un certificat de bonne vie et mœurs ; 3º son acte de naissance. — Le candidat doit indiquer s'il possède une langue étrangère. Les demandes d'admission au concours doivent parvenir au ministère de la marine et des colonies le 15 septembre, au plus tard.

504. — Nature des épreuves. — Le concours se compose de *trois épreuves écrites*. Ces épreuves sont : 1º une dissertation française permettant d'apprécier la valeur littéraire du candidat ; 2º une dissertation sur une question choisie parmi les matières de droit comprises dans le programme de l'examen pour le grade d'aide-commissaire de la marine ; 3º la solution d'une ou plusieurs questions d'arithmétique ou de géométrie, ces dernières se rapportant au mesurage des surfaces et des solides. Le sujet de la composition à faire dans la séance est remis aux officiers surveillants, à l'ouverture de chaque séance, sous pli cacheté et scellé. Il est accordé

trois heures au candidat pour traiter chaque question, séance tenante et sans désemparer.

§ 3. *Examen pour l'admission au grade d'aide-commissaire.*

505. — Les élèves-commissaires de la marine sont, après leur nomination à cet emploi, dirigés sur Brest et restent attachés à ce port pendant la durée du cours d'administration qu'ils ont à suivre.

506. — PROGRAMME DE L'EXAMEN.

CHAP. I. — NOTIONS ÉLÉMENTAIRES SUR DES MATIÈRES DE DROIT PUBLIC ET DE DROIT ADMINISTRATIF. — *Droit public.* Définition sommaire de ce qu'on entend par droit public, par droit constitutionnel, par droit public international, par droit des gens maritime. Organisation et attributions des pouvoirs publics en France.

CHAP. II. — *Droit administratif.* — § 1er. Définition du droit administratif. Division territoriale administrative. Organisation administrative. § 2. *Du domaine.* Du domaine national. Définition sommaire. Distinction entre le domaine public et le domaine de l'Etat. Fonctionnaires chargés de la gestion du domaine de l'Etat. Du domaine militaire. Servitudes qui s'y rattachent. Administration du domaine militaire. A qui dévolue ? Du domaine forestier. Bois soumis au régime forestier. Administration forestière. Du martelage pour la marine dans les bois de l'Etat. § 3. *Contentieux administra-tif.* Instruction du contentieux administratif. Principes généraux. Interprétation des actes de l'autorité administrative. Rôle de l'autorité judiciaire quant à leur application. Contrats administratifs. Interprétation et application de ces contrats. Jugement des réclamations. Recours par la voie gracieuse. Recours par la voie contentieuse. Caractères auxquels on reconnaît le contentieux administratif. Des conflits. § 4. *Justice administrative.* Conseils de préfecture. Organisation de ces conseils. Indication sommaire de leur compétence. Limites des attributions de ces conseils. Mode de procéder en matière contentieuse. Ministres. Leur compétence comme juges administratifs exceptionnels à l'égard des marchés de fournitures, de la liquidation des créances de l'Etat, des pensions de retraite. Conseil d'Etat. Son organisation. Sa compétence en matière de juridiction administrative. Formes de recours. Demande en autorisation de poursuites contre les fonctionnaires publics. § 5. *Cour des comptes.* But de son institution, sa juridiction et son contrôle. Son organisation. Vérification et jugement des comptes. Formes des arrêts et des déclarations. Mode de recours contre les arrêts. Déclarations de conformité.

CHAP. III. — EXTRAITS DES CODES CIVIL, DE PROCÉDURE CIVILE, DE COMMERCE, D'INSTRUCTION CRIMINELLE ET PÉNALE. § 1er. *Code civil.* — Titre préliminaire. De la publication, des effets et de l'application des lois. Livre I. Titre I. De la jouissance et de la privation des droits civils. Titre II. Chap. 1, 2, 4, 5 et 6. Des actes de l'état civil. Titre IV. Des absents. Livre II, titre 1. De la distinction des biens. Livre III. Dispositions générales. Titre I. Chap. 1, 2, 3, 4 et 5. Des successions. Titre II. Chap. 5. Des dispositions testamentaires. Titre III. Chap. 1, 2 et 3. Des contrats ou des obligations conventionnelles. Titre XIII. Du mandat. Titre XIV. Du cautionnement. Titre XX. De la prescription.

§ 2. *Code de procédure civile*. Livre II. Titre III. Constitution d'avoués et défenses. Titre XXV. Procédure devant les tribunaux de commerce.

§ 3. *Code de commerce*. Livre I. Titre I. Des commerçants. Titre III. Des sociétés. Titre V. Des bourses de commerce, agents de change et courtiers. Titre VI. Des commissionnaires. Titre VII. Des achats et ventes. Titre VIII. De la lettre de change, du billet à ordre et de la prescription. Livre II. Du commerce maritime.

§ 4. *Code d'instruction criminelle*. Livre II. Titre VII. Chap. 5. De la prescription.

§ 5. *Code pénal*. — Dispositions préliminaires. Livre I. Articles 6 à 11. Des peines en matière criminelle et correctionnelle. Livre II. Des personnes punissables, excusables ou responsables pour crimes et délits. Livre III. Titre I. Chap. 3. Section 2. De la forfaiture. et des crimes et délits des fonctionnaires publics dans l'exercice de leurs fonctions. Titre II. Chap. 2. Section 2. §4. Entraves apportées à la liberté des enchères. Chap. 2. Section 2. § 6. Délits des fournisseurs.

CHAP. IV. — *Législation et administration de la marine*. Notions générales. Marine militaire, marine du commerce. Organisation générale des arsenaux et établissements de la marine. Organisation des colonies; constitution et organisation de divers corps de la marine ; état de l'officier ; hiérarchie militaire ; recrutement de l'armée de mer. Justice maritime. Service du commissariat. Du commissariat général. Inscription maritime. Organisation, classement, levées ; police de la navigation. Pêches maritimes. Domanialité publique maritime. Délimitation du rivage de la mer, fixation des limites de la mer à l'embouchure des fleuves et rivières. Opérations délimitatives. Bris et naufrages. Établissements des invalides de la marine. Caisse des prises, caisse des gens de mer, caisse des invalides. Des pensions. Revues. Armements. Service administratif à la mer. Approvisionnements. Subsistances. Hôpitaux. Chiourmes et transportation. Travaux. Comptabilité financière et détail des fonds. Comptabilité des matières.

CHAPITRE VI

CONCOURS POUR L'ADMISSION AUX PLACES D'ATTACHÉS DU MINISTÈRE DE L'INTÉRIEUR

SOMMAIRE. — *Épreuves écrites.* — *Épreuves orales.*

§ 1er. *Epreuves écrites.*

507. — Rédaction d'un rapport ou d'une note sur une question administrative. Calculs arithmétiques que comporte l'expédition des affaires

administratives, notamment en matière d'emprunts, d'impositions extraordinaires, de liquidation de pensions.

§ 2. *Epreuves orales.*

508. — *Notions de droit public et administratif.* — Constitution; grands corps de l'Etat. Organisation et attributions. Séparation des pouvoirs administratif et judiciaire; conflits; garantie constitutionnelle. Organisation administrative; chef de l'Etat; ministres; préfets, sous-préfets, maires; leurs attributions. Juridiction administrative; conseils de préfecture; organisation et attributions. Notions générales sur les impôts et sur la comptabilité publique.

Administration départementale et communale. — Organisation et attributions des conseils généraux et des conseils d'arrondissement. Organisation municipale. Attributions des conseils municipaux. Décrets de décentralisation. Elections départementales et communales; contentieux.

Matières administratives. — Expropriation pour cause d'utilité publique. Voirie urbaine et vicinale. Eléments de la législation sur les hospices, les établissements de bienfaisance, les aliénés et les enfants assistés.

CHAPITRE VII

PROGRAMME DE L'EXAMEN POUR LES EMPLOIS DE RÉDACTEUR OU COMPTABLE AU MINISTÈRE DE L'INTÉRIEUR.

SOMMAIRE. — *Conditions d'admission.* — *Matières de l'examen : Epreuves écrites.* — *Epreuves orales.*

§ 1er. *Conditions d'admission.*

509. — Les candidats doivent être Français ou naturalisés. Ils doivent être âgés de 21 ans au moins et de 30 ans au plus. Toutefois cette limite est reculée jusqu'à 35 ans en faveur des candidats qui comptent dix ans de service militaire ou cinq années de service dans une administration dépendant du ministère de l'intérieur.

§ 2. *Matières de l'examen.*

510. — EPREUVES ÉCRITES. — Rédaction d'un rapport ou d'une note ayant trait à des questions administratives. Opérations arithmétiques relatives aux emprunts communaux ou départementaux, à l'amortissement du capital et au service des intérêts de ces emprunts, aux impositions extraordinaires, etc. — Ne pourront être admis à l'épreuve orale les candidats qui n'auraient pas obtenu la mention *passable* dans l'épreuve écrite, ni ceux dont l'épreuve écrite ne serait pas

d'une écriture nette et lisible, ou contiendrait des fautes d'orthographe.

511. — Epreuves orales. — Eléments du droit public. Constitution. Grands corps de l'Etat. Organisation et attributions. Organisation administrative. Chef de l'Etat; ministres; préfets; sous-préfets; maires. Leurs attributions. Garantie constitutionnelle. Administration départementale et communale. Lois des 18 juin 1833, 18 juillet 1837, 10 mai 1838, 5 mai 1855, 18 juillet 1866 et 23 juillet 1867. Décrets de décentralisation. Elections. Décrets de 1852, etc. Opérations électorales. Recours. Législation sur les prisons; sur les aliénés et les enfants assistés; sur la presse, sur les réunions et associations; sur les sociétés de secours mutuels. — Voirie urbaine et vicinale. Contraventions. Contentieux. Travaux publics. Expropriation. Contentieux. Domaine public. Domaine de l'Etat. Biens communaux. Partage et jouissance. Législation hospitalière et charitable. Loi du 24 vendémiaire an II. Décret du 11 janvier 1811. Loi du 8 août 1851. — Notions générales sur la comptabilité publique. Cour des comptes. Comptabilité des départements et des communes. Décret du 31 mai 1862.

Principes du droit pénal. Peines. Lieux où elles sont subies. Pécule. Jeunes détenus; loi du 5 août 1850. — Les postulants qui n'auront pas été déclarés admissibles pourront être appelés, une seconde fois seulement, à un examen ultérieur, s'ils n'ont pas dépassé la limite d'âge.

CHAPITRE VIII

EXAMEN POUR LES CANDIDATS AU GRADE D'ÉLÈVE-CONSUL

SOMMAIRE. — *Conditions d'admission.* — *Matières de l'examen.* — *Economie politique.* — *Questions de technologie et de statistique commerciales.*

§ 1er. *Conditions d'admission.*

512. — Il faut être âgé de 20 ans au moins et de 25 ans au plus, licencié en droit, et bachelier ès sciences physiques.

§ 2. *Matières de l'examen.*

513. — Tout candidat doit faire preuve qu'il possède deux langues, savoir : 1º l'anglais ; 2º l'italien ou l'espagnol. L'examen roule ensuite sur l'administration consulaire (1), sur le droit des gens (2), sur l'économie politique, sur la technologie et la statistique commerciales. — Nous ne donnerons ici que le programme de l'économie politique et des questions de technologie et de statistique commerciales.

§ 3. *Economie politique.*

514. — Notions fondamentales : richesse, va-

(1) Voir le *Guide-pratique des consulats*, par MM. de Clercq et Vallat, p. 41 et suiv.
(2) Voir le programme du cours de M. Renault.

leur, capital ; de la nature des valeurs, monnaies, métaux précieux, monnaies de compte, monnaies de papier. Du travail ; liberté du travail ; comparaison entre les corporations et le système de la concurrence. Du système réglémentaire en général. Des marques de fabrique. Du capital ; en quoi le papier-monnaie émis par les gouvernements diffère des billets de banque. De l'impôt ; nature et effets ; assiette de l'impôt. Des emprunts des Etats ; système moderne des émissions de rentes ; de l'amortissement des rentes. De la terre. Circulation de la richesse. Débouchés, marché, échange. Les produits ne se paient qu'avec des produits. Ce qu'on entend par liberté du commerce, par la protection, par les prohibitions ou l'élévation des droits ; par l'amélioration des conditions du travail en elles-mêmes.

§ 4. *Questions de technologie et de statistique commerciales.*

515. — Quel sens attache-t-on aux expressions suivantes dans le langage des douanes et de la statistique commerciale ? Commerce général, commerce spécial, importation, exportation, réexportation, entrepôt, transit, préemption, droits différentiels, surtaxe. — Qu'entend-on en douane par droits *ad valorem*, et par droits spécifiques ? Qu'entend-on par drawbach et prime ? Quels sont nos principaux articles d'importation et d'exportation avec les principaux pays ? Quelle est la valeur de notre commerce de terre, de mer ? Qu'est-ce que le Zollverein ?

CHAPITRE IX

EXAMEN POUR L'ADMISSION AUX PLACES D'ATTACHÉS SURNUMÉRAIRES A LA DIRECTION DES CONSULATS ET AFFAIRES COMMERCIALES DU MINISTÈRE DES AFFAIRES ÉTRANGÈRES.

SOMMAIRE. — *Conditions d'admission. — Matières de l'examen : Epreuves écrites. — Epreuves orales.*

§ 1ᵉʳ. *Conditions d'admission.*

516. — Il faut être âgé de 20 ans au moins et de 25 ans au plus, et justifier du grade de licencié dans l'une des Facultés de droit, des lettres et des sciences.

§ 2. *Matières de l'examen.*

517. — L'examen comprend des épreuves écrites et des épreuves orales.

518. — EPREUVES ÉCRITES. — Les épreuves écrites comprennent : 1º la rédaction d'un travail sur l'une des matières indiquées ci-après ; 2º des exercices de traduction sur une langue vivante (version et thème).

519. — EPREUVES ORALES. — Les épreuves orales consistent : 1º dans des interrogations sur l'économie politique, le droit des gens, le droit administratif, le droit commercial, l'histoire diplomatique depuis la paix de Westphalie,

la géographie physique et politique; 2° dans la
lecture et traduction d'un texte en langue étrangère, imprimé ou manuscrit.

CHAPITRE X

CONCOURS POUR L'ADMINISTRATION DE L'ENREGISTRE-
MENT ET DES DOMAINES.

SOMMAIRE. — *Épreuves écrites.* — *Épreuves orales.*

§ 1ᵉʳ. *Epreuves écrites.*

520. — Une page d'écriture faite sous la dictée, sans que le candidat puisse en corriger l'orthographe au moyen d'un livre. — La même
page recopiée à main posée. — Etablissement
d'un tableau d'après les indications fournies.
— Solution d'un problème d'arithmétique pouvant comprendre le calcul des fractions ou des
proportions. — Solution d'un problème de géométrie élémentaire. — Rédaction d'une note sur
un sujet d'économie politique.

§ 2. *Epreuves orales.*

521. — Organisation et attributions des pouvoirs de l'Etat, pouvoirs exécutif, judiciaire; Sénat, Corps législatif. — Conseils généraux. —
Conseils d'arrondissement. — Conseils municipaux. — Conseil d'Etat et conseil de préfecture.

— De l'impôt en général. — De la comptabilité publique. — Budgets de l'Etat, des départements, des communes. Crédits. Exercices. Cour des comptes. — Des lois en général ; vote ; promulgation ; création. — Organisation de l'administration de l'enregistrement.

Indication des principales lois concernant l'enregistrement et le timbre. Notions élémentaires sur certaines parties du Code civil ; de la distinction des biens ; de la propriété ; des successions ; de la vente ; du louage. — Système métrique. — Arithmétique et géométrie élémentaires.

CHAPITRE XI

PROGRAMME DE L'EXAMEN POUR L'EMPLOI DE COMMIS SURNUMÉRAIRE AU MINISTÈRE DES FINANCES.

Sommaire. — *Épreuves écrites. — Épreuves orales. — Conditions d'admission.*

§ 1er. *Première partie (épreuves écrites).*

522. — 1° Une page d'écriture faite sous la dictée, sans que le candidat puisse en corriger l'orthographe au moyen d'aucun livre ou secours étranger ; — 2° Formation d'un tableau d'après les éléments indiqués par les examinateurs ; — 3° Rédaction d'une note ayant trait à des questions d'administration ; — 4° Solution de problèmes exigeant la connaissance complète de l'arithmétique.

§ 2. *Seconde partie (épreuves orales).*

523. — Notions générales sur l'organisation politique, judiciaire et administrative en France. — Attributions des grands corps de l'Etat, des divers ministères et notamment de celui des finances. — Organisation et attributions du conseil d'Etat et de la Cour des comptes.

Notions élémentaires de la comptabilité. — Théorie de la partie double. — Exposé sommaire des diverses natures d'impôt. — Notions sur la géographie en général, et particulièrement sur celle de la France. — Ne sont admis à la seconde partie des épreuves que les postulants qui auront satisfait aux conditions de la première partie. — Les postulants qui n'auront pas été déclarés admissibles pourront être appelés, une seconde fois seulement, à un examen ultérieur, pourvu qu'ils n'aient pas alors dépassé la limite d'âge.

§ 3. *Conditions d'admission.*

524. — Nul n'est admis à subir l'examen avant l'âge de dix-huit ans ni après celui de trente ans. — Toutefois les anciens militaires comptant sept années de service peuvent être admis jusqu'à trente-cinq ans à passer l'examen pour le surnumérariat de deuxième classe.

Toute demande d'admission à l'emploi de surnuméraire doit être écrite sur papier timbré, par le candidat lui-même, et accompagnée des pièces ci-après désignées :

1º Une expédition authentique de son acte de naissance, établissant qu'il est né Français, ou la preuve qu'il a été naturalisé Français; — 2º l'acte constatant qu'il a satisfait à la loi sur le recrutement, si son âge le comporte. — Le ministre statue sur l'admissibilité aux épreuves de l'examen.

CHAPITRE XII

EXAMEN POUR L'EMPLOI D'ADJOINT A L'INSPECTION DES FINANCES.

SOMMAIRE. — *Mode de recrutement.* — *Nature des épreuves.*

§ 1ᵉʳ. *Mode de recrutement.*

525. — Les employés portés sur la liste des candidats à l'emploi d'adjoint à l'inspection des finances, après avoir produit les justifications déterminées par l'art. 1ᵉʳ du décret du 19 juin 1876 (1), subiront un examen dont les résultats

(1) Art. 1ᵉʳ du décret du 19 juin 1876 : « Les adjoints à l'inspection des finances seront choisis parmi les surnuméraires ou employés de l'administration des finances et des administrations financières, tant à Paris que dans les départements, parmi ceux de la Caisse des dépôts et consignations et parmi les attachés aux secrétariats de la première présidence et du parquet de la Cour des comptes, âgés de 22 ans au

concourront, avec les notes fournies sur leur travail et leur conduite par les chefs de service, sous les ordres desquels ils sont placés, à faire constater leur aptitude pour le service de l'inspection.

§ 2, *Nature des épreuves.*

526. — Les examens commenceront par des épreuves écrites ayant trait à des questions d'administration, de finances et d'économie politique; ces épreuves auront, en outre, pour but de faire apprécier le mérite des candidats sous le rapport du style, de la correction grammaticale et de la netteté de l'écriture. — Ils porteront ensuite sur les objets indiqués ci-après :

L'arithmétique complète, y compris les progressions et les logarithmes. — Les éléments de géométrie et principalement la mesure des surfaces et des volumes. — L'arpentage des terrains

moins et de 3o ans au plus, ayant plus de deux ans de services et pourvus du diplôme de licencié en droit. —Toutefois, la durée des services sera diminuée d'une année pour les candidats qui auront accompli dans l'armée le volontariat d'un an.

Pourront également être nommés adjoints à l'inspection les élèves de l'Ecole polytechnique sortis admissibles dans les services du gouvernement, ayant au moins un an de services dans l'administration des finances ou dans les administrations ci-dessus énumérées. Les candidats appartenant à cette double catégorie auront à subir un examen d'aptitude et devront, en outre, justifier d'un revenu personnel de 2,000 francs ou d'un engagement constaté par leurs parents de leur servir une pension d'égale somme pendant la durée de l'adjonction. »

de petite étendue ; les diverses méthodes et les instruments en usage, leur application au levé d'un polygone et la construction d'un plan. — Les règles et les formes de la comptabilité publique, et notamment la tenue des écritures en partie double. — L'organisation de l'administration des finances et les attributions principales de chacune des branches de service dont elle se compose. — La classification hiérarchique des agents des services financiers et administratifs par département, arrondissement et commune. — L'indication sommaire des fonctions dont ils sont chargés. — La législation générale relative à l'établissement des budgets de l'Etat, des départements et des communes, et aux opérations qui en sont la conséquence, soit en ce qui touche les diverses perceptions et l'acquittement des dépenses, soit à l'égard de la formation et du règlement des comptes. — L'organisation et les attributions du conseil d'Etat, des conseils de préfecture et de la Cour des comptes. — La connaissance de la langue allemande ou de la langue anglaise (1).

(1) Les postulants examinés qui n'auront pas été déclarés admissibles sont autorisés, une seconde fois seulement, à se présenter aux examens.

CHAPITRE XIII

EXAMEN DES CANDIDATS AU TITRE DE COMMIS RÉDAC-
TEUR DANS LES BUREAUX DE LA PRÉFECTURE DE LA
SEINE ET DES MAIRIES DE PARIS.

Sommaire. — *Mode de recrutement. — Nature des
épreuves. — Programme de l'examen. — Droit administratif. — Droit civil.*

§ 1er. *Mode de recrutement.*

527. — Les employés de la préfecture de la
Seine et des mairies de Paris, quel que soit leur
grade, munis du diplôme de bachelier ès lettres
ou ès sciences, ainsi que les candidats étrangers à
l'administration pourvus du diplôme de licencié
en droit, pourront être appelés à occuper un
emploi de commis-rédacteur, s'ils ont préalablement subi avec succès un examen spécial
devant la commission instituée par l'arrêté du
2 novembre 1861 et composée du secrétaire général, président, des directeurs, des chefs de division et du chef du contentieux. — Les candidats étrangers à l'administration, reconnus
admissibles, ne pourront être titularisés qu'après
un stage variant de six mois à un an ; pendant
la période du stage, ils toucheront une indemnité mensuelle de 100 francs.

§ 2. *Nature des épreuves.*

528. — L'examen comprend : — 1º une ré-

daction dont le sujet est pris exclusivement dans les matières administratives ; 2° une épreuve orale, tant sur le droit administratif que sur le droit civil, dont les matières sont déterminées dans le programme qui va suivre. — L'épreuve de la rédaction est éliminatoire. — Les candidats jugés aptes à remplir les fonctions de commis-rédacteur sont classés par ordre de mérite sur une liste d'admissibles, et ceux qui ont été ajournés peuvent se présenter à un des examens suivants. — Le maximum des points est fixé à 30 pour la rédaction, et à 20 pour chacune des deux autres épreuves.

§ 3. *Programme de l'examen.*

529. — DROIT ADMINISTRATIF

Organisation politique. — Pouvoirs publics. — Loi du 20 novembre 1873 relative à la prorogation des pouvoirs du maréchal de Mac Mahon. — Loi du 24 février 1875 relative à l'organisation du Sénat. — Loi du 25 février 1875 sur l'organisation des pouvoirs publics. — Loi du 16 juillet 1875 sur les rapports des pouvoirs publics. — Loi du 2 août 1875 organique sur les élections des sénateurs. — Loi du 15 mars 1849 sur les élections. — Décrets organique et réglementaire du 2 février 1852. — Loi du 30 novembre 1875 organique sur l'élection des députés. — Loi du 24 décembre 1875 déterminant les circonscriptions électorales.

Organisation judiciaire. — Conseil d'Etat. — Conflits. — Organisation judiciaire.—Loi des 16-24 août 1790 sur l'organisation judiciaire : titre II, article 13 ; titre III, article 1 ; titre IV, article 1 ; titre XII, articles 1 et 2. — Loi du 27 novembre-1er décembre 1790 pour la formation du tribunal de Cassation : articles 1,

2 et 3. — Loi du 27 ventôse an VIII, sur l'organisation des tribunaux; articles 6, 7, 22, 40, 47 et 58. — Code de commerce : articles 615, 616, 617 et 631. — Loi du 21 décembre 1871 qui abroge le décret du 2 mars 1852 et modifie les articles 618, 619, 620 et 621 du Code de commerce. — Loi du 5 décembre 1876 qui modifie les articles 620 et 626 du Code de commerce. — Code d'instruction criminelle : articles 137 et 138, 179 et 251 à 253. — Conseil d'Etat. — Loi du 24 mai 1872 portant réorganisation du Conseil d'Etat. — Décret du 21 août 1872. — Loi du 1ᵉʳ août 1874 sur le Conseil d'Etat. — Loi du 25 février 1875, articles 3 et 4. — Décrets du 22 juillet 1806 et du 2 novembre 1864, concernant la procédure devant le Conseil d'Etat. — Conflits. — Loi du 24 mai 1872 : titre IV, portant création d'un tribunal des conflits. — Ordonnances royales des 1ᵉʳ juin 1828 et 12 mars 1831 relatives aux conflits d'attributions. — Décret du 26 octobre 1849 portant règlement d'Administration publique sur les formes de procéder devant le tribunal des conflits.

Administration et Organisation départementale. — Préfets et sous-préfets. — Loi du 28 pluviôse an VIII : articles 2, 3, 5, 8, 9, 18 et 20. — Décrets des 25 mars 1852 et 13 avril 1861 sur la décentralisation administrative. — Conseils généraux et d'arrondissement. — Loi du 10 août 1871 sur les Conseils généraux. — Loi du 22 juin 1833 : titres III et IV. — Loi du 10 mai 1838 : titre II (Conseils d'arrondissement). — Loi du 30 juillet 1874, article 3. — Loi du 31 juillet 1875, relative à la vérification des pouvoirs des Conseils généraux. — Loi du 12 août 1876 qui fixe une date uniforme pour la première session annuelle des Conseils généraux. — Loi du 19 décembre 1876 qui modifie l'article 70 de la loi du 10 août 1871. — — Conseils de Préfecture. — Loi du 28 pluviôse an VIII : articles 2, 4, 5 et 18. — Loi du 21 juin 1865. — Décret du 12 juillet 1865 portant règlement d'Administration publique.

Organisation et Administration municipale. —

Loi du 28 pluviôse an VIII : articles 12, 13 et 15. — Loi du 18 juillet 1837 sur l'Administration municipale. — Loi du 5 mai 1855 sur l'organisation municipale. — Loi du 24 juillet 1867 sur les Conseils municipaux. — Loi du 14 avril 1871 relative aux élections municipales. — Loi du 20 janvier 1874 sur la nomination des maires. — Loi du 7 juillet 1874 sur l'électorat municipal. — Loi du 12 août 1876 sur la nomination des maires et adjoints.

Dispositions spéciales au département de la Seine et à la Ville de Paris. — Préfets, Maires et Adjoints de Paris. — Arrêté du 12 messidor an VIII qui détermine les attributions du Préfet de Police, à Paris. — Arrêté du 3 brumaire an IX portant extension de l'autorité du Préfet de Police de Paris. — Loi du 10 juin 1853 qui autorise le Préfet de Police à exercer dans toutes les communes du département de la Seine les fonctions qui lui sont déférées par l'arrêté du 12 messidor an VIII. — Loi du 16 juin 1859 sur l'extension des limites de Paris. — Décret du 10 octobre 1859 relatif aux attributions du Préfet de Police et du Préfet de la Seine. — Décret du 9 janvier 1861 rendant applicable à la ville de Paris le décret du 25 mars 1852. — Loi du 28 pluviôse an VIII; article 16 et loi du 14 avril 1871, article 16 (maires et adjoints de Paris). — Conseil général de la Seine et Conseil municipal de Paris. — Loi du 10 mai 1838 sur les attributions des Conseils généraux. — Loi du 18 juillet 1866 sur les Conseils généraux. — Loi du 14 avril 1871, articles 10 à 17 (Conseil municipal). — Loi du 16 septembre 1871 qui fixe la composition du Conseil général de la Seine. — Loi du 19 mars 1875 sur le même objet. — Conseils d'arrondissement. — Loi du 20 avril 1834 : titre II. — Conseil de préfecture. — Décret du 12 novembre 1871 portant organisation du Conseil de Préfecture de la Seine. — Décret du 3 février 1874 portant augmentation du nombre des Conseillers de Préfecture de la Seine. — Loi du 23 mars 1878 sur le même objet.

Assistance publique. — Enfants assistés. — Alié-

nés. — Loi du 10 janvier 1849 sur l'organisation de l'assistance publique à Paris. — Arrêté du 24 avril 1849 pour l'exécution de la loi précitée. — Décret du 24 vendémiaire an II, titre V : du domicile de secours. — Loi du 7 août 1851 sur les hospices et les hôpitaux. — Loi du 21 mai 1873 relative aux commissions administratives des bureaux de bienfaisance. — Loi du 27 frimaire an V, relative aux enfants abandonnés. — Décret du 19 janvier 1811 concernant les enfants trouvés ou abandonnés et les orphelins pauvres. — Loi du 5 mai 1869 sur les enfants assistés. — Loi du 30 juin 1838 sur les aliénés. — Décret du 16 août 1874 concernant la réorganisation des services des asiles publics de la Seine.

Octroi. — Loi du 27 vendémiaire an VII qui ordonne la perception d'un octroi pour l'acquit des dépenses locales de la commune de Paris, article 1er. — Ordonnance royale du 9 décembre 1814 portant règlement sur les octrois. articles 1, 5, 6, 7, 8, 11, 25, 26, 36, 37, 38, 41. 78, 83, 84, 85, 86, 94, 95, 102 et 105. — Loi du 28 avril 1816 sur les boissons, articles 147, 148, 152 et 153. — Ordonnance royale du 22 juillet 1831 pour l'organisation et la comptabilité de l'octroi de Paris. — Ordonnance royale du 11 juin 1817 portant établissement de droits d'octroi dans la banlieue de Paris. articles 1, 3, 4, 5, 7 et 9.

Mont-de-Piété. — Décret impérial du 8 thermidor an XIII contenant règlement sur l'organisation et les opérations du Mont-de-Piété de Paris, articles 1, 3, 7, 8, 30, 42, 46, 54, 63, 65 et 71. — Loi du 24 juin 1851 sur les Monts-de-Piété, articles 1, 2, 3, 4, 5, 7 et 8. — Décret du 24 mars 1852 sur l'Administration du Mont-de-Piété de Paris.

Travaux publics. — Différents modes d'exécution des travaux publics. — Régie simple et régie intéressée. — Marchés ou entreprises. — Concessions. — Ordonnance royale du 4 décembre 1836 sur les marchés passés au nom de l'Etat. — Ordonnance du 14 novembre 1837 sur les entreprises pour travaux et fournitures au nom des communes et des établissements de bienfaisance. — Cahier des clauses et conditions générales du 16 novembre 1866. — Des préjudices causés aux propriétaires par l'exécution des travaux publics. — Dommages proprement dits. — Occupations de terrains. — Extraction des matériaux. — Loi du 16 septembre 1807 sur le desséchement des marais, articles 54, 55, 56 et 57. — Décret du 8 février 1868 portant règlement pour les occupations temporaires de terrains nécessaires à l'exécution des travaux publics. — Expropriation pour cause d'utilité publique. — Loi du 3 mai 1841.

Voirie. — Routes nationales et départementales. — Ouverture, classement et déclassement. — Alignement. — Loi du 16 septembre 1807 sur le desséchement des marais, articles 50 à 54. — Décret du 16 décembre 1811 contenant règlement sur la construction, la réparation et l'entretien des routes, articles 1 à 7. — Loi du 24 mai 1842 relative aux portions de routes royales délaissées par suite de changement de tracé ou d'ouverture d'une nouvelle route. — Loi du 27 juillet 1870 concernant les grands travaux publics. — Loi du 10 août 1871. — Chemins vicinaux. — Loi du 21 mai 1836 sur les chemins vicinaux. — Décret du 8 juin 1864. — Loi du 11 juillet 1868 sur l'achèvement des chemins vicinaux. — Voirie urbaine. — Droits et charges des communes. — Droits et obligations des riverains. — Loi des 16-24 août 1790 : titre XI, article 3. — Loi du 11 frimaire an VII, titre 1er, article 4. — Loi du 16 septembre 1807, articles 50 à 54. — Loi du 7 juin 1845, relative à la répartition des frais de construction de trottoirs. Décret du 26 mars 1852 relatif aux rues de Paris. — Décret des 27 décembre 1858 et 14 juin 1876 sur le même objet. — Cours d'eau. — Différentes sortes de cours d'eau. — Leur condition légale. — Droits et obligations des riverains. — Établissement de barrages et de prises d'eau pour les usines et les irrigations. — Règles de police. — Lois des 22 décembre 1789-8 janvier 1790, section III, article 2. — Loi des 12-20 août 1790, chapitre VI, § 3. — Code civil, articles 538, 644 et 645. — Décret du 22 janvier 1808, concernant les chemins de halage. — Décrets des 25 mars 1852 et 13 avril 1861 sur la décentralisation administrative.

Assainissement des logements insalubres. — Loi du 13 avril 1850 relative à l'assainissement des logements insalubres. — Loi du 25 mai 1864 qui modifie l'article 2 de la loi précédente.

Organisation de l'Instruction publique et des Cultes. — Instruction publique. — Loi du 11 janvier 1850 relative à la nomination des instituteurs communaux, articles 1, 4 et 5. — Loi du 15 mars 1850 sur l'enseignement. — Décret du 9 mars 1852 sur l'instruction publique. — Décret du 29 juillet 1850 portant règlement d'administration publique pour l'exécution de la loi précitée. — Décret du 7 octobre 1850, pour l'exécution de la loi du 15 mars 1850 en ce qui concerne l'enseignement primaire. — Loi du 14 juin 1854 sur l'instruction publique. — Loi du 21 juin 1865 portant organisation de l'enseignement secondaire spécial. — Loi du 10 avril 1867 sur l'enseignement primaire. — Loi du 19 mars 1873 sur le conseil supérieur de l'instruction publique. — Loi du 12 juillet 1875 sur la liberté de l'enseignement supérieur. — Loi du 19 juillet 1875 relative au traitement des instituteurs et institutrices primaires. — Cultes. — Loi du 18 germinal an X sur l'organisation des cultes (*concordat*), articles 1, 2, 4, 6. — Même décret (*articles organiques*) : culte catholique, articles 1, 2, 3, 4, 6, 9, 58, 60, 62 et 75. — Même décret (*articles organiques*) : cultes protestants, articles 1, 2, 4, 5, 6, 7, 15, 16, 17 et 33. — Décret impérial du 30 décembre 1809 concernant les fabriques : articles 1, 2, 3, 4, 12, 13, 24, 36, 37, 60, 62, 77, 78, 79, 80, 92, 93 et 106. — Décret du 26 mars 1852 sur l'organisation des cultes protestants, articles 1, 2, 5, 6, 8, 9 et 11. — Ordonnance du roi du 25 mai 1844 portant règlement pour l'organisation du culte israélite, articles 1, 2, 3, 5, 10, 14 et 64. — Loi du 2 janvier 1817 sur les donations et legs aux établissements ecclésiastiques. — Loi du 24 mai 1825 relative à l'autorisation et à l'existence légale des congrégations et communautés religieuses de femmes. — Décret du 31 janvier 1852 sur les congrégations et communautés religieuses de femmes.

Organisation militaire et recrutement. — Loi du 27 juillet 1872 sur le recrutement de l'armée. — Loi du 24 juillet 1873 sur l'organisation de l'armée.

Impôts et Comptabilité publique. — Impôts directs. — § 1er. Foncier. Loi du 3 frimaire an VII, relative à la répartition, à l'assiette et au recouvrement de la contribution foncière. — § 2. Portes et fenêtres. Loi du 4 frimaire an VII, portant établissement d'une contribution sur les portes et fenêtres, articles 2, 5, 12, 13, 15. — Loi du 21 avril 1832 portant fixation du budget des recettes, articles 24 à 27. — Décret du 17 mars 1852, article 10. — § 3. Personnel-mobilier. Loi du 21 avril 1832, articles 8 à 23, 31. — § 4. Patentes. — Loi du 25 avril 1844, sur les patentes, articles 1 à 27. — Loi du 18 mai 1850, article 16. — Lois des 29 mars et 16 juillet 1872 relatives à l'augmentation des droits. — § 5. Principales taxes assimilées. — Impôts indirects. — § 1er. Enregistrement. — Loi du 22 frimaire an VII, sur l'enregistrement, articles 1 à 8, 14 à 16, 20 à 25, 61, 70. — Loi du 23 août 1871, articles 1, 4, 11 et 14. — Loi du 28 février 1872 concernant les droits d'enregistrement. — Loi du 21 juin 1875, articles 2 et 3. — § 2. Timbre. Loi du 13 brumaire an VII, sur le timbre, articles 1 à 3, 7, 12, 14, 16. — Loi du 2 juillet 1862 (des finances), articles 14, 22. — Loi du 23 août 1871, articles 1, 2, 18, 20 et 23. — Comptabilité publique. — Loi du 16 septembre 1807 relative à l'organisation de la Cour des Comptes, articles 1 à 3, 11, 12 et 13. — Décret impérial du 31 mai 1862 portant règlement général sur la comptabilité publique, articles 296 à 305 (comptabilité des ordonnateurs); articles 448 à 483 (comptabilité des départements); articles 484 à 511 (comptabilité des communes).

53o. — DROIT CIVIL

Définitions générales de Droit civil, — et spécialement **de Code civil** : articles 34 à 87, 99 à 1o9, 144 à 171. — Actes de l'état civil ; — 516 à 526, 537, 543. — La distinction des biens ; — 1542 à 1685. — La vente. — 1708 à 1762. — Le contrat de louage.

APPENDICE

531. — Pendant l'impression de ce Manuel, divers changements ont eu lieu dans le personnel de plusieurs Facultés. Nous les rapportons ci-après :

§ 1er. *Faculté de Paris.*

532. — CHANGEMENT DU DOYEN. — M. Beudant, professeur de Code civil, a été nommé doyen pour trois ans. M. Beudant recevra MM. les étudiants les mardis, jeudis et samedis, de midi à une heure. Il sera à la Faculté les lundis, mercredis et vendredis, à 9 h. 1/2. — M. Colmet-Daage, ancien doyen, est nommé doyen honoraire.

533. — Demeure des nouveaux agrégés. — M. Esmein (32, *rue Gay-Lussac*). — M. Laisné (4, *rue Sainte-Catherine d'Enfer*).

534. — Cours de M. Lyon-Caen. — M. Lyon-Caen, chargé du cours de droit industriel et commercial, traitera des lois concernant la propriété industrielle. Le cours commencera le jeudi 6 novembre 1879, à 8 heures 1/4 (3e *amphithéâtre*) (1).

535. — Cours de droit constitutionnel. — M. Lefebvre, chargé du cours, traitera des pouvoirs publics sous l'ancien régime, dans les diverses constitutions françaises depuis 1789, et d'après les lois constitutionnelles de 1875.

536. — Cours de science financière. — M. Alglave, agrégé, développera la théorie des emprunts et du crédit public; il exposera l'histoire et le mécanisme du budget; il terminera par un aperçu du système financier des principaux États.— Le cours aura lieu les jeudis et samedis, à 3 h. 1/4 (*ancien amphithéâtre*). Il commencera le 15 novembre.

§ 2. *Faculté d'Aix.*

537. — M. Alfred Jourdan, professeur d'économie politique à la Faculté d'Aix, a été nommé, pour trois ans, doyen de ladite Faculté.

§ 3. *Faculté de Bordeaux.*

538. — Par décret, en date du 28 octobre 1879,

(1) Voir le programme, n° 271.

il a été créé à la Faculté de droit de Bordeaux une *chaire d'histoire du droit* et une *chaire de droit maritime.*

M. Vigneaux, professeur de droit criminel à la Faculté de droit de Bordeaux, a été transféré, sur sa demande, dans la chaire d'histoire du droit. — M. Levillain, agrégé de ladite Faculté, a été nommé professeur de droit maritime, et M. Gide, agrégé, professeur d'économie politique.

§ 4. *Faculté de Toulouse.*

53g.—M. Bonfils, professeur de procédure civile à la Faculté de Toulouse, a été nommé doyen de ladite Faculté, en remplacement de M. Dufour, nommé doyen honoraire.

HISTOIRE DU DROIT CIVIL GRÉCO-ROMAIN

contenant, avec l'exposé des principes généraux :

**UNE INTRODUCTION A L'ÉTUDE DU DROIT GRÉCO-ROMAIN
UN APERÇU SOMMAIRE DE SON HISTOIRE EXTERNE
LE TEXTE, LA TRADUCTION
ET L'EXPLICATION DES PRINCIPALES SOURCES MANUSCRITES
ET DOCUMENTS BYZANTINS DU VIe AU XVIe SIÈCLE
LEUR CONCORDANCE
AVEC LA LÉGISLATION ACTUELLE DU ROYAUME DE GRÈCE
ET DE LA PRINCIPAUTÉ ROUMAINE**

et suivie :

**1° D'UN GLOSSAIRE DE DROIT GREC MÉDIÉVITE
ET DU DROIT GREC MODERNE
2° D'UN INDEX ANALYTIQUE ET ALPHABÉTIQUE DES MATIÈRES**

PAR

M. Joseph ORSIER

*Avocat, Répétiteur, Docteur en droit,
Membre de la Société de législation comparée.*

Paris, MARESCQ aîné, Editeur, 20, rue Soufflot.
2 volumes in-8.

Ce travail est recommandé par M. Ortolan (*Institutes*, I, p. 496, dernière édition), et M. Demangeat (*Cours élémentaire de droit romain*, I. p. 122, dernière édit.).

RÉPÉTITIONS DE DROIT

LICENCE, DOCTORAT ET THÈSES

PRÉPARATION

Aux examens d'après les cours de l'École de droit et à tous les concours.

(Cours manuscrits de tout l'enseignement de la Faculté de Paris tenus constamment au courant)

Par M. Joseph ORSIER

39, Boulevard Saint-Michel, 39 (*au premier*)

(En face du lycée Saint-Louis.)

De 7 heures du matin à 7 heures du soir.

TABLE ALPHABÉTIQUE

DES

MATIÈRES (1)

—◆—

A

Ajournements, 96.
Appariteurs, 8-1.
Appels, 69.
Appendice, 531.
Archives nationales, 292,
Avantages accordés aux lauréats des concours, 205,
 217, 219, 223.
Avantages conférés par les cartes d'étudiants, 59.
Avis donnés aux parents, 57.

B

Baccalauréat, 113 à 120.
Bacheliers ès sciences, 35.
Bibliothèque : *de l'Arsenal*, 301. — *du Conservatoire
 des arts et métiers*, 307. — *du Conservato re de
 musique*, 306. — *de l'École des beaux-arts*, 304. —
 de l'École des mines*, 305. — *Mazarine*, 300. —
 du Muséum d'histoire naturelle, 308. — *Nationale*,
 293 à 298. — *de Sainte-Geneviève*, 299. — *de la
 Sorbonne*, 302 — *de la Ville de Paris*, 303.
Bibliothèque de l'Ecole de droit : *Personnel*, 7. *Heures d'ouverture*, 8.
Bibliothèque de l'étudiant (*ouvrages recommandés*),
 345 à 375.

(1) Les indications de cette table renvoient aux numéros et
non aux pages.

D

F

G

I

J

L

M

N

O

P

R

S

FIN DE LA TABLE ALPHABÉTIQUE DES MATIÈRES.

Paris. — Imp. de Ch. Noblet, 13, rue Cujas. — 1879.

Librairie GUILLAUMIN, rue Richelieu, 14.

Economie politique.

Journal des Economistes, Revue de la science économique
  et de la statistique. Abonnement annuel. . Fr. 36 »
Dictionnaire de l'économie politique, 2 vol. gr. in-8 . . 50 »
J.-B. Say. — Traité d'économie politique, 1 vol. in-18. 5 »
Rossi. — Cours, 4 vol. in-8 . . . . 30 »
Adam Smith. — Richesse des nations, 3 vol. in-18. . 10 50
Bastiat. — Œuvres choisies, 3 vol. in-18 . . . . . 10 50
Joseph Garnier. — Traité, 8e édition 7 50
     — Premières notions, 5e édition . . 2 50
Blanqui. — Histoire, 2 vol. in-8 . . . . 6 »
     — Précis élémentaire, 1 vol. in-8 . . . . 2 50
Baudrillart. — Manuel, 1 vol. in-18 . . . . 4 »
Courcelle-Seneuil. — Traité sommaire, in-18 . . . . 2 »
     — Leçons, 1 vol. in-18 . . . . . 2 »
Molinari (de). — Cours, 2 vol. in-8. . . . . 15 »
Cherbuliez. — Précis, 2 vol. in-8 . . . . 15 »

Droit.

Moullart. — Traité de droit français . . . . . . 10 »
Lafferrière. — Essai sur l'histoire du Droit . . . . 7 »
Pradier-Fodéré. — Principes généraux du Droit . . . 7 50
Beccaria. — Des délits et des peines, in-18 . . . . 3 50
Rossi. — Droit pénal, 2 vol. in-8 . . . . 15 »
Boissonade. — Histoire de la réserve, in-8 . . . . 10 »

Droit des gens.

Martens. — Précis du droit des gens, 2 vol. in-8 . . 14 »
Vattel. — Le Droit des gens, 3 vol. in-18 . . . . . 15 »
Kluber — Droit des gens moderne de l'Europe, in-18. 5 »
Bluntschli. — Droit international codifié, in-8 . . . 9 »
Grotius. — Le droit de la guerre et de la paix, 3 vol. 25 »
Cauchy. — Le droit maritime et international, 2 vol. 15 »
Hautefeuille. — Droits et devoirs des neutres. . . 22 50

Droit constitutionnel.

Benjamin Constant. — Cours de politique constitutionnelle, 2 vol. in-8. . . . . 16 »
Rossi. — Cours de droit constitutionnel, 4 vol . . . 30 »

Droit commercial.

Pradier-Fodéré. — Précis de droit commercial, 1 vol. 4 »
Massé. — Le droit commercial, 4 vol. in-8 . . . . 36 »
Renouard. — Traité des brevets d'invention 7 50
     — Traité des faillites, 2 vol. in-8. . . . 15 »
     — Droit industriel, 1 vol. in-8 . . . . . 7 50
Malapert et Forni. — Nouveau commentaire des
  lois sur les brevets d'invention, in-8 . . . . . . 8 »

ÉCOLE D'ÉQUITATION

FONDÉE A PARIS EN 1828

MANÈGE PARVAIS & Cie

Rue d'Enghien, 42

LEÇONS POUR HOMMES ET POUR DAMES

particulières ou collectives

ON DÉLIVRE LES PROSPECTUS AU MANÈGE

LEÇONS DE DRESSAGE ET PENSION DE CHEVAUX

Succursale à Trouville

PENDANT LA SAISON D'ÉTÉ

HOTEL Sᵀ-LOUIS

Boulevard Sᵗ-Michel, 43

Quartier des Écoles

Près le jardin du Luxembourg

MAISON Vᵛᵉ LECOURT

Appartements et Chambres

Meublés

—

PENSION

—

DÉJEUNER — DINER

COURS SOMMAIRE

DE

DROIT CIVIL

ou

EXPOSÉ RATIONNEL DES PRINCIPES

A L'USAGE DES ÉLÈVES DES FACULTÉS

PAR

F. BERNARD

Docteur en droit.

3 vol. in-8°, 18 fr. — Chaque volume, renfermant la matière d'un examen, se vend séparément 6 fr.

Librairie de A. MARESCQ Aîné
20, RUE SOUFFLOT, PARIS

LE PALAIS

ÉCHO DU MONDE JUDICIAIRE

Paraissant le 1er et le 15 de chaque mois

Nous recommandons tout spécialement cette Revue aux étudiants de 3e et de 4e année. Elle présente pour eux deux espèces d'utilité : 1º par son but; 2º par sa lecture. Nous allons expliquer ces deux points.

Le but du *Palais* est de publier surtout les écrits des jeunes avocats, de faire connaître leurs noms par leurs œuvres, et d'exciter chez eux une émulation confraternelle.

Chacun pourra apporter sa pierre à l'édifice; tous les stagiaires seront certains de trouver, lorsqu'ils le désireront, une place dans nos colonnes; car personne n'ignore combien, pour les jeunes, il est en ce moment, comme il l'a toujours été, du reste, difficile de publier les résultats de leurs travaux et de leurs recherches; ils seront tous également assurés de pouvoir s'exercer, dans ce journal, à manier la plume et à former leur style, comme ils apprennent ailleurs à manier la parole et à former leur langage : ces deux exercices se complètent l'un par l'autre.

Faut-il insister sur les avantages indiscutables, sur les résultats pratiques qui seront la conséquence directe de la composition même de notre rédaction et du droit qu'aura chacun d'y coopérer ? Les recherches que nécessitera la discussion d'une question de droit ou de procédure, la méthode qu'on doit y apporter,

LIBRAIRIE DE A. MARESCQ AÎNÉ
20, RUE SOUFFLOT, PARIS

la clarté et la précision dont il faut faire preuve, l'exposé des arguments présenté avec originalité et tact à l'appui d'une solution souvent personnelle, sont autant de qualités qui ne s'acquièrent que par un exercice répété, et qui vous donnent cette souplesse de parole, cette facilité à exprimer ses idées que possèdent seuls ceux qui ont habitué leur pensée à se plier aux exigences de la plume et qui ont soumis longtemps leur esprit à un travail opiniâtre.

De même que les conférences d'avocats révèlent souvent de futurs orateurs de talent, le *Palais* a pour ambition de faire connaître des esprits droits et justes, aptes à raisonner et à écrire.

Tels sont surtout les avantages que le *Palais* procurera aux jeunes avocats, spécialement aux stagiaires qui préparent leur doctorat.

Cependant, tout en se mettant au service des jeunes avocats, le *Palais* offre à ses lecteurs les productions les plus savantes des meilleurs jurisconsultes.

Pour se faire une idée de la manière dont le *Palais* sera rédigé, au point de vue des matières qui composent son programme, qu'on se figure un instant être dans la salle des Pas-Perdus. Ici une discussion juridique, là une plaidoirie remarquable ; dans un groupe, on parle de littérature, dans un autre on cause de théâtre ; celui-ci : Vous connaissez mon nouveau livre ? — Non, personne ne m'en a parlé ; celui-là : J'ai un article sur tel sujet, mais je ne sais pas où le publier ; je suis certain cependant qu'il aurait du retentissement dans le monde du droit. Partout un mélange de discussions ou de causeries, exclusif de la monotonie et de l'ennui, qui prouve que l'on peut causer droit, littérature, livres nouveaux, sans prendre un air pédant, et qui fait de la salle des Pas-Perdus un

www.ingramcontent.com/pod-product-compliance
Lightning Source LLC
LaVergne TN
LVHW050352060726
842524LV00002B/337